创业第一年
要考虑的16件事

王承业◎著

立信会计 出版社
LIXIN ACCOUNTING PUBLISHING HOUSE

图书在版编目（CIP）数据

创业第一年要考虑的16件事/王承业著.--上海：
立信会计出版社，2017.1
（去梯言）
ISBN 978-7-5429-5285-1

Ⅰ.①创… Ⅱ.①王… Ⅲ.①创业 Ⅳ.①F241.4

中国版本图书馆CIP数据核字（2016）第273179号

策划编辑　蔡伟莉
责任编辑　蔡伟莉
封面设计　仙境

创业第一年要考虑的16件事

CHUANGYE DIYINIAN YAOKAOLV DE 16JIANSHI

出版发行	立信会计出版社		
地　　址	上海市中山西路2230号	邮政编码	200235
电　　话	（021）64411389	传　　真	（021）64411325
网　　址	www.lixinaph.com	电子邮箱	lxaph@sh163.net
网上书店	www.shlx.net	电　　话	（021）64411071
经　　销	各地新华书店		

印　　刷	北京柯蓝博泰印务有限公司		
开　　本	720毫米×1000毫米	1/16	
印　　张	17.5	插　　页	1
字　　数	284千字		
版　　次	2017年1月第1版		
印　　次	2019年8月第6次		
书　　号	ISBN 978-7-5429-5285-1/F		
定　　价	39.80元		

前　言

　　创业，是一个说起来让人心潮澎湃的话题。随着知识经济和网络经济时代的到来，越来越多的人加入到创业大潮之中，渴望在商海中搏击风浪，实现心中的创业梦想。

　　创业是一份光荣的事业，也是一份艰辛的事业。创业不仅是对创业者知识和技能的考察，更是对创业者心理、意志和智慧的考验。只有具备创业所要求的一切条件，创业才有成功的胜算。

　　万事开头难，创业成败的关键在于创业的第一年，创业第一年的开局如何，将决定创业的最终结局，决定创业的生死存亡。很多创业失败的例子，主要原因在于创业第一年各方面工作做得不到位，或是方向不明，走了弯路；或是缺乏资金，功亏一篑；或是不善管理，创业经营步履维艰……

　　军事上讲究"不打无准备的仗"，创业也莫不如此。要想创业成功，在创业的第一年，创业者就要将创业过程中涉及的各项事情都考虑周全，大处着眼，小处入手，全盘规划，权衡利弊，做好各方面的充分准备，为创业打下稳固坚实的基础。

创业第一年，要有充足的启动资金。创业需要支付人力和物力等各方面的费用，如果自有资金不足，就无法开展后续经营，往往是仓促上马，仓促收兵。

创业第一年，要慎选行业和项目。生意不熟不做，创业者要选择自己熟悉又专精的行业和项目，这样企业创建后可以快速地运营起来，较快地进入市场，提高创业成功的概率。

创业第一年，需要招聘员工，组建团队。创业者要有一定的管理能力，激发每一个员工的热情和能量，打造出一支高绩效团队，发挥团队的力量，成就自己的事业。

创业第一年，生存是第一位的。创业初期可以小本经营，按照创业计划逐步拓展规模。创业者要持"有多少实力做多少事"的观念，先生存后发展。急于求成，急功近利，遇到失败是必然的。

创业第一年，要善于规划财务，严控成本。不是所有具备理财能力的人都适合创业，但创业者必须具备较强的理财能力。创业者理财能力的大小，直接关系到企业的兴衰。创业者要以有限的资金，保证创业之初企业的稳健运营。

创业第一年，要以质量取胜。产品是企业在市场上打出的第一张牌，如何出好第一张牌？除了质量，别无他法。创业者要树立质量意识，靠质量谋生存，靠质量求发展。

创业第一年，要做好应对风险和危机的准备。创业过程中会遇到各种意想不到的困难，创业者要有经历挫折的心理准备，以坚定的信念、不屈不挠的精神去迎接创业中的挑战。

创业维艰，创业不易。创业该从什么时候开始？创业第一年要做哪些准备？创业所需的资金到哪里筹集？怎样面对创业过程中的种种障碍？如何突破创业初期的瓶颈？每个正走在创业路上或准备走上创业之路的人心中都会有这些疑惑。

本书以全新的视角、前沿的理念，结合当前中国创业行情，总结出自我审视、项目、模式、规划、融资、人脉、法律、财务、人才、团队、市场、质量、营销、成本、文化、创新这16件创业第一年要考虑的事，逐层讲解每一件创业大事中的细节、问题，提供相应的创业策略和技巧，为广大创业者描绘一份详尽清晰的创业蓝图，指明创业路径，引导创业者在创业中少走弯路，在竞争的大潮中乘风破浪，直达创业的成功彼岸，实现自己的创业梦想。

目 录

第3件事　选择合适的模式搭建平台

第4件事　设计创业行动路径图

第5件事　筹集创业的第一笔资金

第6件事　打通人脉，创业走直线

第7件事　用法律之剑为创业护航

第8件事　理活创业中的财源之脉

第12件事　创业起家靠质量说话

第13件事　架构一对一的营销渠道

第14件事　节省成本熬过创业第一年

第15件事　创建自己的企业文化标签

第16件事　培植长盛不衰的企业基因

附录一　创业者要避免的创业误区

附录二　向创业偶像学创业

第 **1** 件事

创业，你准备好了吗

♟ 创业者应具备哪些条件

创业第一年，创业者必须先了解自己是否具备成功创业的条件。成功的创业者应该具备的条件包括：

自律、自强、识人能力、管理能力、想象力、口才、毅力、乐观、奉献精神、积极的人生观、推销产品(服务)的能力、独立作业的能力、追求利润的方法。

当你确定自己适合创业后，不必急着马上走上创业这条路，还必须先评估一下你的创业计划是否可行。你可以探索以下一些问题。

1. 你能否用语言清晰地描述出你的创业构想

创业的想法必须明确。你应该能用很少的文字将你的想法描述出来。根据成功者的经验，不能将自己的想法变成语言的原因也是还没有经过仔细思考的表现之一。

2. 你是否真正了解你所从事的行业

许多行业都要求创业者之前从事过这个行业，并对该行业内的方方面面有所了解。否则，你就得花费很多的时间和精力去调查诸如价格、销售、行业标准、竞争优势等问题。

3. 你是否看到别人使用过这种方法

一般来说，一些经营比较成功的企业，其经营方法比那些特殊的想法更具有现实性。有经验的企业家流行这样一句名言："还没有被实施的好主意往往可能实施不了。"

4. 你的想法能否经得起时间考验

当未来的企业家的某项计划真正得以实施时，他会感到由衷的兴奋。但过了一个星期、一个月甚至半年之后，将是什么情况？这项计划还那么令人兴奋吗？或许已经有了完全不同的另一个想法来代替它。

5. 你是否有良好的关系网

创业的过程，实际上就是一个组织诸如供应商、承包商、咨询专家、雇员的过程。为了找到合适的人选，你应该有一个服务于你的个人关系网。否则，你可能会误用不可靠的人或滥竽充数的人。

6. 你是否明白什么是潜在的回报

每个创业者投资创业，最主要的目的就是赚最多的钱。可是，在尽快致富的设想中隐含的决不仅仅是钱。你还要考虑成就感、价值感等潜在回报。如果没有意识到这一点，那就必须重新考虑你的计划。

如果经过自我分析后证明你适合创业，同时你也能正确回答上述几个问题，那么你创业成功的胜算将会很高，你可以开始着手去创业。但是创业并不是一时冲动的想法，如果创业前你举棋不定，最好还是选择工作这条路。因为，尽管你现在有机会创业，你的动机不错，想法也很棒，但是基于市场环境、经济能力或家庭等因素的考虑，现在也许不是你创业的最好时机。

总之，创业者必须要有相当的竞争力，而且只有你自己才能决定怎么做最恰当。成事不易，创业更难。选择创业这条路，自然而然地会憧憬成功，但是，提前预想到创业过程中将会遇到的种种难题应该是创业之初应该考虑清楚的。

♟ 创业者应具备哪些品质

创业是一项充满挑战的人生选择，它对创业者有着特殊的素质要求。

1. 诚实和谦虚

诚实和谦虚是一种美德，这种美德对于任何一个想成功的人来说都非常重要。而对于创业者来说尤其重要。因为只有诚实和谦虚的人才能获得别人的信任。

2. 克制和忍耐

克制和忍耐是衡量一个人有无坚强意志的标志。如果缺少这样的品质，势必经常发脾气，而发脾气又使人丧失理智，会弄得人际关系紧张，影响工作关系，有可能导致创业的失败。此外，要想创业成功，必须要主动地强迫自己去干自己最不想做的事情，而这往往是你最需要的。

3. 热情和责任感

创业者是企业的核心，他对事业的热情必然会感染企业的员工，从而将各项工作搞得有声有色。同时，只有强烈的责任感、使命感，才能使创业者无论遇到什么样的困难，都有坚定地完成事业的决心。

4. 积极性和创造性

创业是一件需全身心投入的事，积极的态度才能使创业成功。在这个过程中，没有人会给创业者部署安排，没有人会给创业者决策计划，面临困难、问题、危机，创业者只有积极去寻求，才能取得应有的创业效益。

具有创造性的精神，才能让创业者发挥自己的潜能，打破各种条条框框，开创新的局面。

5. 公道正派

公道正派和对事业的无私奉献，才能在创业者身上产生巨大的向心力和凝聚力。

♟ 创业者应具备哪些精神

创业维艰，创业过程中会出现各种各样的困难和挫折，这就需要创业者有成熟的心理素养和坚定的意志，具备战胜一切困难的精神。

1. 顽强精神

如果说有一种素质几乎所有成功的创业者都具备的话，那就是顽强精神。没有任何人比企业的创业者更需要有坚持不懈、顽强拼搏的精神了。

员工、客户、股东都希望企业有坚强的领导人，只有你的竞争对手希望你放弃这种精神。把你的抱负顽强地坚持下去，顽强精神使你更顽强，成功之后会有更大的成功。

所谓顽强，并不是达到愚蠢地步的顽固。它是一种下决心要取得结果的精神，不管在这条路上要忍受什么样的艰难险阻。迎着不断出现的挑战前进，艰难险阻会把你打翻在地，爬起来，继续干，又被打翻在地，爬起来，再干，第三次打翻在地，第三次爬起来。你前进的速度有时会放慢，但不会停止。

如果你懈怠、犹豫动摇，那么，你就容易半途而废，达不到目的。创业者需要排除失望、挫折、沮丧和各种艰难困苦，坚持不懈地前进。坚韧不拔者必胜。

　　有一些例外的事情，不能应用顽强精神，下面的原则可作参考。

　　（1）如果你从事的创业活动是把钱扔进坏项目，或者把好人扔进坏项目，那么，你必须放弃它，为你自己，也为别人减少损失。

　　（2）不要让私心、虚荣心和害怕承认错误的心理使得你不肯罢休。

　　（3）成功的创业者的重要素质之一是该坚持的，一定要顽强坚持，该放弃的，一定要及时放弃。

　　2. 创新精神

　　所谓创新或具有想象力，并不仅仅是设想出一件新产品或新的服务项目，而是一种经商的新窍门或者对传统方法的更新，它是指用另一种不同的方法表达自己的意思，用新方式处理老问题等。你不一定要成为人类最新思想之父，但你可以用不同的方式去做一件件小事，从而汇成你的创业事业。

　　提高创新能力的最简单的办法是什么呢？观察并仔细研究大多数人在一般情况下是怎样做的，而你换一个方式做。你往往不自觉地跟着别人亦步亦趋，人家怎么做，你也怎么做。作为创业者，不要那样，要有新花招，与众不同，推陈出新，才能超过别人。抛弃以前的老惯例，走新路子，成功的创业者就是这么脱颖而出的。

　　3. 竞争精神

　　商场如战场，不进则退，你必须有一定的竞争精神，才能在这个领域里有所作为。

　　不论对个人的成长，还是对职业的发展来说，竞争都是一件好事。同对手进行殊死搏斗有助于增强你的斗志，提高你的水平。不要妄想在你卷入的斗争中轻而易举地获得胜利。胜利，特别是轻而易举的胜利不会使你学到很多东西。只有斗争才能学到东西，当你回顾你一生中获得的成就时，最值得你玩味的是克服了重重艰难险阻才获得的胜利。胜利是短暂的，而强大的竞争能力则会带给你持久的喜悦。有一个强大的对手或一个难办的问题，是一件好事，因为你战而胜之，你会更强大，同时可以获得巨大的享受。请记住，竞争对手帮助你达到顶峰，而轻而易举的胜利则使你变得软弱。只有同对手不断进行斗争，才能使你的战斗精神旺盛起来。

　　具备并保持你的竞争精神，在商战中永不言退，你将成为一位成功的创业者。

♟ 创业者应具备哪些能力

创业是个系统的工程，创业者不仅需要处理创业过程中各种复杂的事情，而且还要应对随时出现的风险和挑战，如果创业者能力欠缺，是很难成功创业的。一个成功的创业者应当具备以下几种能力。

1. 强烈的市场意识

勇于竞争，善于把握机遇的人，无论从事何种职业都会大有作为。因为所有产业都要面对市场，因此，创业者要有市场眼光，对市场上的供求信息反应迅速，并且能够根据实际情况大胆进行决策，再以周密的计划、灵活的处理方式，将设想转化为实际行动。这样的创业一定会成功。

对于为什么往往科技创业容易失败、科技型企业规模不大的疑问，依靠技术起家的施正荣认为，科技创业能否取得成功，最关键的是创业者是否具有很强的市场意识，"从长期来看，技术对科技创新的成败意义极为重要，但如果不能在短期内做好市场，再好的技术也要归于失败。"

2. 规避风险的能力

成功的创业者大都具有趋避风险的能力。正如能在山路上开好车的司机，通常会根据路况决定车速，而且会系上安全带，随时收听路况信息。

3. 学习能力

成功的创业者大都具有比别人更优秀的学习能力，并且有高度的创新精神，善于在实践中学习。成功的创业者对于新事物都具有积极的学习态度与高度的创新精神。

4. 管理能力

管理并不容易，不只是"管管人，动动口"的事。小到管理一个家庭、大到管理一个国家，都需要有科学的管理。如何能将内部的资源利用最大化？如何能使一个企业的办事效率最大化？这都与科学的管理有直接的关系。对于一个企业来说，良好严谨的管理体制，能使企业散发活力，充满生命力，从而逐渐形成企业文化，团结企业进行团队作战；相反，一个没有科学的管理能力的创业者带领的企业就如一个散乱的团伙，哪里起火救哪里，更不用谈战斗力和生命力了。

5. 敏锐的觉察能力

创业就意味着你要带领一个团队打天下，事事冲在最前线，与形形色色的人打交道。这就要求创业者是一个能审时度势、透过现象看本质的人，而这就需要创业者有敏锐的目光，能辨别真伪、洞察秋毫、预算未来。

创业者应掌握哪些知识

对于创业者，除了要对本行业、本专业有较深的造诣外，还有必要学习广博的知识，这样才能使头脑灵活，融会贯通，富有预见力和应变力，做到以博取胜。

有的创业者常能在大家不以为然的事物中拓出新意和新路，不过，这种能力的形成是需要通过长期的知识积累才能达到的，是通过分析各种知识间的联系产生的，是一个长期的、潜移默化的过程，是创业者知识素质水平的真实反映。

这些基本知识层面的范围涵盖很广，有法律知识、数学知识、文学知识、历史知识、社会学知识，等等。

1. 法律知识

自由社会也是法制社会，市场经济也是法制经济，创业者及其所创办的企业，都生活在法制化的社会里。如果创业者缺少必要的法律知识，就会像不懂得交通法规的驾驶员一样，四处开车乱撞，红灯不停，绿灯不行，即使万幸没有发生车祸，也是要被批评、罚款、吊销执照，甚至剥夺自由开车的权利。真到那一天，创业者及其所创办的企业都将受到影响和创伤。

所以，创业者必须十分关心法律的颁布情况，对有关法律必须认真学习，并把重要的条款牢记在心。知道哪些方面有哪些法律规定；哪些法律对企业的生产经营有用；生产经营活动能得到哪些法律保护等。

创业者应了解的法律有《合同法》《公司法》《银行法》《证券法》《反不正当竞争法》《商品质量法》《劳动法》《知识产权保护法》等。

这些法律法规与创业者的职业活动密切相关，创业者应认真学习，虽不必达到律师那样的熟悉程度，但创业者不妨做一个"外行"律师。

2. 数学知识

数学知识对于创业者而言，也很重要。数学横贯各个学科，凡事如果只是定性地论断，未免欠缺说服力，加上一点数理统计知识则更加让人信服。当今时代，成功的创业者必须具备良好的数据分析和逻辑推理能力，只有大量的数理统计才能正确反映出事物的规律性。

列宁曾说过："统计是认识社会的有力工具"，因此，对创业者来说，学点数理统计知识是很有必要的。当然，创业者也不必拿数学家的标准来要求自己，这显然没有必要，也不现实，经营者只需做个"外行"数学家就可以了。

3. 文学知识

文学知识直接关系到创业者的读写能力，甚至连个人情操的陶冶也离不开文学，真可谓"基础之基础"。

4. 历史知识

熟悉历史，有助于经营者引古论今，以史为鉴，为企业的发展指明方向。同时，也有利于个人素养的提高。

5. 社会学知识

企业就如一个小社会，经营者管理一个企业，就好像在管理一个小社会，完全可以从社会学中获取一些教益。总而言之还是一句话，对于这些基本知识，创业者只需有必要的理解和掌握即可，能触类旁通，灵活运用就好，不要求成为各方面的专家。有时，创业者要善做"外行"，有必要时，要学会向该方面的"内行"请教。

成功的创业家有哪些心理特征

有人曾经对75位取得成功的创业家做过研究，并归纳出了"企业家的心理特征"。这些特征成为很多创业者的座右铭。

1. 自信

创业家普遍都有很强的自信心，有时甚至有"咄咄逼人"的感觉。

2. **急迫感**

创业家通常很急切地想见到事物的成果，因此会给别人带来许多压力。他们信仰"时间就是金钱"，不喜欢，也不会把宝贵的时间浪费在无聊琐碎的事情上。

3. **广泛的知识**

创业家几乎大事小事无所不知，既能从宏观角度掌握事情的来龙去脉，又能在细节上做到明察秋毫。

4. **脚踏实地**

创业家做事认真，不会马虎了事。

5. **超人的能力**

创业家能够从杂乱无章的现象中，整理出一套背后的逻辑构架，有时候他们做决策时会跟随内心的感觉。

6. **崇高的理想**

创业家为了达到个人理想，不会计较虚名，生活简单务实，必要时常常身兼数职。

7. **客观的人际关系态度**

创业家为了事业往往是"冷酷无情""不顾面子"，给人以"大公无私""就事论事"的感觉。

8. **情绪稳定**

创业家通常不喜形于色，也很少在人前抱怨、发牢骚；遇到困难时，他们总是坚韧不拔，迎难而上。

9. **迎接挑战**

创业家喜欢风险，但并不是盲目地冒险。他们乐于接受挑战，并从克服困难上获得无穷乐趣。

你是否对自己创业充满信心

如果想创业成功，首先要对自己充满信心。如果自己对创业没有信心，那创业失败的可能性就很高。

请看下面这个案例。

一个创业咨询企业曾经做过一个很有趣的实验：让8名创业者穿过一段很黑的道路。这8名创业者都勇敢而顺利地通过了。

这时，实验人员打开这段道路上方的一盏灯。在昏暗的灯光下，创业者们惊讶地发现：那并不是一条平坦的道路，而是在下水道上面搭建的一座小木桥，小木桥下面是脏兮兮的污水。他们正是在毫不知情的情况下，从那个相当狭窄的悬浮的小木桥上走过去的。

实验人员看到他们惊异的表情，问："现在，你们谁还愿意再次走过这段路？"沉默了几分钟后，才有2个人举起了手。其中一个小心翼翼地走了过去，速度比先前慢了许多；另一个走到半路就向实验人员求救，要求返回。

实验人员打开了早已经准备好的灯。在明亮的灯光下8名创业者看清：其实小木桥下方装有一个颜色很不醒目的安全网，他们刚才都没发现。

"现在，谁愿意通过这座小木桥？"实验人员问。这次有4个人站了出来。"你们几个为什么不愿意呢？"实验人员问没有站出来的其他4个人，他们几乎同时问道："这安全网安全吗？"

创业的确是有一定风险的，就像上面案例中小桥下的下水道。但是，创业能否成功，比拼的既不是对风险的无知，也不是对风险的全知，而是在明知道有危险存在的情况下仍然勇敢前行的信心。

一个优秀创业者的最大特点就是对自己充满信心。对任何想创业成功的人来说，自信心是成功清单上最重要的东西。如果一个创业者对于走哪条道路拿不定主意，这会对企业上下的所有人都产生影响。

♟ 创业前要评估自己的财力

创业第一年，需要一大笔投资。创业者在考虑投资项目和投资规模时，首先要考虑自己的财力问题。财力雄厚的，可考虑一些资金投入比较大的项目，或者使企业的规模相对大一点；相反，财力不雄厚的，投资的项目和规模都要受到一定的限制。因此，正确评估自己的财力，是创业者在创业第一年必须要考虑的一件事。

可能许多人都有创业的愿望，却限于自己的财力而作罢，这就说明从某种意义上讲，创业者能否顺利地实现创业，其财力是至关重要的一环。如果创业者的财力强，并且运用合理，那么创业时创业者在资金方面就会少操很多心，能够把更多的精力和时间用于考虑企业的生存发展问题。相反，如果创业的财力不够，或者运用不合理，那么往往容易导致资金紧张。

创业第一年，你一定要充分考虑自己的财力，选择好合适的项目，合理做好资金安排，这样才能够保证企业资金周转不出现问题。一般而言，在创业之初，企业的生存能力普遍较弱，创业者面临的首要问题就是企业的生存问题，如果不考虑自身的财力问题，不切实际地盲目投资，那么往往容易导致资金周转不畅，企业负担过重，危及企业的生存。

一般而言，在创业之初，以下几点决定了创业者必须慎重评估自己的财力。

1. 流动资金

对于一家初创的企业来说，由于没有稳定的市场，产品何时能转化为利润，产品能够给企业带来多少利润，都是不确定的。此时，企业的生存完全靠流动资金来维持。

倘若创业者没有准备足够的周转资金，在产品转化为利润之前，流动资金基本用完，企业很容易遭遇"休克"危机，从而危及企业生存。因此，在创业之初，创业者要正确地评估自己的财力，留足流动资金，确保企业的生产和经营活动能正常运行。

2. 负债过高危险大

大多数创立企业的人都会通过融资来充实自己的财力，为企业提供资金支持。但是，在融资时，创业者还要充分考虑到自身的财力和投资项目的风险。有些创业者不考虑自己的财力，盲目融资，盲目扩大经营规模，结果往往是规模上去了，效益却下来了，债务的雪球越滚越大，以致盈利不足以支付利息。长此以往，企业的生存势必难以为继，甚至破产。基于此，创业者不能不考虑自己的财力问题，尽量避免盲目投资，在解决生存问题的基础上，适度追加投资，使企业的生产经营在良性循环中运行。

3. 丧失商机

有些创业者比较保守，在创业初期，他们不懂得进行正确的财力评估，手里握有过多的备用资金，却不注重在开拓市场上增加必要的投资，导致企业在面临很好的发展机遇时，与机会擦肩而过。

这种做法看似稳妥，有利于企业的生存和发展，但实际上是对企业的生存和发展不负责任的做法。一个初创的企业想要实现从生存到发展的质的飞跃往往取决于创业者能否迅速地抓住一两次发展机遇。如果创业者不客观地评估自己的财力，把丰裕的资金变成"死钱"，是难以很好地解决企业的生存和发展问题的，更不用说做大做强了。

第**2**件事

好项目是创业成功的一半

♟ 选择创业项目要慎之又慎

创业成功的关键之一在于对创业项目的选定。因此，创业项目的选择一定要慎之又慎，不能凭自己的想象和一时的冲动，而要经过多方面的调查，权衡利弊，作出正确选择。

1. 选择项目不能凭想象

联帮三林世贸工艺品制作服务社业主王彬在自己创业前，曾就读于某高职工艺饰品专业，后又在工艺制品厂工作多年，凭着自己的一技之长，走上了创业之路。他靠原本积累的技能，通过自己的努力，赢得了饰品加工服务的市场，取得了创业的成功。王彬认为，创业要做自己熟悉的项目，才有取得成功的充分把握和机会。与王彬不同的是，联帮浦兴山水化学保洁服务社业主黄凤娜，原本学的是美术专业，搞过动漫制作，也曾有过自己的工作室，但后来的创业经历，却是"阴差阳错"，从事小区的保洁服务项目，凭借她"做事先做人"的创业经验，取得了成功。

在被问及创业成功的经验时，黄凤娜说："要善于做市场需要的项目，尽管这样做对自己会是个挑战，但容易取得成功。因为只有市场需要的，才是创业者需要努力的，这就是一种机会。"也有成功创业者认为，加盟有实力、有品牌知名度的项目也能取得成功。显然，做自己熟悉的、市场需要的或者知名品牌的项目，成为创业者选择项目的成功经验。

2. 选择项目不能只看眼前

商机处处有，就看你有没有独特的眼光，有没有好的创意和方法。当然，理想的创业项目最好是投资小、获利大。

谁不想找到一个成本低、回报大、无风险的项目呢？有的人不想投资一分钱，将目标瞄准免费网站，但是，天下没有免费的午餐。比如，现在网上有许多免费网站，到处打广告动员你参加。不过，这些免费网站只能让你赚些小钱，而且要长时间开着电脑，因为需要去做宣传工作，为他们发展下线。到头来，你的电费耗掉不少，钱还没有赚到几个。

所以，在创业初期一定要慎重选择一个适合自己、又有发展前景的项目。良好的开端是成功的一半，选择了一个好项目，你的创业就有了正确的方向。

3. 选择项目不能冲动

创业需要有激情，但激情不等于冲动。一家名为联帮顺风服饰的服务社，由于选择的项目定位不准确，采购进来的服装卖不出，资金无法周转，亏损额越来越大，创业者自己对未来的创业路究竟该怎么走，都缺乏信心。创业者对遇到的境遇感慨万千："全是冲动惹的祸。"其实，选择创业项目，只要能够结合自己的实际能力和市场需求，稍作分析，多听听开业指导专家的分析，就可以避免因"冲动"而出现的不良后果。

4. 慎重选择项目，不要哪热闹往哪挤

小本经营者，求稳心较重，往往会抱着别人做啥我做啥的心理，想走一条无风险、稳赚钱的经营之路。然而，此路是走不通的。趁热投资的小本经营者不是面对同行业的市场巨人，就是去收拾人家已无油水的残羹剩饭。也许，这正是不少人看到同样的项目，人家赚钱，而自己干却赚不到钱的关键。

♟ 选择创业项目有哪些技巧

无疑，创业之初项目的选择至关重要。那么，怎样才能选择好的创业项目呢？尽管劳动组织对非正规就业的服务范围有所限定，但究竟做什么项目，完全取决于创业者自身的选择和对项目选择的正确把握。

1. 见缝插针，巧占市场空白

经济愈发达，社会愈进步，人们的需求就愈细化，因此，小额投资者应该独辟蹊径，致力于经营"人无我有"的商品和服务，巧占市场盲点。如经营与大商店商品配套、互相补充的商品；在三百六十行之外开辟擦洗、接送等新的服务行业；针对时间经营的空白开设商店、饭店、新奇的商店、夜市，等等，为消费者提供多层次的便利服务。

2. 快速反应，船小掉头快

经营环境常常瞬息万变，市场行情此一时彼一时。小本经营的优势是船小掉头快，只要时刻保持清醒的头脑，及时对市场变化作出灵敏快捷的反应，抢先抓住稍纵即逝的机遇，一定能够实现本小利大。

3. 主动上门，灵活经商

资本雄厚的大企业经营重"守"，做小生意的小本经营重"走"。流动摊档经营的商品一般要求是日常生活用品，每家每天都要用，因此，容易与客户建立稳定的联系，稳稳当当地赚钱。而送上门的服务能迎合客户急着要办又不用出门的需求，一拍即合。

4. 薄利多销，不压货

俗话说得好："三分毛利吃饱饭，七分毛利饿死人。"利润微薄，价格降低，在竞争中以价格优势招引客户，薄利多销，实现赚钱目标。小本经营资本相当有限，最怕造成商品积压，资金周转不灵，成为死钱，包袱越背越重，影响下一步的经营，形成恶性循环。

5. 有利即卖，赚钱心不要太急切

赚大钱是许多人的梦想。但大多数人终其一生却难以梦想成真。这是什么原因呢？是因为他们赚钱心太急切，小钱不想赚，大钱赚不来。曾有位百万富翁说过：小钱是大钱的祖宗。生活中不少腰缠万贯的人当初就是靠赚不起眼的"小钱"白手起家的。

♟ 越陌生，越危险

生意场有一句很流行的话：做熟不做生。这句话能流行自然有它的道理，创业领域没有好坏与对错，只有适合与不适合。每个人都有自己的优势和特长，创业者必须认真分析自己的特点，找到适合自己做的事业，才能达到事半功倍的效果。而选择自己熟悉的领域入手，是一条捷径。特别是在创业初期，能否做下去在很大程度上取决于创业者对这个项目的熟悉程度。创业者涉足自己并不熟悉的

领域之前，一定要慎之又慎。

许多创业者在选择项目的时候都会犯难，于是常常向咨询专家、创业培训机构请教，而他们给创业者的回答往往使得一些人失望："我们不会也不能直接给你推荐项目，而会教你一整套选择和评估项目的思路，我们希望你们靠自己选择适合自己的项目！"是的，没有人可以告诉你该从事哪个行业，你所能得到的建议只会是一些原则，比如"越陌生，越危险"。任何时候都不能盲目跟风，进入热门生意的人不见得赚钱。在创业之时，你所选择的项目与自己过去的从业经验、技能、特长和兴趣爱好越吻合，则你越有内在和持久的动力，成功可能性也就越大。

葛某从事药厂生产管理已经近7年，后来看到做代理商的朋友们发财了，于是就和几个朋友合伙做起了地区代理，因不熟悉市场，产品选择不当，葛某不仅在此项目中一无所获，两年时间赔了10多万元，加上自己的机会成本，共损失近30万元。

眼看着做代理行不通，葛某不甘心，又打算与几个朋友合伙做餐饮。他们每个人都拿出一些钱，商量着开一家酒楼。但等到200万元资金到位准备装修店面时，才发现200万元根本不够，无奈又各自借了很多钱。原来，大家只是想象着干餐饮"有多赚钱"，但真正懂得行道的却没有一个。由于先期没做任何预算，又对餐饮行业太过陌生，酒楼勉强经营了一段，不但没挣钱，还欠了很多外债，几个要好的朋友也不欢而散。无奈，葛某只好再次放弃餐饮业，重新进入一家保健品企业做起了老本行。

三百六十行，行行出状元。任何行业都是行家才能挣到钱，不要眼红其他人的收益，对于自己不熟悉的行业尽量不要参与。比如案例中的葛某，做熟了生产管理，却因听说做代理赚钱而改行，可是刚刚入门的他看不懂产品，也找不到合适的进货渠道，等他弄懂产品摸清行情时，很可能市场已被他人捷足先登，甚至还有可能已吃进了大批一百年也卖不出去的滞销产品，所以会赔得一塌糊涂。

所以，创业者在选择行业的时候，一定不要像案例中的葛某一样，选择自己不熟悉的行业，而是要选择自己有所了解的行业。

从自己熟悉的行业开始创业

一个要创业的人，常常自问：我该从事哪一个行业？

对于有小本创业理想的很多人来说，通常不是缺乏资金，而是缺乏相关经验。

常常有一个矛盾。那些在大企业做到中上层职位的人，收入固定，且通常有良好的教育背景，懂得钱滚钱的投资手法。这类人较有闲资，其能力也足以创业。但这类人所有的钱还不足以开大企业，而他们对一些小本经营，大多又缺乏实践经验。

另一类人，略有小本经营经验，如，快餐店、时装店之类。但是他们通常缺乏资金，又不一定能够处理很多财务上的问题。

所以说，这两类人可以合作。例如，后一种人，想做本行的老板，便可通过亲友的关系，拉拢有闲资的人入股。

一般来说，有闲资而缺乏行业实践经验的人，比有一技之长，有创业意念，却苦无资金创业的人多，因为后者可选择由小做起，而前者则因为苦无门径，可能永远无法开展个人事业。

一个人有一技之长，如，懂得开锁，并不代表他该开业卖锁，他可能投资一间时装店也不为奇，只要他真能赚钱，能发展便可。

但是，有一部分的创业人士，他们为了想做创业者，而主动投身另一行业，此种情况是比较危险的。因为一旦开展事业，企业便有开支，是不管能否赚钱都必须负担的。而开始准备的创业基金未必可以应付那么长久，很多小本创业便是在一种还未摸通一个行业的情况下，就宣布结业。

所以，真正想创业，又希望比较有把握的话，一定要对某一行业愈熟愈好，不要光凭想像、冲劲、理念做事。若真立志投身一项事业，不妨辞去本职工作，在该行业做一年半载，摸清摸熟行情再行动也不迟。虽然这比较花时间，但总比开业后赔钱好。

创业者可能因为熟悉某一门专业，因而萌发自立门户之念。但要注意的是，不是每一个行业都可小本创业，也不是每一个行业都正当创业的时机。若认为有一个行业可供发展，应该大胆付诸实行。但付诸实行的第一步不是立即开业，而是先做资料搜集和各项准备工作。创业者的准备工作若做得充分，信心、冲劲自然较高，反之则容易泄气。

创业第一年，创业者首先应该尽量选择从自己熟悉的行业或业务开始，这可以帮助自己很快寻找到准确的市场定位。同时，选择熟悉的行业或业务是挣钱的良好开端。一般来说，你原来所从事的工作对你是最熟悉的，选择自己熟悉的行业，就能够拥有更多的信息，知道什么商品有市场、有前途，知道不同产品的优劣及消费者的需求，知道市场的发展方向，就能够作出正确的判断与决策。这是创业者的无形资产。

♟ 做自己擅长做的事

对于创业的成功，比尔·盖茨曾说过这样一句高度概括的话："做自己最擅长的事。"微软创立时只有比尔·盖茨和艾伦两个人，他们最大的长处是编程技术和法律经验。两个人立足于自己的长处，成功地奠定了在这个领域的坚实基础。在以后的20多年里，他们一直不改初衷，"顽固"地在软件领域耕耘，任凭信息产业和经济环境风云变幻，从来没有考虑过涉足其他领域，最终有了今天这样的成就。

如果你用心去观察那些成大事的成功者，他们都有一个共同的特征：心中有一把丈量自己的尺子，知道自己该干什么，不该干什么。有了自知之明，就可以扬长避短，再抓住发展机遇。于是这个世界上便有了"塑料大王""汽车大王""钢铁大王"等企业巨人。

正如一个国家选择经济战略一样，每个人都应该选择自己最擅长的创业项目，做自己最擅长的事。换句话说，当你在与人比较时，不必羡慕别人，你自己的专长对你才是最有利的，这就是经济学强调的"比较利益"。

耐克正式命名是在1978年，到1999年时，它的年销售额已达到95亿美元，跨入《财富》杂志500强行列，超过了原来同行业的领袖品牌阿迪达斯、锐步，被誉为近20年来世界上最成功的消费品企业。

耐克成功的重要原因之一，是它的中间商品牌路线。为了显示自己在市场方面的核心优势，它不建立生产基地，自己也不生产耐克鞋，而是在全世界寻找条件最好的生产商为耐克生产。它选择生产商的标准是：成本低，交货及时，品质有保证。这样，耐克规避了制造业企业的风险，专心于产品的研发，快速推出新款式，大大缩短了产品生命周期。

耐克成功的另一个原因是传播。它利用青少年崇拜的偶像如迈克尔·乔丹等进行宣传，还设计耐克的专用电子游戏。每当推出新款式，就请来乐队进行演奏，传递出一种变革思想和品质。耐克的传播策略使其品牌知名度迅速提升，从而建立了具有高度认同感的品牌资产价值。

耐克成功的根本在于：它专注于做自己最擅长的事——设计和营销，把不擅长的事——生产和物流交给别人去做。无论你的创业项目是什么，你都应该问自己这样一个问题："这真的是我所擅长的吗？"做自己擅长的项目，你才更容易成功。

♟ 你的技术是创业的突破口

可能所有的创业者都觉得资本是最重要的因素，倘若没有资本，自己就是一无所有。诚然，对创业来说，资本非常重要，但除此之外，还有其他一些关乎大局的因素，比如技术。创业离不开技术支持，没有技术，如同鸿鹄失去展翅翱翔的羽翼，空有凌云之志，却无法奋发腾飞。从某种意义上说，技术是创业的资本，也是发展的原动力。在全民创业的"群英谱"中，有很多拥有技术并在创业道路上奋发前行的创业者，他们正试图通过自身的技术开启财富之门。如果你本身有某项技术，那么它就可能成为你创业的突破口。

李某是一个退休的工程仪器设计师，他看好教学仪器市场，想利用自己的特长开一家教学仪器生产企业。可是，当他仔细做过市场调查后，发现现在市场上教学仪器生产企业多如牛毛，而且个个神通广大、精明能干，怎么办呢？

他开始思考对手的劣势和自己的优势：自己有过多年的工程仪器设计经验，在工程设计上有独特的创新，曾经获得过多项国家专利，只不过那时候自己尚在职，属于职务发明，专利归于单位；现在自己退休了，如果再有创造发明，就可以申请为自己的专利了。那么在技术上，他就可以为对手筑起壁垒。另外，客户资源方面，自己在单位时曾与多家学校都有过合作，帮助他们设计过教学仪器，现在有些客户仍旧会不时地来找自己帮忙，这是他可以利用的资源。那么，有了技术，有了客户资源，生产问题已解决；自己年纪大了，不想再拉大摊子，可以采取委托加工的方式，现在江苏、浙江、广东，包括就近的山东，愿意承接来料、来样、来件加工的小工厂非常多，从中找几家就可以解决问题。

分析完之后，这位退休工程师对自己的创业计划越来越有把握。他开始行动，找了过去的一帮老朋友，很快就把摊子拉起来。在营销方法上，他们也采取了比较保险的方法，不是拿产品去找市场，而是根据市场去设计和生产产品。他们还和学校交流，看对方需要什么样的仪器，能接受多少价位，然后再有针对性地拿出解决方案，双方皆大欢喜。从创业的第二个月开始，他们就坐在办公室数钱了。

这是一个靠技术创业的典范，相信会对你有所启发。那些最终让自己的创业计划胎死腹中的创业者，往往对创业的行业都没有太多了解，而且在技术方面也不完全懂。李某的创业经历向我们证明：技术就是你的饭碗，如果创业者能够利用自己的技术优势发展企业，就不用害怕其他企业对自己构成威胁，因为你能开拓一片属于自己的天空。

个性化创业最有前景

专家认为，判断一个创业项目能否成功，最重要的标准是看这个项目是否具有自己的特点，即这个项目的"个性"，它有没有区别于其他项目的特点。所谓有"个性"并非一个空泛的概念，"个性"是由许多具体实在的内容组成的，它包括5个特点。

1. 创新

项目必须是要新颖的，是市场还没有饱和的，即项目市场仍拥有可开拓的领域。

2. 创意

有新意、有特点、有自己特有的"卖点"。

3. 敢为人不愿

即使是再好的项目，在具体实施时也会碰到这样或者那样的问题，这时就需要创业者用冷静的头脑去思考如何应对。不要随大流，要作出自己的准确判断与决策。

4. 专业

好的项目需要具有一定的"专业知识"含量，才可以在众多的项目中脱颖而出。

5. 有前瞻性

即使项目目前可能在市场上还不是很"吃香"，但好的项目一定可以在长久利益上胜出，是可以经得起时间考验的。

"个性化"的投资项目由于其自身的特点，投资者往往能成为"第一个吃蛋糕的人"。收益高，短期内竞争者少，因此"个性化"投资项目备受江浙地区中小企业欢迎，如水晶花制作技术、仿古家具的制作工艺及配方、亲子装等项目前景十分被看好。

♟ 独辟蹊径巧创业

沈君是石家庄纺织厂的一名工人。1996年，全国的纺织行业不景气，许多人在企业濒临倒闭时仍在想方设法保住自己的职位，而沈君却毅然放弃了与企业签订的终生合同自愿下岗。在众人纷纷表示不解时，沈君却有自己的打算，他想要自己创业。

沈君下岗后，更大的打击接踵而来，先是父亲因脑溢血住进了医院，生命垂危，接着与他同单位的妻子也下岗了，生活的重担全部压在了沈君的身上。

沈君开始寻找机会，他把目光投向了蔬菜市场。因为1997年石家庄市政府提出了美化、绿化城市的号召，占道经营的菜场被清理了，居民日常生活所需的蔬菜是一个很大的市场。沈君找到几个好朋友，拿着一起借来的十几万元资金，注册了自己的企业，为小区居民供应蔬菜。

一开始，他们就遇到了困难。因为人们平时买菜都是去市场，不习惯送货上门的销售方式，往往看多于买，使他们每天都有大量的蔬菜销售不出去。为了保证自己的产品质量，沈君专门请有关专家讲解保鲜技术，往返于北京、上海之间学习同行的经验。在专家的指导下，终于有效地解决了蔬菜的变质问题，使成品净菜的保鲜期延长到了5~7天。同时，他还结合实际形成了自己的营销模式，通过努力，他的成品净菜打开了市场，受到人们的广泛欢迎。

如今，沈君的净菜已经被搬上各大商店和超市的柜台，形成了从超市到商店到小区的网状销售模式。通过与菜农签订协议，他们还建立了200多亩的生产基地，经营品种也扩展到特色蔬菜、绿色蔬菜等，产品开始销往外地。

现代商业社会，最为成功的营销就是：没有需求而去创造需求，从而开发出一个新的市场机会，成就事业。沈君从濒临倒闭的工厂辞职创业，是需要独特的眼光和非凡的勇气的。他独辟蹊径，开创了一个净菜市场，甚至因此改变了人们的购买习惯。

与众不同的模式，是创业成功的保证。在困境之中，需要寻找新的出路，守住一棵树吊死，不如放开怀抱，去寻找新的森林。

迎合他人创业要不得

许多创业者会遇到一个比较尴尬的问题，由于缺乏启动基金，因此必须与人合伙或者受雇于人。这样一来，你的所作所为便不是那么自由了，甚至你制定的策划书也有可能会遭到来自投资方的强烈反对。

相比较而言，开创新的事业都是要承担一定的风险的，投资方对前景的担忧以及对你的经营方案提出异议也是理所当然的，遇到这种情况，该如何处理才能使自己的事业顺利地进行下去呢？

在这种情况下，最好的办法就是详细向投资方解释你的经营方案。假如你不得不妥协或者迎合他人，必须改变自己的初衷才能得到别人的支持，你最好还是放弃。因为干一番违背自己意愿的事业不但没有意思，而且会遭遇种种难以预料的困难，毕竟自己的方案是经自己深思熟虑的结果。

但这并不是说投资人的意见要全盘否定，很多投资者见多识广，有的意见很值得采纳。遇到这样的情况时，应该尊重投资者的意见，吸收其合理的成分，使自己的策划书更加完善。

总之，既然选择创业，就一定要有自信。许多成功的企业开始的时候规模很小，就是因为创办人不愿意向别人妥协，所以企业成立之初资金匮乏。而那些向人妥协的企业，即使得到了投资方的资金支持，后来发现自己还是陷入了利益冲突的困扰之中。因此，不要为了迎合他人而创业，否则最后不仅自己受制于他人，经营管理各方面都不能自主决策，而且最糟的结果是创业不能进行下去。与其为了迎合他人而创业，不如自己借钱独立创业，这样哪怕开始时会困难一些，但自己能够自主决策，以后的路也会越走越顺。

第**3**件事

选择合适的模式搭建平台

♟ 个人独资企业的优与劣

根据我国相关法律的规定，创业者可以选择有限责任公司、股份有限公司、合伙和个人独资等企业形式。股份有限公司由于注册资本要求较高，且需经省级政府的批准，不为一般的创业者所采用。合伙和个人独资的企业形式因创业者须承担无限责任，选择这两种企业形式的也相对较少。有限责任公司是绝大多数创业者所采用的组织形式。

个人独资企业也就是媒体通常所说的"一元钱当老板"的企业，由一个自然人全资拥有，投资人对企业所有事务具有绝对决策权。它不是法人，需要承担无限责任。

1. 优势

（1）注册费用低。注册手续简单，费用低。个人独资企业的注册手续最简单，获取相关的注册文件比较容易，费用比较低。

（2）决策自主。企业所有事务由投资人说了算，不用开会研究，也不用向董事会和股东大会作出说明，所谓"船小好调头"，老板可以根据市场变化情况随时调整经营方向。

（3）税收负担较轻。由于企业为个人所有，企业所得即个人所得，因此只征收个人所得税而免征企业所得税。即，个人独资企业不征企业所得税，按5%~35%的超额累进税率交个人所得税。

（4）注册资金随意。《个人独资企业法》对注册资金没有规定，极端的说法是一元钱可以当老板。

2. 劣势

（1）信贷信誉低，融资困难。由于注册资金少，企业抗风险能力差，不容易取得银行信贷，同时面向个人的信贷也不容易。

（2）无限责任。这是最大的劣势，一旦经营亏损，除了企业本身的财产要清偿债务外，个人财产也不能幸免，加大了投资风险。

（3）可持续性低。投资人对企业的任何事务具有绝对的决策权，其他人没有决策权，这加大了个人的责任，如果投资人有所闪失，企业本身就不可能存在。而且个人决策也有武断的一面，带有很强的随意性，对企业不利。

（4）资金有限。企业的全部家当就是个人资产，资金有限，很难有大的发展。

（5）缺乏企业管理。这是个人独资企业的一个大问题。

合伙企业的优与劣

合伙企业是指合伙人之间以合同关系为基础的企业组织形式，为了共同的目的，相互约定共同出资、共同经营、共享收益和共担风险。合伙企业分为普通合伙和有限合伙。

1. 优势

（1）注册手续简便，费用低。注册方式与个人独资企业类似，关键在于合伙人之间的共同协议，合伙企业运行的法律依据就是他们之间的协议。

（2）易吸引资金和人才。合伙企业最大的风险就是无限责任。有限合伙企业由普通合伙人和有限合伙人组成，普通合伙人对企业债务承担无限连带责任，有限合伙人以其认缴的出资额为限对合伙企业债务承担责任。

（3）税负较低。和个人独资企业一样，只需要缴纳个人所得税，不用缴纳企业所得税。

2. 劣势

（1）无限责任。合伙企业最大的风险就是无限责任，同时还有连带责任。一旦合伙人中某一人经营失误则所有合伙人都被连累。因此合伙人的选择和合伙协议的拟定就相当重要。有人认为连带责任可以在合伙协议中用相应的条款规定分担比例，减少个人风险，但我国的法律规定合伙人之间的分担比例对债权人没有约束力，债权人可以根据自己的清偿权益，请求合伙人中的一人或几个人承担全部清偿责任。

（2）易内耗。企业是资本说了算，而合伙企业各合伙人平均享有权利，这是它的优点，但也会带来问题。合伙人之间一旦有矛盾，企业决策就难达成一致意见，互相推诿，业务开展困难。如果合伙人品质有问题，则后患无穷。

（3）合伙人财产转让困难。由于合伙人的财产转让影响合伙企业和合伙人的切身利益，因此法律对此要求严格。向外转让必须经全体合伙人同意，而不是采取少数人服从多数人的原则。退伙也存在这个问题，除非在拟定合伙协议时有明确规定，否则很难退伙。

♟ 合伙创业的"7条军规"

创业第一年，因为各种情况，创业者有可能需要选择合作伙伴来创业，合作伙伴在开始的时候无非就是儿时朋友、同学和亲戚，或因志同道合走在一起合作经营一个项目，这时候有很多的问题会产生，为了合作更加愉快长久，为了更持久地发展，应该注意以下问题。

首先，为什么要选择合作。

当创业者不得不选择合作者的时候，选择合作。因为合作可以使项目更好地发展壮大，合作可以使合作双方资源共享，合作可以使自己变得更强大。

其次，要确定合作目的与目标。

商业合作需要相同的目的和目标，有了一个共同的创业目标，才能走到一起。所以目标的正确与合作有很大的关系，也是能否找到合作伙伴的关键。利益的合理分配是合作伙伴选择你的主要原因。当中，合作伙伴对你项目的可操控性因素会很注意！当你有了清楚的合作目的和目标，合作才能成立。

最重要的一点是合作伙伴之间要建立商业信任。

由于合作者初期的合作关系的原因，合作比较重情。一些合作细节都很模糊，这样的做法是不正确的，等有问题出现的时候，没有一个根本的办法解决，互相攻击，留下一个烂摊子，只能靠各自的道德和情谊解决。因此，要把朋友和亲人之间的合作建立在合同的基础上，用合同的解决方法去解决合作纠纷。为了避免纠纷，一切的合作细节都提前预防，提前明晰。一切合同化。创造一个良好的合作的平台。

合伙创业可以互补长短，在企业发展决策上避免思维单一，还能共同承担压力。可见，合伙创业在企业经营中也有它的重要性。那么，怎样与人合伙呢？请看下面的"7条军规"。

　　第一，谨慎挑选合适的合伙创业人。

　　创业时期选择合伙创业人的标准"人品第一，价值观第二，工作态度第三，能力第四"，这四个条件缺一不可。合伙创业人必须在同一个单位共事超过一年以上的时间。因为人在工作和生活中所表现出来的行为是完全不同的，有些人可以当很好的朋友，但不是一个很好的合作伙伴。我讲的四个择人标准是需要时间考验的，只有共事过才能看出来是否合适。

　　第二，股东要签订竞业及商业保密协议。

　　合作期间和合作结束两年内合作方不得从事同行业和高相关度的行业。这样可以有效防止个人私心的膨胀而导致企业分裂。竞业协议可延伸到企业核心人员和中高管理层，在新员工入职前就实施，先小人后君子。

　　第三，自己要时刻掌握主动权。

　　在没有看好合伙创业人之前，最好不要轻易合伙创业。即使合伙了，自己也必须在整个企业经营中掌握主动权，如人事、财务、客户资料、上游供应商的关系等核心资源。这样，当出现问题时你才有能力去处理，最大限度地降低对企业的伤害。

　　第四，处理冲突时做好最坏的打算。

　　合伙创业人之间出现分歧，自己要做好最坏的打算，做到心中有底。处理问题时就会以比较平和的心态理性地去面对，让事情得到圆满解决。在不违反原则的前提下，本着不伤和气、好聚好散的前提处理事情，合作不成还可以继续当好朋友。

　　第五，不要让任何股东的亲戚们在企业上班。

　　在企业里不能出现任何股东亲戚的影子，无论股东的家庭成员是谁，有多大的本事，或者可以给企业带来多大帮助，都不能成为其家庭成员在企业上班的理由，这个是合伙创业的根基，不可以动摇。

　　第六，在合作中建立良好的沟通。

　　合伙创业人在合作过程中最忌讳的是互相猜忌，打自己的小算盘，这样的合作肯定不会长久的。出现问题要本着真诚、互信、公正的态度来解决，有什么事情放到桌面上来讨论，就事论事。大家如果都是出于公心，分歧是很容易得到解决的。

在合伙创业的过程中，充分发挥彼此的优势，站在平等公正的角度去解决企业的大小问题，这样的合伙创业无坚不摧。

第七，对待能人的方式。

企业发展需要很多的能人，有些人的能力特别强，但不一定适合当合伙创业人。我们可以用"高薪+分红"的方式来留住人才，而非用股份的方式。

♟ 理性，有限责任公司

有限责任公司，又称"有限公司"，是指由50个以下股东共同出资，每个股东以其认缴的出资额为限对公司承担有限责任，公司法人以其全部资产对其债务承担全部责任的经济组织。相对股份有限公司而言，有限责任公司设立条件和程序较为简单和灵活。一个自然人可以成立一人有限责任公司，也还可以与50个以下的合作伙伴组成有限责任公司。在有限责任公司中，你需要承担的责任是有限的。这样万一以后在经营过程中出现了问题，对你不至于造成巨大的影响，是比较理性的选择。

某著名大学计算机系的毕业生小李，在大学期间不仅成绩优秀，而且积极参加各种社会实践活动，还申请了两项专利。毕业时，怀揣创业梦想的他打算和一些志同道合的伙伴们开办企业。但创业说起来容易做起来难，面对建立新企业的千头万绪，仅仅拥有技术知识就显得力不从心了。

经人介绍，小李找到律师，特地就设立企业一事进行了咨询。律师介绍说，只有热情是不够的，创业对于大学生来说，资金、社会经验、活动能力、心理承受能力都有挑战性，所以必须要有心理准备。首先，要选择一种适合大学生创业的企业形式。企业的组织形式有多种。国有企业、三资企业、股份有限公司、个人独资企业、合伙企业。而公民个人出资设立的企业主要有以下3种：有限责任公司、合伙企业和个人独资公司。在这3种企业形式中，个人独资企业是由一个人开办的；根据现行《公司法》，有限责任公司也可以由一个自然人或一个法人设立，而合伙企业至少要有两个人以上才能设立。其中只有有限责任公司的设立人仅承担有限责任，即以自己在开办企业时投入的份额承担有限责任，即使企业偿还不了债务而破产，也决不会连累到投资人其他个人财产；而对于个人独资企业和合伙企业来说，投资人要承担无限责任，即在企业倒闭时也会被债权人一直追到家里要债，弄不好连生计都成问题。无疑，有限责任公司是小李他们现在最合适的选择。

律师向小李进一步介绍了一些设立有限责任公司的条件和要求。资金是大学生创业要翻越的第一座大山。新修改的《公司法》规定有限责任公司注册资本的最低限额降低为人民币3万元；如果一人有限公司（即只有一个自然人股东或一个法人股东的有限责任公司）则最低注册资本是人民币10万元。股东出资的形式可以是货币，也可以是实物、知识产权、土地使用权等可以用货币估价并可以依法转让的非货币财产。2013年10月25日，国务院召开会议，取消有限公司最低注册资本3万元，一人有限公司最低注册资本10万元、股份有限公司最低注册资本500万元的限制，不再限制公司设立时股东（发起人）的首次出资比例和缴足出资的期限。注册有限责任公司更加简便。

小李听了律师的介绍非常兴奋，国家的这些利好政策不正是鼓励他们这些有知识有热情的创业者吗？他和同伴们利用课余时间打工，每人都积累了少则几千元多则上万的资金，一个家住当地的同学可以提供企业办公地点，小李的两项专利技术可派上大用场了呢。注册资金不成问题，小李就开始着手考虑成立有限责任公司的具体事项，他又逐一向律师请教起来。

律师告诉他，《公司法》表明，除国有独资的有限责任公司外，任何法人和自然人都可以设立有限责任公司，包括企业法人、事业单位和社会团体法人、公民个人和外商投资者等。有限责任公司的组织机构按法律规定由股东会、董事会（或执行董事）、监事会（或监事）组成。经过仔细考虑和协商后，小李决定注册一家注册资本10万元的有限责任公司，于是开始兴致勃勃地着手公司注册的各项程序。

上面的案例基本上讲述了成立有限责任公司所要了解的基础知识。我们可以看到，假如创业者没有很多资金也不用愁，可以像小李一样用自己的技术、专利入股。

原《公司法》规定，有限责任公司的注册资本最低限额：以生产经营为主和以商品批发为主的企业为人民币50万元，以商业零售为主的企业为人民币30万元，科技开发、咨询、服务性企业为人民币10万元，并要求一次缴清。后来在修订过程中，各方面普遍认为这一规定数额过高，不利于民间资本进入市场。要求注册资本一次性缴足，也容易造成资金闲置。法律据此做了相应修改，一是取消了按照企业经营内容区分最低注册资本额的规定；二是允许企业按照规定的比例在2年内分期缴清出资，其中，投资企业可在5年内缴足；三是将有限责任公司的最低注册资本额降至人民币3万元。

国家修改《公司法》就是为了方便民间资本进入市场，为小额创业者大开方便之门。想要创业的你，当然更要抓住机会，追逐自己的创业之梦。

选择加盟创业要注意什么

当前加盟和代理是一种快速的创业方式，但风险也较大。所以，在选择加盟项目时，一定要注意以下3点。

1. 充分了解要加盟的企业

在决定加盟前，一定要切实关注加盟企业细节，通过利用网络、对该企业利益相关者的咨询等来加深对企业的理解，即使是有加盟样板店，也不要被表象迷惑，要提高自我保护的法律意识。

2. 选择最适合的模式

最好先请律师确认，并学会应用附加条款来保护自己，从而选择最适合的模式。如要加盟或代理服装，首先应该对自己所在城市的服装市场有一定的了解，尤其是你店铺周边商圈的同行情况，要做到心里有数。如果你店铺周围开了很多家休闲类品牌专卖店，竞争自然会特别激烈，那么这时你可以错开经营范围，比较分析后细分目标市场，如将目标锁定在淑女装或职业装上，效果也许会更好；如果当地的消费者偏爱产地在上海的女装，不喜欢温州产的，那么你可以优先考虑加盟上海的品牌。把这些问题都明确了，根据市场情况来决定加盟品牌的大致定位，然后有的放矢地找寻加盟品牌。其次看加盟企业选择产品的产品定价在类似品牌中是不是具有价格竞争力，设计风格跟当地消费者的消费习惯和偏好是不是吻合，尽量避免两者的矛盾和冲突。当然，产品的受欢迎程度一方面是一个品牌多年来慢慢沉淀的结果，另一方面也跟企业的广告支持密切相关。如果一个品牌持续在全国性的媒体上投放广告，保持一定的媒体曝光率，那么对它的受欢迎程度一定是有相当大帮助的。

3. 选择加盟方式

加盟方式可选择商场店中店，也可选择专卖店。创业时可根据风险和个人资金实力而定，一般来说，一家商场店中店的投资额为20万~30万元之间，但是作为分销商或者经销商大多会同时在多家商场开设店中店，因此投资多在百万元以上。

怎样进行网上创业

网络时代，让很多怀有创业梦想的人士距离梦想更近了。网络店铺、网上创业成为这个时代的热门话题，无数的年轻人跃跃欲试，渴望体验创业的激情。的确，网络给现代商业以崭新的与传统商业截然不同的运作模式，让我们每一个人，只要有网络就能拥有创业的机会。淘宝上无数的店铺预示着网络店铺的兴旺，而数量庞大且正不断增长的网民群体为电子商务提供了巨大的市场潜力，这也正是网店生存的基础环境。

网络店铺的优势是非常明显的：投资小，运营费用极其低廉。一个面向全球的，24小时、一年365天不间断营业的店铺，辅助以QQ、微信、短信等现代通信方式和发达的物流配送体系，就构成了网上店铺的软硬件环境，只要会上网就能开店创业不再是梦想，而是现实的存在。

网上创业，可采用以下技巧。

1. 起个好名字

应尽可能以简洁的语言概括出网店商品的特质，让人一看就能大致了解商品的基本信息，而且便于从搜索引擎中找到。推荐使用的商品名称格式是：品牌+商品名+规格+说明。

2. 要有差异意识

要记住，市场上有很多人都在做着跟你一样的事情。在市场上，专才比通才有用。不一定要做多么领先的事情，寻常的事情你同样可以做得跟别人不一样。起名字也不要用那些大家通用的词汇，要有自己的特色，太多了没人分得清谁是谁。

3. 收缩

专注于一个尽可能小的，可能存在的，而你又能够解决的难题。不要想着什么都做，贪多嚼不烂，搞不好就成了模仿者。小可以变大，船小好调头，小可以带给你很多优势，缝隙市场可以变成一个大市场。不要试图把1亿上网用户都当成你的用户，没用，能真正解决一部分用户的一部分需求，就已经很成功了。

4. 价格定位合理

网上销售价格很透明，因此要多参考别人的价格，做到价格有优势。

5. 以用户为中心

用户体验就是一切。你的整个企业都必须建立在这上面，如果你不懂什么叫以用户为中心的设计，赶快学，雇用懂的人。把对的特性做对，远超过添加一百个新的特性。

6. 和买家保持联系

手脚要麻利，当有人看上你的商品时，无论是初期的信息沟通，还是后期的收款寄货，都应尽可能在第一时间响应对方。在网上购物的人，很少有耐心等待很长时间。

及时和买家沟通，对方会觉得你是一个有诚意的卖家，他们的问题能得到及时解答，对成功交易有很大的帮助。

如何利用微信创业

时下，微信发展迅速，也为人们创业提供了一个机会。利用微信创业，可以避免实体开店的诸多麻烦，还能节省不少的资金，这给无数充满创业理想的人提供了良好的发展机遇。

微信可以为商家提供一个很好的通信开放平台，让所有的第三方都能够把他们的技术和产品通过这个平台展示给更多的用户。通过微信的自定义接口功能，在微信申请公众账号的商家，将能通过这个接口为用户提供更个性化的服务。有了这个接口，基于微信为用户提供服务的创新应用也不断涌现，比如微信查路况、查信用卡消费账单、订酒店、订外卖、买门票、购物、微团购等。随着越来越多的应用加入微信平台，微信越来越普及化、商业化，这为人们创业带来了更多种可能性。

　　微信创业还处于起步阶段，并不是所有的行业都可以进行微信创业。那么怎样判断哪些行业适合用微信创业营销，哪些行业不适合呢？标准有3个：一是是否有助于带来新客户；二是是否有助于巩固老客户群体并提高老客户的客单价；三是是否有助于提升既有的客户体验，简化运营流程，并提高经营效益。只要能满足3点其中1点，进行微信创业营销就是可行的。

　　目前微信创业的形式，主要以注册微信开店，一般需要经过以下6个流程。

1. 申请微信公众号

　　先去微信公众平台申请一个微信公众号（订阅号），提交后等待审核，一般是2个工作日就可以审核通过。

2. 注册一个微订点单系统账号

　　可以到微订官网注册一个微订账号，这是微店和微信公众号对接的平台，可在里面添加店铺和商品。

3. 配置公众号

　　将审核通过的微信账号在微订系统后台进行"公众号配置"。进入微订系统后台选择"设置"然后点击"公众号配置"，选择"自动配置"输入微信公众号登录账号和密码，点击立即配置，即完成微订系统和微信公众平台的对接，后续在微订系统后台新建的店铺和商品将展现在微信中。

4. 在微订系统后台新建一个店铺

　　在后台"店铺中心——店铺管理"中点击新建店铺，填写店铺信息，将店铺的图标上传，保存即可完成店铺的新建。

5. 在微订系统后台新建商品

　　登录后台找到"店铺中心——商品管理"中点击新建商品，填写商品信息以及上传商品图片，保存即可完成商品的新建。

6. 验证测试

用微信扫描二维码或者搜索公众号查看新建店铺和新建的商品，在手机上进行下单测试，一切正常即可完成开店。

♟ 创业起步都有哪些经营方式

初次创业，有很多起步与发展模式，诸如特许加盟、代理知名品牌、贴牌生产产品、为大企业配套、利用已被认可的市场形象或概念开发新项目，等等。

创业者在经营方式的选择上，主要有以下8种。

1. 自产自销

自产自销是指私营企业销售本企业生产的产品。这种经营方式的企业一般规模不大，多为一些手工业者，如鞋店，服装店等。多数是前店后厂，边生产、边销售。

2. 代购代销

代购代销是指用合同的形式，受人委托代为收购、销售的一种商业活动。这种经营方式灵活、经营范围比较广泛，多为农副产品，需要有一定的经营场地，经营者从中收取一定的手续费。代购代销的经营者要有信誉。

3. 来料加工、来样加工、来件装配

来料加工是以改变原材料和半成品的形状、性质、表面状况及用途，按要求加工成产品；来样加工，是按订单的需要，依照图纸、订单的设计要求加工，产品成型后供给订货方；来件装配是将对方提供的零件，依据合同的要求组成产品。无论来料加工、来样加工、来件装配哪种经营方式，企业都必须与对方签订合同，明确双方的权利义务。

4. 批发

批发是指商业活动中成批、大宗地售出商品，商品的售价低于零售商品，销售对象是商品经营者、零售商，不直接销售给最终消费者。批发商品需要有一定的仓储设备、储运条件及较多资金。

5. 零售

零售是指成批、大宗地买进商品后，再零星分散卖出，销售对象多为最终消费者。

6. 修理业

修理业是指将损坏的器皿、设施、物品修复原状，或达到原有功能、用途。

7. 运输业

运输业分为客运和货运。因使用的运输工具不同，又分为非机动车运输或机动车运输、船舶运输、铁路运输、公路运输及水上运输。在我国，私营企业不经营铁路运输。

8. 咨询服务

咨询服务是近几年兴起的行业，私营企业利用在某一领域掌握的科学技术知识，为客户提供服务、经验、材料数据、设计等，使客户在接受咨询中获取知识和利益。

第4件事

设计创业行动路径图

无规划，不创业

创办并管理一个企业要有动机、欲望和天分，也需要研究和计划。像下棋一样，创业的成功始于果断和正确的起步，最初的失误不一定是致命的，通过技能训练和努力工作还可以重新获得优势。

创业第一年，花时间探讨和评价你的企业和个人目标，可以增加成功的机会。据此可以建立帮你达到这些目标的详实周密的商业计划。

在开始之前列出你要创办企业的各种原因。

创立企业的一些最普遍的原因有：

（1）你想当自己的老板。

（2）你想实现财富自由。

（3）你想有创新的自由。

（4）你想完全展示你自己的技能和知识。

试回答下面的问题：

（1）我想干什么？

（2）我学习过，发展过哪些技术技能？

（3）我还擅长什么？

（4）我是否获得了亲友的支持？

（5）我有多少时间将企业运转成功？

（6）我的爱好和兴趣是否有商业价值？即含有可市场化的，可销售的成分。

（7）我的企业的经营范围是什么？

下面的问题可以指导你做一些必要的调查研究。

（1）我对什么行业有兴趣？

（2）我将销售什么产品或服务？

（3）我的产品是否现实，它是否满足或适应了某种需求？

（4）我的竞争对手是谁？

（5）与现有的企业相比，我的优势是什么？

（6）我能提供高品质的服务吗？

（7）我能为我的企业创造一种需求吗？

编制你的商业计划前的最后一步是再列一个清单，问自己诸如下面这样一些问题：

（1）我有哪些技能和经验可以带入(用于)新企业？

（2）哪种组织结构对我的企业最适合？

（3）我需要哪些设备和物资？

（4）我的资源有哪些？

（5）我需要从何处获得资金？

（6）我需要防范哪些风险，以及如何防范？

（7）我将如何给自己付酬？

（8）我的企业位于何处？

（9）我的企业名称是什么？

你的回答将有助于你编制一份有针对性的，经过充分调查研究的商业计划。可将这个商业计划视为一个蓝图，它应详述企业如何运作，经营，管理和被资本化。

🏁 战略眼光决定创业成败

从一定意义上说，今天的企业已进入了战略竞争的年代，企业管理者的战略眼光已成为决定现代企业竞争成败的核心因素。因此，如何在激烈动荡的市场竞争中，拥有超前的战略眼光，制定和执行正确的企业战略，已经成为企业能否立于不败之地的关键。

创业者必须具有战略眼光，能够发现别人所不能发现的机会。哪一个投资领域是好的，哪一个产品是好的，谁能首先发现并开拓市场，谁就能在竞争中占得先机和优势。

柳传志在创业初期历尽艰辛，PC机经营刚起步就萌发了研制自己品牌微机的想法。1989年，柳传志就给联想制定了一个战略发展的指导思想：第一，我们要办一个长期的企业，办老字号；第二，联想要有规模，要大到最后足以能跟世界500强比；第三，我们要的是高技术领域，不能再在低技术领域发展。

纵观全球的商业巨子们，他们的成功皆得益于其高瞻远瞩的战略眼光。先说20世纪初美国商人威廉·胡佛，1908年，当他认识到汽车必将取代马车成为人们的代步工具后，毅然放弃他正为马车配套生产皮革制品的生意，转而生产真空吸尘器，他的决定引发了一个巨大的真空吸尘器市场；CNN总裁泰德·特纳以战略眼光，首开24小时不停顿播报新闻节目的先河；比尔·盖茨的战略眼光从把Windows软件与IBM计算机捆绑销售中表现出来；迈克尔·戴尔的战略眼光则表现在抓住网络展开网上直销的先机。他们的战略眼光时时提醒人们：保持与时俱进的思想正是眼光敏锐的温床。

这种战略眼光除了需要智慧，还展现出这些领导人坚定的决心和企业上下因此而形成的强大凝聚力。从他们身上不难看出，任何一个成功的企业要么有最出色的产品，要么采用了最恰当的生产、销售方式。随后，为抢占市场而采取攻击性营销策略；为保住市场而对客户"甜言蜜语"；为保持活力而不间断地进行内部整顿；为取得社会认可而对外展现自身的文化和价值观。而中国的企业家不缺少智慧和战略头脑，但要想摆脱企业"因人而盛，因人而衰"的怪圈需要做的是：第一让企业也具备智慧的"头脑"；第二让企业的"头脑"学会不断学习和更新。

对企业战略的布局，简单地说就是战略领军人物波特所阐述的三个层次：独特的、有利的定位，明智的取舍，合理地在企业的各项运营活动之间建立一种配置。对一个企业来说，这些战略最终要落实到企业的产品上，落实到产品的自主创新上，企业家的战略眼光和创新的契合在产品上应该达到最完美的体现。创新，是战略眼光的一块基石。但是，要创新就会有挫折、有弯道，没有一种创新是一蹴而就的，战略眼光并不是一把万能的钥匙。但具有战略眼光的企业家，在遭遇失败的时候会转弯而不会被击败。联想收购IBM企业的PC业务时，IBM有一个评判标准，就是看联想能否保持IBM的创新以及技术领先的传统，结果联想通过了，因为在联想的企业文化中有一条就是鼓励创新、允许失败。

没有战略指引的创业，其生命力是短暂的。创业第一年，如果战略定位不准确，那么创业就会遭受挫折，甚至一蹶不振，难以东山再起。创业者只有具备战略眼光，才能顺应时代发展的潮流，抓住机遇，加快发展，为创业插上腾飞的翅膀。

♟ 战略定位是创业的方向盘

战略是企业成长的路径，准确的战略定位是企业战略的原点，它是对企业未来发展方向的描述和构想。一个好的战略定位是创业者创建成功企业的开端。没有准确的战略定位就不可能有高效的管理经营，也就不可能有出色的企业。

从某种角度来说，创业第一年的战略定位，是后续一系列创业活动的指南针。创业要成功，定位很重要。定位是为了解决创业发展的方向、目标问题。创业要有正确的方向，要灵活地运用规模化和差别化原则，要坚持专、精、特、新。企业发展要有中长期目标，定位要准确，定错位，一切努力都白费。

阿里巴巴集团董事局主席马云曾说过："企业的发展首先是定位要准确，其次是要选好人才，再一个是要有团结协作的团队精神，当然，肯学习、勤奋工作是最重要的。阿里巴巴之所以能在短短的时间里成为上市企业，发展到旗下有7家企业，近9 000名员工。这并不是我们比别人勤奋，比别人聪明，关键是定位准确，发展机遇并且抓住了机遇。"

许多人刚开始创业的时候都会犯一个错误，希望每个人都用自己的产品和服务，但这是不可能的。定位要准确才能做好。做战略最忌讳的是面面俱到，一定要重点突破，所有的资源在一点突破，才有可能赢。

可以说，准确的战略定位事关创业的成败。一项研究得出这样的结论：世界上1 000家倒闭的大企业中，有85%是由战略失误造成的。在我国加入世界贸易组织和经济全球化的大背景下，竞争就在"家门口"，在这样激烈的竞争中求生存与发展，如何把握主动，取得相对的竞争优势，战略定位尤其重要。作为创业者，在做战略定位时要目光远大，放眼全球经济竞争的大环境，仔细分析自己的优势、潜力、弱点和难点。

具体如何进行战略定位？

要想实现战略定位的准确，需要摸清并掌握四个方面的情况。一是市场需求的走向。要做好市场调查、市场分析、市场预测，包括国际、国内两个市场。既要掌握当前适销对路的产品是什么，又要分析未来适销对路的产品是什么。二是政策环境的分析与预测。要尽可能对宏观经济有全局的把握，并利用当前的经济形势，预测未来的政策走向。三是同业的竞争态势。尽可能知道别的同行在想什么、做什么、争取什么，知道他们有什么、无什么、谋划什么。四是企业的家底是什么。包括资本是什么，资源有什么，发展靠什么，优势、劣势是什么，等等。企业的战略定位准确了，才能够支持企业可持续发展。

目前，中国企业的市场竞争已从单一的业务单元竞争，如产品、营销、广告等竞争，进入战略竞争阶段，而战略定位的准确与否以及能否支持企业的可持续发展，则是事关战略竞争的重要因素。

明确的产业战略定位是提升企业核心竞争力的根本前提，恰当的市场战略定位是提升企业核心竞争力的基本途径，适宜的联盟战略定位是提升企业核心竞争力的必要条件。创业者只有为自己要创建的企业准确地进行战略定位，才能从容地迎接挑战，获得发展机会，提升企业的核心竞争力。

♟ 好目标助创业旗开得胜

创业者必须有一个明确的创业目标，要明确自己达到一个什么样的结果。创业者在制定创业目标时要遵循一定的原则，不能随便制定一个根本不可能现实的目标。

创业目标一定要易于操作，实用有效。

只有通过努力能够达到的目标，才能称得上是真正的目标，才是真正有意义的目标。为什么制定目标一定要易于操作呢？因为在创业之初，企业的生存是当务之急，此时，如果制定的目标难以操作或者根本就不能操作，那么势必会造成人力财力的巨大浪费。而在创业之初，无论是财力还是人力的浪费，往往都影响着企业的生存和发展。对于创业者来说，制定了难以操作或者根本不能操作的创业目标，无疑是给自己和企业的生存出难题。

相反，如果创业者制定的目标易于操作，容易达到，不仅能迅速解决企业的生存问题，提高企业的生存能力，还可以制造旗开得胜的局面，借此鼓舞士气，从而促使企业迅速进入正常的运行轨道。因此，在创业之初，创业者在制定创业目标时，一定要注意制定一些易于操作的创业目标。那么，对于创业之初的人来说，什么样的创业目标才算是易于达到、易于操作的呢？一般而言，易于达到、易于操作的创业目标具备以下几个特点。

（1）目标具体明确，看起来不似是而非。

（2）长期目标和短期目标相结合。

（3）目标有明确的完成期限。

（4）目标符合自己的实际情况，符合自己的人生观和价值观。

（5）目标有一定的保留余地。

（6）目标务实而不贪多。

当然，以上列举的只是一般意义上的易于达到、易于操作的创业目标的条件。在创业之初，各行各业都有自己的独特性，每一个创业者面临的情况各不相同，因此，创业者在依照这些条件和标准去制定目标时，还应该结合自己企业的具体情况，只有这样，才能在创业之初制定出真正适合企业生存和发展的创业目标，使企业更易于生存下来，更容易进入正常运营的轨道，从而成功地实现创业。

♟ 创业计划——胸有成竹去创业

俗话说："百密难免一疏"，更何况是创业。打个比方说，就像考试时写作文一样，假若你先有一定的构思，然后打个底稿，最后才动笔写文章，这样的文章错误便会大大减少；假如不打底稿，简单构思后动笔便写，犯错误的可能性就大大增加了。

创立一个企业的最重要的基础之一就是创业计划。创业计划应是一个根据企业的成长和商务活动的发展不断变化的、灵活的、有弹性的文件。编写创业计划的过程，将帮你思考一些你原本可能未曾意识到的重要问题。你的计划将成为一个为你的企业增加利润和活力的极有价值的工具。它也将是记载你成功之路的里程碑。

良好的企业经营计划是事业成功的重要保证，千万不要忽视它。

1. 有计划才有目标

凡事都需要一个周密的计划，才更容易接近成功。毕竟"一夜暴富"只会发生在个别人身上。对创业者来说，计划尤其重要。当创业的想法还只是脑中的"蓝图"时，只有把"蓝图"实实在在地画在纸上，才算是真正迈开了创业的步子，否则"蓝图"将永远停留在脑中。

2. 有助于缓解焦虑和紧张的情绪

制定创业计划对创业者与团队来说有很多的好处。创立新事业以实现梦想愿景，虽然可以为创业者带来极大的自我肯定与成就满足，但创业过程往往也会伴随着沉重的焦虑感与高度紧张的心理状况。取得财富的过程，往往会带点赌博性的挑战，一个错误决策可能会使企业长期陷入困境，而事前的创业规划将有助于降低创业家对于这种赌注式过程所带来的焦虑与紧张。总之，创业计划可以使创业家及早认知未来可能遭遇的各类风险，并事先预备一些应对策略，这种经验对于创业家面对未来风险与挑战是会有帮助的。

制定一个完整的创业计划需要投入很多精力，创业计划完成时应该是一份结构清晰、内容完整、可作为企业宪章的业务文件。通常，一份创业计划是一份完整、独立的文件，用以介绍可行的市场需求，企业如何满足这些需求，并强调实施工作所需资源。创业计划要提交企业筹办合伙人、潜在投资者及融资企业、潜在雇员、合作伙伴及顾问、客户及供应商。

3. 创业计划影响绩效

创业时可以透过计划的过程获得许多帮助。研究显示，对新创企业与小企业而言，计划与绩效之间存在显著的正向关系。也就是说，擅长规划的企业，其经营绩效会比不擅长做规划的企业要好很多。

（1）创业计划将可避免遗漏任何重要议题，并促使创业者提前思考应对策略，以提升危机处理能力与降低创业的风险。因此，全面性的创业规划将有助于提升创业者的事业经营能力，增加创业成功的机会。

（2）创业计划可将创业者的事业构想、愿景与发展潜力展现给潜在投资人与事业伙伴。经过认真研究和思考后的创业规划可让投资人感受到创业者的强烈企图心与创业的成功可能，因此能够为创业争取到许多有利的外部资源。

（3）创业计划为创业设定目标与发展路径，并展现创业团队的决心与创业者期望组织能呈现的价值。

创业计划书有什么用

当你选定创业目标并确定创业的动机，且在资金、人脉、市场等各方面的条件都已准备妥当或已经累积了相当实力，这时候，就必须提出一份完整的创业计划书。

创业计划书是整个创业过程的灵魂，在这份白纸黑字的计划书中，主要详细记载了一切创业的内容，包括创业的种类、资金规划、阶段目标、财务预估、行销策略、可能性风险评估、内部管理规划等，在创业的过程中，这些都是不可或缺的元素。

计划写成书的话还可以有以下3个好处。

1. 更清晰

对初创的风险企业来说，创业计划书的作用尤为重要，一个酝酿中的项目，往往很模糊，通过制订创业计划书，把优势和劣势都书写下来。然后再逐条推敲。这样创业者就能对这一项目有更清晰的认识。可以这样说，创业计划书首先是把计划中要创立的企业推销给创业者自己。

2. 防躁进

唯有透过收集、整理、分析、比较及输出(撰写)的程序淬炼，方能让原本初始的创意冲动转变成为较可行的步骤规划，而此精炼的过程正是拟订计划书所能带来的最大好处。

3. 防浪费

透过数据的整理比较，你在创业过程所欲花费的成本、所欲投入的人力与资源及所可能产生的收益将会陆续浮现。至此"赔本生意没人做"的前提必然促使你往如何减少浪费，并从设法提升收入的方向来多作思考了。

♟ 如何拟定创业计划书

创业目标和创业动机确定后，需要提出一份完整的创业计划书，创业计划书不仅可以使创业者对创业目的和过程一目了然，在某些时候，创业计划书除了能让创业者清楚明白自己的创业内容，坚定创业目标外，还可以兼具说服他人的功用，例如，创业者可以拿着创业计划书去说服他人合资、入股，甚至可以获得一笔创业基金。

创业计划书应包含的内容有如下几点。

1. 创业的种类

创业的种类包括你所创办的企业（事业）名称、组织形态、创业项目或主要产品名称等，这是最基本的内容。

2. 资金规划

资金规划就是创业的资金来源，应包括个人与他人出资金额、银行贷款数额等，这决定了企业（事业）以后的股份与红利分配。另外，还应该清楚地记载整个创业计划的资金总额的分配比例，如果你要以创业计划书来申请贷款，应同时说明贷款的具体用途。

3. 阶段目标

阶段目标是指创业后的短期目标、中期目标与长期目标，主要是明确自己企业（事业）发展的可能性与各个阶段的目标。

4. 财务预估

创业计划书要详细记录预估的收入与预估的支出，最好列述企业（事业）成立后三至五年内每一年预估的营业收入与支出费用的明细表，这些预估数字可以让创业者准确地计算利润，并对何时能达到收支平衡更加明了。

5. 行销策略

所谓的行销策略就是了解服务市场或产品市场、销售方式及竞争优势。主要目的是找出目标市场的定位。

6. 可能性风险评估

这一项目指的是在创业过程中，创业者会遇到的风险，这些风险对创业者而言，有可能会导致创业失败，因此，可能性风险评估是创业计划书中不可缺少的一项。

撰写创业计划书的技巧

创业计划书是重要的商业文件，有独到的写作技巧。

1. 计划摘要要写出特色

创业计划书中的计划摘要十分重要。它是商业计划书的浓缩和精华。它涵盖了创业计划的要点和核心内容。计划摘要通常是出资者首先要看的内容。计划摘要将从计划中摘录出与筹集资金最相关的细节，包括企业内部的基本情况、企业的优势以及局限性、企业的竞争对手、营销和财务战略、企业的管理队伍等情况。

因此计划摘要既要能简明而生动地勾画出项目的全貌，又能突出项目的重点；既讲清项目的先进性和可行性，又讲清项目的商业价值和高回报性；既有清晰的逻辑思路又有切实的证据链加以印证；既能看清项目发展的脉络又能让人感受到项目实施团队的能力和作用；既能看到项目已经具备的相关优势，又能明了项目需要的帮助和支持的方向、目标及作用，能给读者留下长久的印象。

2. 要从潜在投资者的角度构思商业计划

要从潜在投资者的角度构思创业计划，就是说要进行换位思考。特别是创业计划书是国际通行的融资文件，理解创业计划书的内涵将使创业者在融资操作方法上适应国际惯例，掌握国际资本市场的内在规律，合理设计自身的发展战略。事实上，一份好的创业计划书可以帮助投资者发现具有投资价值和发展潜力的创业项目和创业企业，可以在投资者和创业者之间搭建起沟通的桥梁。这对于创业企业获得风险投资的支持是非常重要的。

从潜在投资者的角度构思创业计划，还有三个非常重要的问题，那就是：表明行动方针；展示管理团队；点燃未来的曙光。

（1）表明行动方针。在创业计划书中不仅应该讲清企业如何设计生产线，如何组装产品？需要哪些原料？更重要的、作为投资者最想听的是：你将怎样组织和指挥你的团队实现你的既定方针和目标。

（2）展示管理队伍。把一个创业设想转化为一个成功的创业企业，最关键的是要使投资者感觉到："这是一支能一直杀入世界杯的球队！"因此，在创业计划书中，应明确指出你这支团队的人才结构特点、优势、潜能及在特殊条件下战斗的实战能力！

（3）点燃未来的曙光。就是要展示创业企业未来的前景。这里要抓住三个重点展示"曙光"。首先，要展示创业企业未来的发展态势。即"看"到曙光；其次，要显示创业企业未来盈利的计算依据，叫人们"感受"到曙光；最后，要安排出创业企业未来股东撤股的设想和时机，叫风险投资人"预见"到曙光。这样，就会给自己、给别人以信心和力量。

3. 要在竞争环境下展示产品或技术的特点

创业者应细致分析竞争对手的情况。要讲清楚你将采取什么样的方法和战略战胜你的竞争对手。只有这样，风险投资商才能从你的创业计划书中看到希望，看到力量，看到你的竞争能力和竞争实力，才敢于给你风险投资，扶植你创业。

创业计划书模板

XXX企业（或XXX项目）创业计划书

年月（企业资料）：

地址：

邮政编码：

联系人及职务：

电话：

传真：

网址/电子邮箱：

报告目录：

第一部分 摘要

（整个计划的概括）（文字在2~3页以内）

一、企业简单描述

二、企业的宗旨和目标（市场目标和财务目标）

三、企业目前股权结构

四、已投入的资金及用途

五、企业目前主要产品或服务介绍

六、市场概况和营销策略

七、主要业务部门及业绩简介

八、核心经营团队

九、企业优势说明

十、目前企业为实现目标的增资需求：原因、数量、方式、用途、偿还

十一、融资方案（资金筹措、投资方式及退出方案）

十二、财务分析

   1. 财务历史数据（前3~5年销售汇总、利润、成长）

2. 财务预计（后3~5年）

3. 资产负债情况

第二部分 综述

第一章 企业介绍

一、企业的宗旨（企业使命的表述）

二、企业简介资料

三、各部门职能和经营目标

四、企业管理

1. 董事会

2. 经营团队

3. 外部支持（外聘人士、会计师事务所、律师事务所、顾问企业、技术支持、行业协会等）

第二章 技术与产品

一、技术描述及技术持有

二、产品状况

1. 主要产品目录（分类、名称、规格、型号、价格等）

2. 产品特性

3. 正在开发、待开发产品简介

4. 研发计划及时间表

5. 知识产权策略

6. 无形资产（商标、知识产权、专利等）

三、产品生产

1. 资源及原材料供应

2. 现有生产条件和生产能力

3. 扩建设施、要求及成本，扩建后生产能力

4. 原有主要设备及需添置设备

5. 产品标准、质检和生产成本控制

6. 包装与储运

第三章 市场分析

一、市场规模、市场结构与划分

二、目标市场的设定

三、产品消费群体、消费方式、消费习惯及影响市场的主要因素分析

四、目前企业产品市场状况，产品所处市场发展阶段（空白、新开发、高成长、成熟、饱和）产品排名及品牌状况

五、市场趋势预测和市场机会

六、行业政策

第四章 竞争分析

一、有无行业垄断

二、从市场细分看竞争者市场份额

三、主要竞争对手情况：企业实力、产品情况（种类、价位、特点、包装、营销、市场占有率等）

四、潜在竞争对手情况和市场变化分析

五、企业产品竞争优势

第五章 市场营销

一、概述营销计划（区域、方式、渠道、预估目标、份额）

二、销售政策的制定（以往、现行、计划）

三、销售渠道、方式、行销环节和售后服务

四、主要业务关系状况（代理商、经销商、直销商、零售商、加盟者等），各级资格认定标准政策（销售量、回款期限、付款方式、应收帐款、货运方式、折扣政策等）

五、销售队伍情况及销售福利分配政策

六、促销和市场渗透（方式及安排、预算）

   1. 主要促销方式

   2. 广告、公关策略、媒体评估

七、产品价格方案

   1. 定价依据和价格结构

   2. 影响价格变化的因素和对策

八、销售资料统计和销售纪录方式，销售周期的计算。

九、市场开发规划，销售目标（近期、中期），销售预估（3~5年）销售额、占有率及计算依据

第六章　投资说明

一、资金需求说明（用量、期限）

二、资金使用计划及进度

三、投资形式（贷款、利率、利率支付条件、转股、普通股、优先股、认股权、对应价格等）

四、资本结构

五、回报、偿还计划

六、资本原负债结构说明（每笔债务的时间、条件、抵押、利息等）

七、投资抵押（是否有抵押、抵押品价值及定价依据、定价凭证）

八、投资担保（是否有抵押、担保者财务报告）

九、吸纳投资后股权结构

十、股权成本

十一、投资者介入企业管理之程度说明

十二、报告（定期向投资者提供的报告和资金支出预算）

十三、杂费支付（是否支付中介人手续费）

第七章　投资报酬与退出

一、股票上市

二、股权转让

三、股权回购

四、股利

第八章　风险分析

一、资源（原材料/供应商）风险

二、市场不确定性风险

三、研发风险

四、生产不确定性风险

五、成本控制风险

六、竞争风险

七、政策风险

八、财务风险（应收帐款、坏帐）

九、管理风险（含人事、人员流动、关键雇员依赖）

十、破产风险

第九章 管理

一、企业组织结构

二、管理制度及劳动合同

三、人事计划（配备、招聘、培训、考核）

四、薪资、福利方案

五、股权分配和认股计划

第十章 经营预测

增资后3~5年企业销售数量、销售额、毛利率、成长率、投资报酬率预估及计算依据

第十一章 财务分析

一、财务分析说明

二、财务数据预测

 1. 销售收入明细表

 2. 成本费用明细表

 3. 薪金水平明细表

 4. 固定资产明细

 5. 资产负债表

 6. 利润及利润分配明细表

 7. 现金流量表

 8. 财务指标分析

（1）反映财务盈利能力的指标

 a. 财务内部收益率（FIRR）

 b. 投资回收期（Pt）

 c. 财务净现值（FNPV）

d. 投资利润率

e. 投资利税率

f. 资本金利润率

g. 不确定性分析：盈亏平衡分析、敏感性分析、概率分析

（2）反映项目清偿能力的指标

a. 资产负债率

b. 流动比率

c. 速动比率

d. 固定资产投资借款偿还期

第三部分　附录

一、附件

1. 营业执照影本

2. 董事会名单及简历

3. 主要经营团队名单及简历

4. 专业术语说明

5. 专利证书、生产许可证、鉴定证书等

6. 注册商标

7. 企业形象设计、宣传资料（标识设计、说明书、出版物、包装说明等）

8. 简报及报道

9. 场地租用证明

10. 工艺流程图

11. 产品市场成长预测图

二、附表

1. 主要产品目录

2. 主要客户名单

3. 主要供货商及经销商名单

4. 主要设备清单

5. 市场调查表

6．预估分析表

7．各种财务报表及财务预估表

如何制订经营计划

一份成功的经营计划书应该符合以下条件。

（1）清晰可读，条理分明，排列井然有序，突出重点问题，内容充实，提纲简洁。

（2）长短适中，文字不可太华丽，亦不可太口语化。

（3）计划书里，至少要说明企业未来3~7年内的营业目标及其有关的经营理念。

（4）计划企业每年生产产品与服务项目的数量及品质，连同该项产品消费者与服务对象等，应给予简要分析。

（5）对企业潜力与将来在市场上可能面对的最新营销竞争情况，以及有关的可能发展都需要作简要说明，而且要提出有力的证据，才能取得投资者的信任。

（6）固定与变动成本、直接与间接成本、销售数量与价格、营运成绩与利润、股东权益与盈余分配的办法及实际情形等，也应作简要说明。

（7）企业财务计划与执行情形。

（8）必须告诉投资人，在正常情况下，只要适当操作，其投资成本应可在多长期间内获得回收。

（9）为了尽快有效地吸引所需投资金额，应慎选吸引投资的对象，全力以赴，重点出击，避免由于目标太多无法兼顾反而错失良机。

（10）当企业代表与有关对象直接交谈，以口头介绍此经营计划时，应更加把握重点，要点出其重要部分。

计划没有变化快，完善创业计划

一份完整的计划书必须能符合你的看法和目标，否则便不能起到服务于创业的作用。一份计划书，其主题应该一脉相承，只有这样才能使未来的目标更加明确。

大家都知道中国的甲A俱乐部大多负债累累，为什么呢？我想最重要的一个因素就是俱乐部缺乏一份完善的计划书。俱乐部负责人功利心太重，哪家企业赞助就以哪家企业的名字冠名。真是你方唱罢我登场，其结果是谁也没有捞着好处，最后还使俱乐部深陷泥潭。

当然了，这并不是说计划书一旦形成，就不可更改。因为无论是企业或者个人，谁也没有未卜先知的能力，每时每刻你的周遭都在发生巨大的变化，你会从这些变化中获取许多有用的资讯，这些资讯甚至可以对你的计划书产生决定性的影响。所以，创业之初所拟的计划书也可能在不到半年的时间内就失效了，你必须对此加以修改才能使其符合你的创业目标。

如果说半年过去，你的计划书找不到丝毫修改的地方，那么你同样陷入了麻烦之中，因为这预示着你的事业无法继续成长，因为半年之中你没学到任何新的东西。

有一个很经典的故事，对我们也许很有启发意义。

有人做了一个很有趣的试验，把一只青蛙放到沸腾的开水里，青蛙很快就觉察到情势不妙，在被烫死之前就逃之夭夭了。把另一只青蛙放进温水中，青蛙感觉很舒服，然后在容器下面用一个瓦斯炉，慢慢加热，青蛙的感觉就变得迟钝，反应能力减弱。当青蛙感觉到环境发生变化时，它已经没有逃生的体能了，结果活活被烫死。

人如果不能时时都保持警觉，迟早也会遭遇第二只青蛙一样的际遇。许多企业在不知不觉中走向失败，通常是因为他们对外界环境变化缺乏应有的警惕。对于突发的变故，许多企业都能挺住，而一些看似无关紧要的事件却往往把你引入失败。

由此可见，计划书必须是一个动态变化着的创业构想，你必须不断修改它，给它加进一些富有生命力的东西，不到万不得已不要对其进行彻底的转变，因为那预示着你的创业已经失败。

　　尽管如此，仍然不要以为有了计划书就万无一失了，抱着这种思想的人迟早会跌跤。著名学者阿尔弗雷德·科兹布斯基有句名言："地图并不代表领土。"所以计划书并不代表事业，你只有不断发展事业，完善你的计划书，才能最终取得成功。

第5件事

筹集创业的第一笔资金

♟ 准备好创业的启动资金

对于创业者来说，拥有的资金越多，可选择的余地就越大，成功的机会也就越大。因此，创业第一年，一定要有充足的准备资金。

1. 准备一笔启动资金

如果没有资金，创业就无从谈起。资金的来源可以通过各种渠道筹划，如自有资金，集资、贷款以及与别人合伙等。启动资金越充分越好。这是因为经营启动后可能会遇到资金周转困难的情况。特别是创业初期，这种可能性更大，而边经营边筹划资金，又远不如提前准备充足的资金。如果准备资金不到位，就可能因一笔微不足道的资金，弄垮你刚刚起步的事业。因此，要充分考虑创业资金的筹措，适时、适量、适度地储备和使用，统筹安排资金使用，力求把风险降到最低。

2. 动产或不动产变现

动产或不动产变现是主要的也是最可靠的资金来源。以前财主们将钱放在家中，甚至藏于地窖，唯恐外露。如今，人们把钱存入银行，变成存款，取得利息。而在创业者眼里，单吃利息的钱增值太慢，钱要变成资本，资本就能迅速增值。资本只有在运作中才能增值，投放到生产、流通领域的资金才能盈利。资本能变换价值形态，吸收人才、技术、信息、原料、设备。如果经过仔细选择寻找到合适的项目，对技术、市场等均有信心，就果断将手头的钱投资到你充分论证信任的项目中去。但有一点应该注意，要留一些备用金，以防不测，俗话说：鸡蛋不能都放在一个篮子里。你可留一部钱购买国债或进行储蓄，以备家庭生活和生意上急用，使你能坦然处事。

3. 通过他人筹集资金

自己的资金不够，可以通过亲戚朋友集资，也可以动员其他投资者来投资。

但你要说服别人，必须要有一整套详细的计划和可行性论证。再加上你的个人魅力和口头表达能力，去说服别人投资。要承诺并实现风险共担，利益共享，认真谨慎使用别人的钱，宁可自己吃亏，也要保证按约定兑现给别人的投资回报，这样，你才有信用，别人才会借给你钱，或继续投资给你，在你困难时，大家愿意帮助你。切记"好借好还，再借不难"，做人做生意都要讲究"信义"二字。当然，如果有一定的条件，也可以通过向银行贷款来筹集创业资金。

在开始创业之前，一定要做好充分的资金准备。这样才能保证创业按照既定计划顺利地进行。

创业者要有融资能力

企业的创立、生存和发展，必须以一次次融资、投资、再融资为前提。资本是企业的血脉，是企业经济活动的第一和持续推动力。

而对于创业者来说，最大的困难就是如何获得资金。创业者如果筹不到足够的创业资金，不仅"寸步难行"，而且还有可能导致企业无法生存下去。因此，对于创业者来说，必须正确地认识融资的重要性，想办法通过融资解决创业的资金问题。只有资金到位，并合理运用，创业者才有可能在尽可能短的时间内，取得良好的开局。

事实上，创业第一年，创业者的融资能力往往影响着企业的生存发展，一个能正确认识融资的重要意义并善于融资的创业者，往往更容易创业成功。

在创业之初，创业者不是一定要自己有足够的资金才能开始创业，也可以在有了创业计划和项目后，通过融资去创业。在创业过程中，创业者只要对融资有正确的认识，争取投资者的信任，往往比较容易筹集到资金，从而为企业的生存和发展创造良好的资金环境。

因此，在创业第一年，创业者必须正确认识融资，积极地开展融资工作，拓展融资渠道，为企业的生存和发展筹集到需要的资金。

融资的方法有两种：一种是股权融资，另一种是债权融资。创业企业由于风险大、资产少，一般从银行获得贷款的可能性较低，其需求的资金大部分是通过私募获得的股权融资。有较大发展潜力的创业企业在股权融资时可以向创业投资企业寻求资金上的支持。而创业投资基金（或称风险投资基金）的投资对象主要是新兴中小型企业，也包括需要通过并购重组实现再创业的成熟企业，以及找到新的扩张机会的老企业。

吸引投资者的投资并不是一件容易的事，创业者一定要有充分的准备。如果企业具备吸引投资的基本要素：一个优秀的管理团队、很好的市场机会、良好的运作机制和可行的实施计划，那么获得资金的机会是相当大的。

创业要尽量使用个人资金

很少有创业者在没有动用个人资金的情况下就办起了新的企业，因为从资金成本或企业经营控制的角度来说，个人资金成本最为低廉，而且在引入外部资金，尤其是获得银行、私人投资者以及创业资本家的资金时，必须要拥有个人资本。

外部资金的投入者通常会认为，如果创业者自己没有资金投入，就可能对企业经营不会那么尽心尽力。

个人资金的投入水平，关键在于创业者的投入占其全部可用资金的比例，而不在于投入资金的绝对数量。外部投资者要求创业者投资全部的可用资金，认为这标志着创业者确实对自己的企业充满信心，并将为了企业的成功付出努力。

创业者应该时刻牢记，不是投入资金的绝对数量，而是占其可用资金的比例，最终决定着外部投资者对创业者投入水平的满意程度，进而决定是否投资。

怎样向亲朋好友筹集创业资金

创业初期需要的资金具有高度的不确定性，而且由于需要的资金量相对较少，对银行和其他金融机构来说缺乏规模经济性。除了一些特殊情况，机构的权益投资者和贷款人几乎不涉足这一阶段的新创企业融资。

因此，在创业第一年，除了创业者本人，亲人或朋友就是最为常见的资金来源，出于他们与创业者之间的关系，也由于他们易于接触，他们是最可能进行投资的人。彼此的了解有助于降低不熟悉的投资者所面临的不确定性风险，即对创业者本人的了解。亲人或朋友能为新创企业提供少量的权益资金，部分满足大多数新创业所需要的少量资本需求。有时候亲人或朋友的帮助并不是直接提供资金，而是通过提供担保等方式帮助创业者获得所需要的资金。

尽管从亲人或朋友那里获得资金较为容易，但同所有其他资金来源一样，这种融资既有好处，也有缺陷。虽然获得的资金数额较少，但如果这时以权益资金的方式注入，亲人或朋友就获得了企业的股东地位，享有相应的权益和特权。这可能会使他们觉得他们对企业的经营有直接的投入，从而有权对雇员、设施或销售收入及利润施加影响。而且相对而言，从亲人或朋友那里筹措的资金一般只是种子资本或者最初的启动资金。在股权的安排上要为后续资金的融通做好准备。因此，在向亲人和朋友融资的同时要避免被贴上家族企业的标签。虽然对这种可能性必须进行尽可能的防护，但一般来说，亲人或朋友不会是制造麻烦的投资者，事实上，他们较其他希望获得投资收益的投资人更有耐心。对于企业的发展来说，人员上的异质性是很重要的因素。最理想的办法是从中找出一些志同道合的、并且在企业经营上有互补性的朋友入股并直接参与经营，从而为企业建立一个相对高素质的经营管理队伍，以保证企业的发展。企业经营能力是更根本的因素，在融资时应该综合考虑。

为了避免一些潜在问题的出现，创业者应当全面考虑投资的正面和负面的影响及其风险，使得问题出现时，能够尽可能地减少对亲人或朋友的关系的负面影响。严格企业管理一定程度上能帮助减少将来可能出现的问题，创业者必须以公事公办的态度将亲人或朋友的贷款或投资与其他来源的资金同等对待，任何贷款都要明确规定利率，以及本金和利息的偿还计划。对权益投资者未来的任何红利必须按时发放。如果亲人或朋友也能够享有和其他投资者一样的待遇，可以避免很多潜在的摩擦。创业者可以做的另一件事情，就是防患于未然，并书写笔录下来。一旦涉及金钱问题，白纸黑字最管用。所有融资的细节都需达成协议，资金必须用于企业经营，凡是有关资金的数额、资金的期限、投资者的权利及责任，企业破产的处理措施等等这样的细节，都需预先谈好并记录下来，最后形成一份开列所有这些条款的正规协议，这样，一旦未来出现问题，有助于解决纠纷。

♟ 如何利用人脉筹集创业资金

成熟的人际关系网络可为你网罗财富。那么怎样运用人脉来筹集创业资金呢？以下几点可供参考。

1. 疏通人脉，厘清资源，建立有效关系网

在平日的社交场合，应累积多元化的人脉（特别在金源或人员方面）。如何将人与人交往"见过面——名片交换——认识——熟识——人脉"这一过程用心经营，建立起真正有效的人际关系网是最重要的一步。对于没有多少"公关经费"的人来说，拨点时间与精力经营此种关系网是绝对必要的。因为当你真正遭遇困难时，这些人脉很可能帮助你渡过困难。

2. 日起有功，涓滴成河，累积信誉影响力

与金融机构或投资人间的往来更需一点一滴用心经营。通常个人或中小企业主对于与银行间的往来关系经常是采取被动的态度（老是抱持着最好不要向其借钱的消极态度），而这正是当你真有资金需求时登门求助却遭银行拒绝的重要原因之一。若我们可以透过长线布局、策略规划与主动出击的方式，一方面累积自己在银行的信用与声誉，另一方面也为自己未来的任何可能的资金需求先作布局，届时若真有需求时，你将发现平日的点滴累积还是有其一定影响力的。

3. 全面收集，细心整理，建构强力数据库

对于每一间往来银行的特性，包括银行总经理、副经理、职员的脾气个性及喜恶、案件处理的流程及关卡、送件时间的统计及分析等资料，或关于每位可能的投资人的特性、好恶、风评与申援条件等资料，一定要细心收集整理并分析，透过详细的前置作业挑出人脉中资金供给者的突破点所在。

4. 策略规划，战术运用，潜移默化事竟成

在完成数据收集分析后，紧接着就是策略与战术运用的层面了。透过平日情感的培养、人脉资源的酝酿发酵、创业讯息发布的时间掌控、有利人士的运作影响等多种方式的交差运用与安排下，你前面所做的努力，必定能让你在有金源或人员需求时发挥其一定的功效与帮助。

创业融资步子不要迈得太大

由于企业融资需要付出成本，因此企业在筹集资金时，首先要确定企业的融资规模。筹资过多，或者可能造成资金闲置浪费，增加融资成本；或者可能导致企业负债过多，使其无法承受，偿还困难，增加经营风险。而如果企业筹资不足，则又会影响企业投融资计划及其他业务的正常开展。

因此，创业第一年，在进行融资决策之初，要根据创业者自身的实际条件、企业对资金的需要，以及融资的难易程度和成本情况，量力而行确定企业合理的融资规模，步子不要迈得太大。

在实际操作中，创业者确定企业融资规模，一般可使用经验法和财务分析法。

1. 经验法

经验法是指企业在确定融资规模时，首先要根据企业内部融资与外部融资的不同性质，优先考虑企业自有资金，然后再考虑外部融资。二者之间的差额即为应从外部融资的数额。此外，企业融资数额多少，通常要考虑企业自身规模的大小、实力强弱，以及企业处于哪一个发展阶段，再结合不同融资方式的特点，来选择适合本企业发展的融资方式。比如，不同规模的企业进行融资，一般来说，已获得较大发展、具有相当规模和实力的股份制企业，可考虑在股权市场发行股票融资；属于高科技行业的中小企业可考虑到创业板市场发行股票融资；一些不符合上市条件的企业则可考虑银行贷款融资。再如，对初创期的小企业，可选择银行融资；如果是高科技型的小企业，可考虑风险投资基金融资；企业发展到相当规模时，可发行债券融资，也可考虑通过并购重组进行企业战略融资。

2. 财务分析法

财务分析法是指通过对企业财务报表的分析，判断企业的财务状况与经营管理状况，从而确定合理的筹资规模。由于这种方法比较复杂，需要有较高的分析技能，因而一般在筹资决策过程中存在许多不确定性因素的情况下运用。使用该种方法确定筹资规模，一般要求企业公开财务报表，以便投资人能根据报表确定提供给企业的资金额，而企业本身也必须通过报表分析确定可以筹集到多少自有资金。

瞅准机会好融资

所谓融资机会，是指由有利于企业融资的一系列因素所构成的有利的融资环境和时机。创业者选择融资机会的过程，就是寻求与企业内部条件相适应的外部环境的过程，这就有必要对融资所涉及的各种可能影响因素进行具体综合的分析。

一般来说，选择融资机会要充分考虑以下几个方面。

第一，由于融资机会是在某一特定时间所出现的一种客观环境，虽然企业本身也会对融资活动产生重要影响，但与企业外部环境相比较，企业本身对整个融资环境的影响是有限的。在大多数情况下，企业实际上只能适应外部融资环境而无法左右它，这就要求创业者充分发挥主动性，积极地寻求并及时把握住各种有利时机，确保融资获得成功。

第二，由于外部融资环境复杂多变，融资决策要有超前的预见性，为此，创业者要能够及时掌握国内和国外利率、汇率等金融市场的各种信息，了解国内外宏观经济形势、国家货币及财政政策以及国内外政治环境等各种外部环境因素，合理分析和预测能够影响企业融资的各种有利和不利条件，以及可能的各种变化趋势，以便寻求最佳融资时机，果断决策。

第三，在分析融资机会时，必须要考虑具体的融资方式所具有的特点，并结合自身的实际情况，适时制定出合理的融资决策。比如，企业可能在某一特定的环境下，不适合发行股票融资，却可能适合银行贷款融资；企业可能在某一地区不适合发行债券融资，但可能在另一地区却相当适合。

如何向银行申请创业贷款

创业第一年，筹集资金是比较困难的。在这个资金不足的时期，通过其他方式融资并不可行，于是贷款就成了创业者解决资金问题的主要渠道。对于不少创业者而言，他的贷款能力如何往往决定着他的企业能否在短期内走出创业困境，并尽快走上良性循环的轨道。因此，创业者必须善于巧妙解决贷款问题，以便在需要钱时能够及时取得贷款。

向银行贷款的优点有以下2点。

（1）银行资金充足，实力雄厚，能随时为企业提供比较多的短期贷款。对于季节性和临时性的资金需求，采用银行短期借款尤为方便。

（2）银行借款具有较好的弹性，可在资金需要增加时借入，在企业走上正轨，开始盈利后再还款。

向银行贷款的缺点有以下2点。

（1）资金成本比较高。如果采用短期借款，其成本会比较高，不仅与商业信用相比，与短期融资券相比也高出许多。而抵押借款因需要支付管理和服务费用，成本更高。

（2）限制较多。向银行借款，银行要对企业的经营和财务状况进行调查后才能决定是否贷款，有些银行还要对企业有一定的控制权，要企业把流动比率、负债比率维持在一定的范围之内，这些都会构成对企业的限制。

那么，创业者如何向银行贷款呢？

1. 用活优惠政策

创业贷款是指具有一定生产经营能力或已经从事生产经营活动的个人，因创业或再创业提出资金需求申请，经银行认可有效担保后而发放的一种专项贷款。时下中国工商银行、中国银行、中国农业银行、浦发银行、中信实业银行、交通银行等都已推出了个人创业贷款业务，如中国农业银行在四川省成立的第一家个人创业贷款中心，可以通过商铺、住房、有价证券等抵押、质押以及让有实力的人士提供担保解决贷款，最高贷款额度可达200万元。

2. 要货比三家

按照金融监管部门的规定，各家银行发放商业贷款时可以在一定范围内上浮或下浮贷款利率，比如许多地方银行的贷款利率可以上浮30%。到银行贷款和去市场买东西一样，挑挑拣拣，货比三家才能选到物美价廉的商品。相对来说，国有商业银行的贷款利率要低一些，但手续要求比较严格，如果你的贷款手续完备，可以对各银行的贷款利率以及其他额外收费情况进行比较，从中选择一家成本最低的银行办理。

3. 合理选择贷款期限

银行贷款一般分为短期贷款和中长期贷款，贷款期限越长利率越高，如果创业者资金使用需求的时间不是太长，应尽量选择短期贷款，比如，原打算办理两年期贷款可以一年一贷，这样可以节省利息支出。另外，创业融资也要关注利率的走势情况，如果利率趋势走高，应抢在加息之前办理贷款，这样可以在当年度内享受加息前的低利率；如果利率走势趋降，在资金需求不急的情况下则应暂缓办理贷款，等降息后再适时办理。

♟ 创业者怎样申请风险投资

风险投资（Venture Capital，简称VC），或称为风险资本、创业资本，1946年始于美国。所谓风险投资是指"由职业金融家投入到新兴的、迅速发展的、有巨大竞争力的企业中的一种权益资本"。或者说，"是以高科技与知识为基础，生产与经营技术密集的创新产品或服务的投资"。后者比前者定义更为宽泛，而且突出了创新。所以，风险投资所指的风险不是一般的风险（risk），而是冒险（venture）。从另一方面看，同是融资行为，与银行贷款相比，风险投资家投资的是未来，试图驾驭风险，即不是单纯给钱，还有创新的战略制定、技术评估、市场分析、风险及收益回收和评估，以及培养先进的管理人才等。银行贷款考虑的则是一般的回避风险以及财产抵押的现在行为。当然，其真实动机，还是风险投资的高额回报。

那么，创业初期怎样申请风险投资呢？

首先，创业者要让投资者知道他们最想知道的，他们在与创业者接触时最想知道的是这家企业的最基本情况，企业生产什么，企业的技术实力，产品是否真正具有强大的生命力，现在企业的经营状况，企业管理人员的素质怎样，是否具备所谓的企业家精神，企业主管的人品，等等，这些是他们需要了解的首要内容。接下来，你应该说明企业需要的风险投资金额，风险投资资金的去向与投资者股权的分配等，对他们来讲，投资多少，股权的分配并不是最重要的，最重要的是，这项投资能否获得利润，获得利润的多少及时间的长短。他们随时准备将所拥有企业的股份卖给第三方。所以，让投资者具备信心是最重要的。

其次，如果风险投资人对企业表示感兴趣，他们就会与创业者进行会晤，这一步太重要了。这一步不仅是能否获得投资的问题，而且还可能关系到企业未来的生存。如果在这一步失败，其后果也许会比第一步失败更惨，因为这样很可能给投资者产生一种华而不实的印象。他们认为，企业的实际情况并不像企业简介里说的那样尽如人意。他们感到很失望，也许会决心再也不关注这家新建的急需要投资的企业。而创业者要精心策划走好这一步，一般而言，创业者会给将来的投资者提供一份较为详细的企业发展计划，在这里面，企业简介已经成为次要内容，主要部分应是创业者用自己敏锐的眼光和聪颖的头脑对企业及行业作出的计划和预测，也许投资者看中的就是这一点，在这份计划中要让投资者看到企业未来发展中的亮点而又不脱离现实，创业者对企业前景的乐观也应尽显其中。技术开发力量、人力资源、生产条件，也许会为这种乐观打下有形与无形的基础。当然，以追求巨额利润为最终目的的投资者并不会忘记此行的目的，他们想知道自己投资多少钱，投资后他们具有哪些权利，入股方式等操作规范，他们也想知道，怎样收回投资，是企业购回股份，还是上市交易。当这些都办妥后，企业申请也就成功了一大半了。

对创业者及风险投资者来讲，真正的成功远非只有这一步，他们期望自己的计划能圆满实现，企业能从一个小小的企业发展成一个巨大的集团，而风险投资企业则获得自己想要的回报，一切都是从头开始，创业的艰难只走完了第一步。在接下来的过程中，风险投资者一般会积极介入企业的管理或至少是关注。如果预期目标都圆满实现，风险投资者将有兴趣继续注入资金，如果企业发展不良，风险投资企业也许会停止投资。所以后面的路还很长，事还很多，申请风险投资使创业者创业的梦想成功地实现了启动，而实质性的、更重要的还在后面。

创业融资应注意的十个细节

融资是一件较为复杂的事情，事关很多细节，某一个方面做不到位，都可能导致融资失败。创业第一年，创业者要想融资成功，需要注意以下十个细节。

1. 过度包装或不包装

有些创业者为了融资，不惜一切代价粉饰财务报表，甚至造假，财务数据严重脱离了企业的基本经营状况。而有些创业者认为自己经营效益好，应该很容易取得融资，不愿意花时间及精力去包装企业，殊不知，投资方看重的不只是企业短期的利润，企业的长期发展前景及企业面临的风险是投资方更为重视的方面。

2. 缺乏长期规划

多数创业者都是在企业面临资金困难时才想到去融资，不了解资本的本性。资本的本性是逐利，不是救急，更不是慈善。在创业之初，创业者就应该考虑融资策略，和资金方建立广泛联系。

3. 忽视企业内部整合

创业者融资时只想到要钱，却忽视了企业内部的基本工作，结果造成融资困难。因此，在融资前，企业者应该先将企业梳理一遍，理清企业的产权关系、资产权属关系、关联企业间的关系，把企业及企业业务清晰地展示在投资者面前，让投资者放心。

4. 融资视野狭窄

在为创业融资时，有些人只看到银行贷款或股权融资。企业融资的方式很多，不只是银行贷款或股权融资，租赁、担保、合作、并购等方式都可以达到融资目的。在创业之初，创业者要想融到足够的资金，需要放开思维，采用各种可行的办法去融资。

5. 只认钱，不认人

在创业之初，有些创业者急于融资，没有考虑融资后对企业经营发展的影响，这样的融资往往会给企业带来很多后遗症。对于民营企业来说，融资时除了考虑资金问题外，还应考虑投资方在企业经营、企业发展方面对企业是否有帮助。只有充分考虑了这些，才能使融资更有利于企业的生存和发展。

6. 缺乏企业规范化管理

企业融资是企业成长的过程，也是企业走向规范化的过程。在创业之初，创业者应不断促进企业走向规范化，通过企业规范化来提升企业融资的能力。

7. 只顾扩张，忽视企业文化的塑造

企业文化是提高企业凝聚力的重要手段。有些创业者在融资过程中，只顾企业扩张，忽视企业文化塑造，最终导致企业规模做大了，但企业却失去了原有的凝聚力，企业内部或各部门之间缺乏共同的价值观，没有协同能力，最后导致融资的使用效率非常低下。

8. 不建立合理的企业治理结构

很多创业者通过融资不断扩张自己的规模，而企业管理却越来越粗放、松散。随着企业的扩张，企业应不断完善自身的治理结构，使企业决策走上规范化、科学化的道路，通过规范化的决策和管理来规避企业扩张过程中的经营风险。

9. 低估融资难度

不要认为仅靠自己的小圈子就可以拿到资金，如果低估了融资的难度，对出现在面前的个别资金方期望过大，也往往以为靠企业主或内部管理人员的私人小圈子就可以拿到资金，就会很容易在融资过程中碰壁。

10. 不请专业的融资顾问

每一个创业者都有很强的融资欲望，但往往缺乏对融资的透彻理解。不要希望打个电话就能让投资人把资金送到你的手中。把融资简单化，不愿意花钱聘请专业的融资顾问。不少人认为融资只需写个创业计划书，图便宜随便找个机构或个人，甚至学生来写，也不管他是否有融资的经验和融资的渠道，只要价格低就好。这样做，往往不利于企业融资。企业融资是一项非常专业的活动，融资顾问要有丰富的融资经验，有广泛的融资渠道，对资本市场和投资人要有充分的认识和了解，要有很强的专业策划能力，要考虑到企业融资过程中遇到的各种问题及解决问题的方法。

创业者如何进行融资谈判

做好创业计划书后，接下来就是与投资者接洽的工作了。创业者把创业计划书或计划书摘要发送给几家合适的投资者后，可能在一个星期到一个月内收到反馈，反馈信息可能有以下几种。

（1）拒绝（一般情况下，没有消息往往也意味着拒绝）。

（2）简单的问题、索取更详细的信息。

（3）约时间面谈。

根据投资人的反馈意见，你要么需要修改创业计划书，要么加强团队的实力，要么做更深入的市场调查并调整经营战略。在你联系其他真正的投资人之前必须不断地总结经验，修正文档。

从投资人看到你的创业计划书到你的企业获得投资，一般需要一个月到一年时间，最常见的周期是三至六个月。融资谈判的准备工作做得越充分、越专业，投资的进程就会越快。

在与创业投资企业谈判时，要注意以下几点。

（1）企业高层要亲自出面与投资人洽谈，通常只有企业家自己才了解企业的实际情况和发展方向。

（2）与创业投资人洽谈时要直接、简练、开诚布公，大家的时间都宝贵，没有必要兜圈子。

（3）要虚心听取投资人的意见，尽量避免与投资人争论。投资人有可能问一些令你不愉快的问题，好像他在故意挑你的毛病，或怀疑你的智力水平。其实他们只不过想要弄清问题，以便提出建设性的意见。

（4）不要奢谈即将到手的大订单或可能的巨额投资。嘴里的馒头比画出来的饼更实在。

（5）追求价值，而非评估，不要拿"专业机构"的评估报告或认证书来吓唬人。

（6）选择最可能帮助你成功的投资企业，而不是出价最高的投资企业。

融资过程中最容易犯的错误是低估了融资所需要的时间，千万不要等到急需资金时才抓紧融资。你越是急需资金，你的谈判筹码就越低。

第**6**件事

打通人脉，创业走直线

人脉有多广，创业之路就有多宽

俗话说："一个篱笆三个桩，一个好汉三个帮"，个人办事如此，创业也不例外。一个人的能力和精力毕竟有限，创业靠个人单打独斗，难以取得成功，更难以将企业做强做大。充分利用人脉资源、建立良好的合作关系是创业成功的重要法则。

人脉资源是一种潜在的无形资产，是一种潜在的财富。它山之石，可以攻玉。真正高明的人，要能够借助别人的力量和智慧走向成功。一个优秀的将军，一定是一个能够合理利用资源的人，上至自己的元帅，下到统驭的士兵，包括身边的百姓，他都能做到"人尽其用"，这样的军队才能达到最优化的配置，才能打胜仗。商场如战场，也是同样的道理。

如果一个创业者不善于利用别人的智力、能力和才干，没有高超的人际交往能力，在开拓事业的道路上，一定会遇到力所不及的困难，单凭个人的力量应对是远远不够的。相反，良好的人脉会帮助你完善自己的不足、拓展事业的宽度、扫清创业发展道路上的障碍。

广交朋友、充分利用人脉资源无疑是创业成功的十分有效的途径。人脉资源越丰富，创业的机会就越多，赚钱的门路也就更广。

仔细分析，创业所需要的各种因素，不外乎以下三种。

首先便是资金，而资金可以通过各种方式筹集。

其次是技术，这也不用担心，因为只要有心，你迟早能学会。另外，有人以贩卖技术为生，所以你当然也能够买得到。即使买不到，和其他公司进行技术合作也是可行的。

所以，事业成功与否的最重要因素，是人。

人、技术、资金这三大条件的核心就是"人"。如果你有足够丰富的人脉资源，那么资金和技术问题就能迎刃而解了。所以"人"才是决定你创业成功的关键。

"多个朋友多条路""先赚人气，再赚信誉"。这已经是无数成功创业者的切身体验和宝贵心得。一个善于结交朋友、累计口碑的人，不仅会处处受欢迎，而且遇难有人帮、办事处处通，毫无疑问，此人在商场上一定会多几分必胜的把握。

要知道，你身边的朋友、亲戚、同事、同学、客户有时甚至是陌生人，都应该成为你的人脉资源中的一部分，都应该是你人脉链中重要的一部分。只有学会充分利用你的资源，充分挖掘你的人脉，你才能比其他人更强大、更成功。

可见，搭建丰富有效的人脉资源，是创业者到达成功彼岸的不二法门，是一笔看不见的无形资产！

♟ 人脉力 = 创业者的竞争力

在现代商业社会，企业之间的竞争，不仅是质量、人才、服务等方面的竞争，也是人际资源方面的竞争。有广泛的人脉和良好的人际关系，创业过程中就会得到众人的支持，在与对手的竞争中就会处于优势地位。而人际关系薄弱的话，在你困难的时候就得不到帮助，甚至还会有人乘机跳出来踩你两脚。所以说，人脉就是评估一个人竞争力大小的标准。人脉好的创业者，在商场上的竞争力就越强。

江苏的洪先生经营着一家服装厂，他主要是做出口生意，很少内销。洪先生常说"眼睛只盯着钱的人做不成大买卖。买卖中也有人情在，抓住了人情二字，买卖也就成功了一半。"洪先生对此是深有体会的。2000年，服装厂还是一个只有几十个人的小厂，凭借质优价廉勉强在国际市场上混口饭吃。有一次，一个法国客商订购了50套西装，洪先生按照对方的要求包装完毕后运到码头准备发货，就在这时，这个法国客商却突然打来电话请求退货，原因是该客商对当地市场估计错误，这批货运到法国后将很难销售。退货的要求是毫无道理的，洪先生大可一口拒绝对方，反正合同都已经签了，但经过两天的考虑，洪先生却决定答应对方的退货请求，因为对方答应支付包装、运输等一切费用，这批西装由于是外贸产品，在国内市场上应该可以销售得出去，所以洪先生等于没有什么损失。而最大的好处是他这样做等于是帮助了法国客商，双方将建立良好的合作关系。

事情果然正如洪先生所料，法国客商非常感谢洪先生的大度，表示以后在同类产品中将优先考虑洪先生的产品，他还不断向自己的朋友夸奖洪先生，为洪先生介绍了很多的生意。就这样，洪先生以他富有人情味的生意经成功地在国际市场上站住了脚。两三年内，洪先生的工厂不断扩建，有六百多名工人为他工作，他的生意越做越大。

洪先生是非常聪明的，他清楚地认识到人缘对生意的重要性。如果当时他拒绝了法国客商的退货，那么虽然他做成了一笔生意，但却会损失了这个客户。而答应了退货的要求表面上吃了点亏，但他却交到了一个朋友，孰轻孰重，明眼人一看就知道了。

当今社会，人脉对事业发展带来的影响越来越大。对于创业者而言，除了要努力加强自己的才能外，还要注意搞好人际关系，拓展自己的人脉，这样才能适应日益激烈的市场竞争，使自己的企业在竞争中取胜。

♟ 拓展人脉圈，效益滚雪球

凡是在商界创业获得成功的人，几乎都拥有很大的人际关系网。培养潜在人脉至关重要，多一个朋友，就多一条路；多一份人际关系，就多一次事业良机；多一份帮助，就多一份效益。

创业者要想拓展人脉圈，一般有很多种方式。

1. 初次见面拉近距离

面对刚认识的人，最好不要有任何设限或先入为主的观念，以坦率的态度待人，自然能拉近彼此距离。

2. 层层转介绍，扩大人脉圈

人脉是透过"介绍"而增加的，无论是经由朋友、以前同事、外出时候认识的游客再转介绍，甚至是新建立关系的人再介绍的熟人等，这样循环再循环，就能累积相当可观的人脉。接受别人介绍的同时，也将自己的人脉介绍给别人，互惠才能互利。

3. 抓住任何一个拓展人脉的机会

虽然你的时间非常宝贵，但如果你能有意识地提醒自己，平时注意人脉的拓展，相信没有不成功的。

创业者要学会恰到好处地展示自己的过人之处，给对方留下良好印象。在公众场合，若有人想主动结识你，需要马上作出友善地回应，让对方感受到你的谦逊与真诚。

资讯在人群中传递，机会在人际中传播，财富在人脉中流动。创业者事业目标的突破，在很大程度上是人际关系平台的突破。重量级人物可以帮助你搭建更高、更宽广的事业平台。

♟ 建立自己的创业人脉档案

一旦对自己经营人脉的能力有了一个初步的认识后，创业者就可以按照如下方式整理自己的人脉档案。

1. 人脉关系资源的分类

一般来讲，人脉关系资源有以下三种类型。

个人网络：包括你的家人与朋友，或是与你最亲近的人。

社会网络：你时常联络或是比较熟识的人；之前任职单位的同事或是主管；邻居或是朋友认识的人；你的理财专员或是汽车业务员等。

专业网络：例如专业协会、俱乐部、校友会等你参与的专业类组织。

写下现有的关系资源，包括上面提到的三种类型。回头翻阅你的电话簿或是名片本，把所有你能想到的人全都列出来。透过这份关系资源名单可以看出自己的关系组合特性，了解有哪些不足，并加以改进。最后再想想哪些人未来有可能成为你的关系资源，把可能的名单也列出来。

为了更加有效地管理自己的关系，可以利用信息科技。目前有许多计算机软件，如微软的Outlook等都有通讯簿管理的功能。除了输入某个人的基本资料外，最好加上兴趣嗜好、专长、人格特质等有助于认识这个人的资料。然后依据职业类别或其他条件分门别类，以便日后查询。

2. 建立"朋友档案"

建立"朋友档案"有下面几个部分需要注意。

（1）把你同学的资料整理并做成记录。毕业数年后，你的同学可能分散在全国各地，从事各种不同的行业，有的甚至已成为某一行业或某一领域的"重量级"人物。当有需要时，凭着老同学的关系，相信会在某种程度上给你帮忙。这种老同学关系可从大学向下延伸到高中、初中、小学，如能加以掌握，这将是人生中一笔相当大的资源。当然，建立好同学关系需要经常参加同学会、校友会并且注意他们的动态。

（2）整理周围朋友的资料并对他们的专长进行详细的记录。比如他们的住所、工作有变动时要及时修正，以防必要时找不到人。准确掌握这些变动的情形有赖于平时与他们联系。同学及朋友的资料是最不应疏忽的。你还可以记下他们的生日，不嫌麻烦的话，在他们生日时写一张贺卡或请他们吃个便饭能使你们的关系突飞猛进。若能维持好这些关系，就算他们一时帮不上忙，也会介绍他们的朋友助你一臂之力。

（3）在应酬场合认识的，只交换名片，还谈不上交情的"朋友"也是不可忽视的。这种"朋友"在各行各业的各种阶层都会有，不应该把他们的名片丢掉，而应该在名片中尽量记下这个人的特点，以备下次再见面时能"一眼认出"。重要的是名片带回家后要依姓氏或专长、行业分类保存下来。当然不必刻意去结交他们，但可以借故在电话里向他们请教一两个专业问题，话里自然要提一下你们碰面的场合，或你们共同的朋友，以唤起他对你的印象。有过"请教"，他对你的印象自然会深刻些。当然，这种"朋友"不可能帮你什么大忙，因为你们没有进一步的交情，但是他们帮你一些小忙应该是没有什么大问题的。

3. 善用"朋友档案"

很多时候，仅仅建立"朋友档案"是远远不够的，最重要的是利用"朋友档案"来帮助自己。比如把别人的生日、兴趣爱好等内容收集起来，你就会加深对他的了解，与他谈业务或是进行生意交往时可以找出他关心的话题，谈他最钟爱的事物。这样做不仅会受到他们的欢迎，更会使你的事业得以扩展。

建立和善用"朋友档案"是一种深刻了解他人并与之保持联系的有效方式。掌握了这种方法并加以利用，就等于为自己的成功做了铺垫。

4. 选择"关系核心"

良好、稳固及有力的关系核心应由10个左右靠得住的人组成。这10个人可以包括你的朋友、家庭成员以及那些你职业生涯中联系紧密的人，他们构成你的影响力内部圈，希望你能发挥所长，而且你们都希望对方成功。当双方建立了稳固关系时，彼此会激发出强大的能量，还会激发对方的创造力，使彼此的灵感达到至美境界。

为什么将影响力内部圈人数限定为10个人呢？因为强有力的关系需要你一个月至少维护1次，因此10个人或许要用尽你所有的交往时间。另外应至少挑选15个人作为你"10人内部圈"的后备力量并经常与他们保持联系。比如，你的一位主要关系退休或移民国外，最好的替补就是你的后备军。你应每月定期和他们联系，无论是通过电话、传真、聚会、电子邮件或是信件。

🏁 创业拓展人脉要遵循哪些原则

创业者拓展人脉，需要遵循一定的原则，按一定的原则行事、交际，才能建立良好的人际关系，建立高质量的人脉。以下介绍的"人脉拓展原则"正是对人际关系发展变化规律的发现和认识，创业者细心揣摩，体会掌握，必定有所收获。

1. 互惠原则

互惠原则即利人利己。利人利己是一种双赢的人际关系模式，这种观念认为，世界之大，人人都有立足的空间，他人之得不必视为自己之失。利人利己观念以品格为基础：诚信、成熟、豁达。美国汽车大王亨利·福特曾说过："如果成功有秘诀的话，那就是站在对方立场来考虑问题，能够站在对方的立场，了解对方心情的人，不必担心自己的前途。""己欲立而立人，己欲达而达人。"只有这样，才能赢得人们的信任与好感，建立融洽的人际关系。

互惠原则讲求利人利己，绝不是世俗的"互相利用"。利己的原始动机是在帮助别人的利他行为中得到心理满足。对方给予自己的帮助，只是自己利他行为的客观报偿，也就是说，利己的目的不是要索取什么，而是从给予中得到欣慰。

2. 诚实守信原则

在人际交往中，一般人都喜欢与诚实、爽直、表里如一的人打交道。因此，在人际交往中应切记诚实守信的原则。信用是处理人际关系的必守信条，敌对双方谈判要守信用，做生意双方成交要守信用，上下级讲话要讲信用。

信用的心理作用是给对方以安全感，人际关系以互相吸引为前提，而这种吸引很重要的一点是双方必须在交往中达到心理上的安全感。因此，约定的聚会，要按时出席；承诺的任务，要力争完成；朋友托办的事，答应了，就要办到；借别人的款项、物品，要如期归还。这些不是无关紧要的小节，而是影响到个人信誉和人际关系的大问题，切不可掉以轻心。

3. 分享原则

分享是一种最好的建立人脉网的方式，你分享的越多，得到的就越多。世界上有两种东西是越分享越多的：一是智慧、知识，二是人脉、关系。

我们来看一看李嘉诚的生意经：假如一笔生意你赚10元是天经地义的，而我只赚9元，让他人多赚1元。表面上看我是少赚了1元或者亏了1元，但是，从此之后，这个人还和我做生意，而且交易越来越大，又介绍他们的朋友与我做生意，朋友又介绍朋友来与我做生意。所以，我生意越来越多，越来越大，我的朋友圈子也越来越广。

你分享的东西是对别人有用、有帮助的，别人会感谢你。你愿意同别人分享，有一种愿意付出的心态，别人会觉得你是一个正直的人，就愿意与你做朋友，愿意与你打交道。

4. 坚持原则

坚持不放弃的人，才能有更多正面思考的时间、更坚定的信念，从而赢得更多成功的机遇。在经营和开发人脉资源的过程中，很多人缺乏坚持的韧性，主要表现在两个方面：一是"三天打鱼，两天晒网"，一曝十寒；二是遭到拒绝之后，没有勇气坚持下来，结果错失"贵人"相助的良机。

坚持，可以让你在困惑时柳暗花明；坚持，可以让你在人脉资源中游刃有余；坚持，可以让你在贵人助力的竞争中脱颖而出！

♟ 创业者如何经营人脉

有人说，二十岁靠体力赚钱，三十岁靠脑力赚钱，四十岁以后则靠交情赚钱。

美国石油大亨洛克菲勒在其全盛时期也曾感慨地说："与人相处的能力，如果能像糖和咖啡一样可以买得到的话，我会为这种能力多付一些钱。"

由此可见，人脉资源是一种无形的财富。作为一个创业者，如何去经营好自己的人脉，这是你事业能否成功的关键因素之一。常常有人抱怨，我想创一番自己的事业，却没有合适的主攻方向，也缺乏必要的资金力量，得不到贵人相助。其实，庞大的资源往往就在你身边，只要善于把握、打理、培植你的人脉，就能聚集人气，进而形成人望。那么，资金、技术、渠道还不是唾手可得？又何愁大事不成？创业者经营、拓展人脉可从以下几方面入手。

1. 慷慨大气结交朋友

在现代社会，建立人脉已远远不是过去所谓的"拉关系"那么粗俗简单。为了寻找人脉，你需要主动出击，找到想认识的人，想尽办法去结识，结识后当自己的好朋友一样，慷慨对待，用心经营。经常吃饭喝酒的那是酒肉朋友，不见得是出于真心。但发展人脉的出发点就是先"跑量"，再从中精选可重点发展的对象。所以，走好第一步，慷慨对人，让人感受你的大气是必需的。

2. 放低姿态增人望

要广增人脉，不仅要物质上的投入，更多的是注重将心换心。人类本质中最殷切的需求是渴望被肯定。学会"放低姿态、放软身段"，仔细倾听别人的话，懂得"忖度他人之心"，站在对方的立场。这样做既能学习对方的优点，也能让对方感到自己被尊重和理解。

3. 不忽视小人物

对事情看得透，眼光够远的人，从不会忽视小人物。也许你没有富爸爸，没有可让你少奋斗二十年的伴侣，但懂得人情学，一样可以得贵人相助、获得多方助力。但是，千万不要用过于势利的短浅眼光去经营人脉，对待富贵、出金入银的人，就一副小人嘴脸伺候着，对待潦倒的小人物就忽视、轻视、鄙视他。

4. 困苦不离见真情

怎样才能让朋友能在你生病的时候流泪呢？最简单的办法是在他们健康平安的时候和他们交好，在他们落难困苦的时候更热心地帮助他们。危难时刻建立的人脉不仅有用，而且能获得很好的口碑，在以后交别的朋友时也用得上。

5. 坚持原则得信任

讲求人脉，不是要你去奉行见人就交朋友的"小人之交"，而是要选择有原则的"君子之交"。一个不会为了利益而出卖原则、损害他人的人会让朋友放心。

6. 网上亮相聚人气

科技的发达，让人际往来变得多元而复杂。有些人的QQ、MSN上的朋友过百位，经营一个网络商铺，居然有数千位忠实顾客。网络上一天所认识的朋友，可能比过去现实生活中一年所认识的还多。网络交友已经成为时尚和流行，也是不错的"从虚拟变现实朋友"的渠道。在这个时代，如果还死抱老想法，不屑于网络上的人脉，实在可惜。

7. 情报无所不在

街上、饭店餐厅、机场、公共汽车站、酒吧、舞会、亲友聚会，处处都有不少最新情报。不妨与别人谈上一两个小时，一定可以学到一点东西。出差、旅行也是拓展人脉的好机会。

结交贵人圈，助己过江东

有调查显示，凡是做到中、高级以上的主管，有90%都受到过栽培，至于做到CEO的，有80%遇到过贵人，自己当老板创业的，竟然100%的人都曾被人提拔过。就是说，这些人很大一部分的成功，都来自"贵人相助"。

创业者要想结交贵人，以下方法可供参考。

1. 生活中的"贵人"无处不在

在生活上挂念你、关心你、照顾你的人，如父母、妻子；在事业上扶持你、帮助你、提携你的人，如同事、上司；在人生旅途上引导你、鞭策你甚至为难你的人，如榜样、对手等。

2. 搭乘头等舱

头等舱的乘客大都是政界人物、公司总裁、社会名流。在他们身上可能会存在许多潜在商机。也许你乘坐一次头等舱，就可改变你的人生。

3. 与比你优秀的人在一起

这样做的好处有：使你有一个见贤思齐的想法；向比你优秀的人士学习，使你少走弯路；可以在你的事业成就上提供很多帮助。

对于一个渴望成功的创业者来说，贵人就是生命的支点，是迈向成功人生的伯乐，贵人给予的扶助、机会，都不是用聪明、努力或金钱可以换来的。

♟ 结交老板圈，创业搭便车

创业第一年，企业发展如果能得到事业有成的人的帮助，一定会飞得快，跑得远。因此，你的交际圈子中有几位大老板为你"呼风唤雨"是非常重要的，但你这个创业"小字辈"如何与他们接触，获取他们的支持呢？

1. 掌握大老板的社会关系

大公司或知名老板是很难与一般老板会面的，要与大老板交往，最基础的工作就是要掌握他们的社会关系。现代媒体经常关注一些大老板的情况，你从中定会了解一二。你也可以通过他的祖辈、父辈、亲属、朋友、子女等认识了解他。

2. 从业务上了解大老板也是一条好途径

他经营的业务范围主要是哪些，次要的是哪些，他的分公司、子公司分布在什么地方，这些公司的经营者是谁，他多长时间会查看分公司、子公司，等等。

3. 从兴趣爱好上了解大老板

他喜欢什么运动、什么品牌、是什么性格的人，他经常参加什么聚会，休闲、娱乐的方式有哪些，常到什么地方去，等等。

4. 制造初次见面的氛围

当你创造了与大老板见面的机会后，在共同出席的会议或聚会上，选择位置时，一定要选择一个与大老板尽可能近的位置，以便他能发现你，并且一有机会便可搭上话。

5. 适当展示自己的能力，以赢得大老板的青睐

适当地表现自己的独特才干，是会受大老板喜欢的。当然，不能表现得太过锋芒毕露，让人一见就觉得有喧宾夺主之感。

6. 维系与大老板的情感和关系

通过电话、电子邮件等形式，向大老板请教问题，交流思想，会让对方感到很亲切。

世上没有攻不破的堡垒，更没有感动不了的人。想要得到那些功成名就的人的帮助，是需要下一番功夫的。

♟ 背靠政府"大树"好乘凉

创业者要想将企业做强做大，必须与社会各界搞好关系，并且在各种关系中找到有利于公司发展的因素，进而将这种因素扩大为一种机遇。TCL总裁李东生就是这样一个人，搞政府公关是他"特有的天分"。

TCL一直采取渐进式路线，不但成功回避了很多敏感的问题，公司和当地政府都得到了回报，创造多个奇迹。TCL的发展都得益于政府的支持。

公司要处理好与政府的关系，要做到以下几点。

1. 加强与政府部门的信息沟通

及时搜寻政府相关部门的各类文件，并根据政策的变化调整公司的发展战略。

2. 为政府决策提供支持

公司可以为政府的决策提供力所能及的帮助。

3. 熟悉政府的职能部门的相关流程和方法

了解政府的组织机构、职权职能、办事程序等，是公司处理与政府间关系的前提。

4. 与政府人员建立合作关系

这样做可以使政府人员充分了解公司的发展动态，有助于公司维护自身的品牌形象。

借力政府的无形资源，充分利用各种关系对公司的发展有着不可忽视的重要作用，创业者应该充分把握这一点才能更加有利于公司的发展。

创业者要懂点政治

不懂政治的企业家是不合格的企业家，企业家与政治家的关系考验着企业家的智慧。离开了政治，想很好很快地发展是不可能的事情。对创业者来说，处理好政商关系最根本的一条就是，如何让公司获得最大可能的资源和社会支持。

"美的"越来越壮大，其成功经验值得创业者学习。

（1）在对外宣传上以公司品牌为核心，将个人隐于公司之后。

（2）能良好地驾驭政企关系，始终与政治保有一步之遥的距离。美的集团创始人何享健说过，企业家要懂政治，但不要搞政治，更不能热衷于成为一个政治人物或明星。

（3）做企业，不依赖政府。但政府提供的有利条件要利用起来，不要受不利因素的影响。

每个创业者都要掌握这一点。过去、现在、将来，公司都要运筹好和政府的关系，这是不能回避的。在经济发展的每一个时期，都要重视公司如何与外部环境结合，做到抢先、主动、超前地抓住时机。

（4）要处理好各级关系、公共关系、行业关系等，务实地做好公司业务。这是推动美的进一步发展的压力和动力。

创业者应当铭记，公司发展要避免走两个极端：远离政治，一心只做企业，会走入经营的死胡同；与政府官员"亲密接触"，会成为权力更迭的牺牲品。随时随地保持高度的政治觉悟，才能使公司在任何时候都能襟怀坦荡。

第 **7** 件事

用法律之剑为创业护航

🨾 创业者要有法律意识

在市场经济条件下，任何个人的创业行为和企业的经营行为其本质上都是一种法律行为，首先必须得到法律的认可，法律才能依法给予有效的保护。

如创业者要开办一家企业，那么他首先必须要依照企业法的有关规定，到工商行政管理机关进行登记，领到营业执照之后，才能正式取得法人的资格，得到法律的认可。只有这样办妥了一切手续之后，法律才能够依法有效地保障企业经营者的合法权益，创业者才能开始进行自己的一切创业活动。换一句话说，凡是没有经过法律认可或者是法律不予认可的创业行为其实质是非法的行为，不仅不会受到法律的保护而且要受到法律的追究，承担法律责任。因此，作为创业者来说要保证自己创业的成功乃至辉煌要从一开始就必须有强烈的法律意识，首先要从整体上对法律有一种认识与把握，认清楚创业与法律两者之间的一系列关系。

法律作为一种意识形态的产物，它可以说完全是国家意志的一种外在的表现形式。但同时也说明法律是由国家所认可的人制定的。而无论怎样，一个伟大、英明的人，实际上其认识事物、识别事物的能力总是会受到各种各样历史的、人为的条件所限制。这就好比处于计划经济体制下的人，在没有市场经济实践之前，就不可能认识到市场经济的一般规律，那么他就不可能认识到在市场经济中应当运用法律加以规范和调整的方法，自然他就不可能制定出适应市场经济的法律，而只能制定出适应计划经济体制的法律。因此，从这方面我们可以意识到事实上法律是有局限性的，它也处于一种不断地完善过程中。当我们处于不同的历史时期时，国家会因为时代的需要对法律进行重大的调整。同时，即使在不同的时期，也会由于许多人们难以预料的新情况的出现，而对法律不断进行补充和修改。

事实上，每一位创业者的创业实践就是一个发现法律上的问题并不断完善的过程。因而从这个角度来说法律的完善是有赖于创业实践所不断提供的新鲜经验的。所以在整个创业过程中创业者应当牢固地树立起自己的法律意识，其实质就是为自己争取最大的生存空间，同时也是维护自己最大的合法权益。

创业者应当自觉地从增强自身的法律意识入手，从学法、懂法、用法做起，虽不能精通所有法律，但是必须掌握几门主要的、常识性的法律知识，然后融会贯通，以达到提高和培养法律意识的目的。

创业者要遵守职业道德

培养和增强法律意识，关键就在于创业者应当严格地遵守法律，恪守自己的职业道德。具体来说，要求创业者应当依法行事，自觉地履行法律所规定的各项义务和责任。显然这同时也是对创业者本身合法权益的一种保障。

另一方面，恪守职业道德就是要求创业者严格遵守本行业的道德规范，依法进行各种生产经营活动，同时要牢牢警惕各种不择手段的损公肥私、假冒伪劣、偷税漏税等不法行为。

一般来说，恪守职业道德，无论是财富增长速度还是企业发展速度在短期内都会慢一些，但是从长远来看，通过自己的艰苦奋斗，创出名牌和信誉，这种无形的价值和利益将是非常巨大的。当前，我国家电业以及一些行业的知名品牌无一不是由小到大、遵纪守法的典型。日本松下电器企业的创始人松下幸之助先生就说过："为人要诚实，办厂要老实。"他创下了在世界上值得自豪的事业，不能不说与其良好的职业道德和强烈的法制观念有着密切的关系。

不讲职业道德者，短期内确实可能暴富，但这不是长期的做法，而且等到东窗事发身陷囹圄，悔不当初可就晚矣。事实上，不少商界人士之所以身败名裂，一事无成，就因为他与人不诚、急功近利、作奸犯科。可以说没有法律意识，不恪守职业道德，就无可成之大事，也就没有不失败的道理。

君子爱财，取之有道，在市场竞争中追求自己最大的经济利益，无可非议。但是作为创业者来说，就要远离不正当的经营行为，遵守职业道德，在法律的范围内开展合法经营，这样才能真正保证自己的合法权益，使企业获得可持续发展。

作为创业者，在创业的起步和探索阶段，在迈向成功与辉煌的过程中，必须遵守职业道德。

♟ 创业者要避免不正当竞争行为

不正当竞争行为是经营者违反《反不正当竞争法》规定，损害其他经营者的合法权益，扰乱社会经济秩序的行为。现实经营中，创业者应当重点了解以下几种不正当竞争行为。

1. 假名冒牌行为

它主要有两种形式：一是使用与他人相近或相似，并足以造成误认的商品名称、包装和注册商标；二是未经允许擅自使用他人的注册商标，知名商品所特有的名称、包装以及装潢、企业名称等。

2. 引人误解的虚假宣传行为

这种行为主要指经营者利用广告或者其他方法，在宣传商品，吸引消费者，扩大销售和提高市场占有率的过程中，违背了真实性、科学性和艺术性的原则，进行一些虚假性的宣传。虚假宣传主要指广告经营者对商品内部介绍、服务项目、方式、质量等方面做了完全不符合实际的广告宣传，从而导致客户或消费者上当受骗等。

3. 排挤其他经营者公平竞争的行为

经营者利用其独占地位，排挤其他经营者的公平竞争，违背了公平、平等的市场经营原则。比如有个别地方装电话、换电话机，有关单位限定或指定用户只能在某个部门或营业机构购置，这种做法就限制了其他经营者出售电话机的可能性。显然这是一种排挤其他经营者公平竞争的做法，法律应予制止。

4. 政府部门滥用行政能力

妨碍公平竞争的行为。政府部门滥用行政权力，妨碍公平竞争的行为主要表现为：一是滥用行政权力，限定经营者、消费者购进、购买其指定经营者的商品；二是滥用行政权力，限制外地商品流入或本地商品流出。

5. 采用贿赂手段推销商品的行为

在实际生活中，常有个别经营者不是通过改进技术，提高产品质量和服务质量等方法进行竞争活动，而以金钱、物品或其他利益为诱饵推销商品。对此，我国《反不正当竞争法》规定，经营者不得采用财物或其他手段进行贿赂以销售或者购买商品。在账外暗中给予对方单位或者个人回扣的以行贿论处；对方单位或个人在账外暗中收受回扣的，以受贿论处。

6. 侵犯商业秘密的行为

商业秘密是不为公众所知悉，能为权利人带来经济利益，具有实用性并经权利人采取保密措施的技术信息与营业性信息。商业秘密具有知识产权性质，受法律保护，侵犯商业秘密属于不正当竞争行为，经营者可以有偿或无偿地从其他经营者处获取商业秘密，但如果涉及以下情形则属于不正当竞争行为：

用盗窃、利诱或胁迫等不正当手段获取权利人商业秘密；

披露、使用或允许他人使用以前项手段获取的权利人的商业秘密；

披露、使用或允许他人使用其所掌握的商业秘密；

第三人明知或者应当明知前项违法行为，依然获取，使用或者披露他人的商业秘密。

7. 恶意降价，低价销售商品的行为

恶意降价，低价销售商品指的低价，不是以经营活动的正常需要为目的，而是为了排挤竞争对手，并且是降价、低价的价格水平低于商品的成本价格，这种行为的动机是非善意的，属于不正当竞争行为，一般以下情况行为的出现不属于不正当竞争行为：

销售鲜活商品时比低于成本价销售商品；

处理有效期即将到期的商品或积压商品；

季节性降价销售；

因清偿债务、转业、歇业降价销售商品。

8. 违反有关规定的有奖销售商品的行为

有奖销售方式是一种促销手段，然而不加以限制，种类越来越多，奖额越来越大，就会误导消费倾向，引发消费者不健康的心理活动。因此，我国《反不正当竞争法》规定经营者不得从事下列有奖销售：

采用谎称有奖或故意让内定人员中奖的欺骗方式进行有奖销售；

利用有奖销售的手段推销质次价高的商品；

抽奖式的有奖销售，最高奖的金额超过5 000元。

除以上八种主要的不正当竞争行为，我国还另外规定，故意损害他人商业信誉，在招投标中串通排挤竞争对手等也均属于不正当竞争行为，将会受到法律严惩。

♟ 创业者要通晓产品质量法规定

随着市场经济的不断发展，人们越来越重视产品的质量问题。可以说产品质量的好坏是企业生存和发展的根本条件。在竞争激烈的时代中，创业者要想企业立稳脚跟的同时谋求自身的发展，必须有强烈的产品意识，应当不断提高自身产品的质量，而一旦自己与其他企业在产品质量中发生了纠纷，又要善于拿起法律武器，寻求保护。

创业者必须自身把好质量关，自觉接受监督。在产品质量以及包装上多下功夫，使其产品能够真正经受住消费者的检验。

首先，产品不应当存在有危及人身财产安全的不合理危险。因此，如果国家、行业在保障人体健康、人身财产安全方面作出了相应的规定与标准的，应当符合该标准。其次，产品应有应当具备的性能，并且必须在产品或包装上注明产品标准、产品说明、实物样品等。另外，我国法律还规定，在产品上须有中文标明的产品名称、生产厂名和厂址，不能笼统地只写明产地。

把好质量关很重要，否则因产品质量问题而造成巨大损失，无论对企业经营者还是对消费者都是一件非常痛苦的事情。例如，某农民买回一台电视机，一天，打开电视机突然发现电视机图像不清，并伴有异样的声音，便关掉电视机(暂未拔电源)，并去邻居家询问，谁料刚跨出家门不久，忽然从身后传来一声巨响，顿时屋内火海一片。经过奋力抢救，他的两个儿子一死一残疾，且房屋被毁，大部分财产被烧，损失惨重。经过有关部门调查取证，鉴定事故原因是电视机电路无变压电源输入的保险丝装置，致使变压管发生故障，引起了这起悲剧。在本案中，就是因为电视机产品质量上的问题，造成了消费者人身、财产的巨大损失，创业者不可不深思。

我国产品质量法严格规定，在产品或包装标识上必须有产品质量检验合格的证明，必须有中文标明的产品名称，生产厂商的厂址、厂名；根据产品特点和使用要求，需要标明产品规格、等级以及所含主要成分名称、含量的，一定要予以标明；对于可能由于使用不当，易造成产品本身损坏或可能涉及人身、财产安全的产品，应当附有警示标志或者中文警示说明；对于限期使用的产品，应当标明生产日期和有效期。另外，我国法律还明确规定：生产厂家不得生产国家明令淘汰的产品，不得伪造生产地，不得伪造或冒用他人厂名、厂址，不得伪造或者冒用认证标志、名优标志等质量标志；另外，生产厂家还不得掺杂掺假，以次充好，通过以假充真等手段用不合格产品假冒合格产品。

🨣 创业者设立公司需要哪些条件

创业第一年，创业者通常要成立自己的公司。那么，设立一家公司，我国《公司法》中究竟有什么要求和规定呢？

一般公司的设立，是指发起人为了组建公司所采取和完成的各种准备工作的总称，它包括发起人从协商创办公司到办理公司注册登记、领取《企业法人营业执照》的整个过程，我国《公司法》对其有如下规定。

1. 设立方式

一般来说有限责任公司只能采取发起方式设立，即指公司的资本由发起人一并认购，不对外公开募集资本的设立方式。

2. 设立条件

有限责任公司的设立必须符合以下条件。

（1）股东符合法定人数。

一般要求在2人以上50人以下，特殊情况下，有限责任公司的股东也可以是一个自然人或一个法人。例如国家授权投资的机构或国家授权的部门单独投资设立的国有独资的有限责任公司。

目前已经取消了这些限制，不再限制公司设立时股东（发起人）的首次出资比例和缴足出资的限制，公司实收资本不再作为工商登记事项。开办公司更容易了。

（2）除法律、法规另有规定外，取消有限责任公司最低注册资本3万元限制。不再限制公司设立时股东（发起人）的首次出资比例和缴足出资的期限。公司实收资本不再作为工商登记事项。

（3）推进注册资本由实缴登记制改为认缴登记制，降低开办公司成本。在抓紧完善相关法律、法规的基础上，实行由公司股东（发起人）自主约定认缴出资额、出资方式、出资期限等，并对缴纳出资情况真实性、合法性负责的制度。

另外，要设立公司当然还必须有名称、组织机构、场所和必要的生产经营条件。公司的名称除了有地名、字号、经营业务之外，还必须标明"有限责任公司"字样。公司名称一经登记，公司就享有名称权，受到法律保护。公司的组织机构对外代表公司进行商业活动，对内管理公司事务。场所是公司进行业务活动的所在地。生产经营条件是指厂房、设备、技术、专业人员等公司运行的必要条件。

♟ 创业者如何维护消费者权益

创业者的义务，是指创业者作为经营者在销售生活用品和提供生活服务时应当作出一定行为或者不作出一定行为的责任。在市场活动中，经营者必须做到提供优质商品，保证服务质量，合理价格结算，创造良好的营销环境。经营者的义务概括起来就是依法经商，文明服务。它以消费者权利为前提，围绕消费者的权利而设定。

创业者应当保障消费者人身和财产安全。对可能危及消费者人身和财产安全的商品或服务，应当及时向消费者作出真实的说明和明确的警示，并说明和标明正确使用商品的方法以及防止危害发生的方法。在产品销售过程中，创业者如果发现其提供的商品或服务存在缺陷，即使使用正确的方法仍然可能导致危害，应当向有关部门及时报告，并采取有力措施。另外，为了保障消费者的知情权和消费者损害赔偿权利的实现，创业者提供的商品或劳务应当明码标价，不作虚假宣传，并且按照国家有关规定或习惯向消费者出具购货凭证或者服务单据。

除此之外，创业者还应当保障消费者公平交易权利的实现，不得以格式合同、店堂告示等方式作出对消费者不公平，不合理的规定，或者减轻、免除其所应当承担的因损害消费者权益而获取的民事责任；一旦经营者的格式合同、告示等中含有关款项所说内容，则其无效，法律不予承认。

最后，创业者还应当接受消费者的监督和对其商品与劳务的意见与建议，把服务活动置于消费者的有效监督之下。在市场经济条件下，创业者应当以全新的观念去对待消费者的意见和监督，树立起"消费者是上帝"的观念，把学习掌握消费者权益保护法与企业经营中的服务营销观念很好而有效地结合起来，这样才能经营有道，创立的企业才能由小到大，由弱到强。

🎯 怎样进行公司登记申请和登记注册

创业者进行公司登记申请，首先应当具备以下条件。

（1）有符合规定的名称和章程。

（2）有国家授予的公司经营管理的财产或者公司所有的财产，并能够以其财产独立承担民事责任。

（3）有与生产经营规模相适应的经营管理机构、财务核算机构、劳动组织以及法律或章程规定必须建立的其他机构。

（4）有必要的同参与经营范围相适应的经营场所和设施。

（5）有与生产经营规模和业务相适应的从业人员。

（6）有健全的财会制度，能够实行独立核算、自负盈亏、编制资金平衡表或者资产负债表。

（7）有符合规定数额并与经营范围相适应的注册资金。

（8）有符合国家法律，行政法规和政策规定的经营范围。

（9）法律，行政法规规定的其他条件。

1）设立公司应当申请名称预先核准。提交下列文件：

①有限责任公司的全体股东或股份有限公司的全体发起人签署的公司名称预先核准申请书。

②全体股东或者发起人指定代表或者共同委托代理人的证明。

③国家工商行政管理总局规定要求提交的其他文件。

2）名称核准后再申请注册登记申请设立有限责任公司，提交下列文件：

①公司法定代表人签署的设立登记申请书。

②全体股东指定代表或者共同委托代理人的证明。

③公司章程。

④股东的主体资格证明或者自然人身份证明。

⑤载明公司董事、监事、经理的姓名、住所的文件以及有关委派、选举或者聘用的证明。

⑥公司法定代表人任职文件和身份证明。

⑦企业名称预先核准通知书。

⑧公司住所证明。

⑨国家工商行政管理总局规定要求提交的其他文件。

3）由公司被批准成立后，领取《企业法人营业执照》。

公司登记注册，是国家建立现代公司制度，建立公司的正常市场进入制度，确认公司的法人资格或营业资格，行使国家管理经济职能的一项行政监督管理制度。它在公司进行登记申请、工商行政机构进行审核批准后进行。它是公司法人资格依法确认的具体反映，是公司合法经营的依据，具有法律效力。公司在核定的登记注册事项的范围内从事生产经营，依法享有民事权利，承担民事义务，受到法律保护。具体分为公司法人登记注册事项与公司营业登记注册事项。

公司法人登记注册事项主要有：名称、住所、经营场所、法定代表人、经济性质、经营范围、经营方式、注册资金、从业人数、经营期限、分支机构等。

公司营业登记注册的事项则主要有：名称、地址、负责人、经营范围、经营方式、经济性质、隶属关系、资金数额等。

♟ 创业者要了解一点税收常识

创业开始以后，创业者会碰到很多问题，但最让人感到困扰的就是税务的问题。这方面如果不善于处理，事业经营得越大，面临的困扰也就越多。

几乎每个人的创业都是在一股冲动的意念下开始的，所以满脑子想的都是赚钱时的快乐，而忽略了赚钱时也有痛苦的一面——税务问题即其中之一。

创业前，总是担心赚不到钱，赚了钱后，却又担心盈余会被税收刮走。既是如此，何不在赚钱时花点功夫去研究节税之道呢？

对于创业者来说，创业之前搞清楚国家及当地的税收政策很重要。依法纳税既是每个公民应尽的义务，又是各种经营活动能够正常进行的保障，同时，企业根据不同情况还可以享受到不同的税收优惠政策。有不少创业者开店创业中总会碰到一些有关税收的问题。确实，这里面也真有不少学问。如果能掌握一些资讯以及运用技巧，便可以轻轻松松在创业过程中节省下一笔可观的费用。

现实的中小企业中，在遵守法律的情况下，也常常有多种税收负担高低不一的纳税方案可以选择。每个创业新手在确定投资之前，应该对要投资地区的税收政策尽可能进行一番详尽的了解。既不要因违规而"走麦城"，也不要做"冤大头"。创业者不但要有创业的勇气，还应把欲投资地区、行业的相关税收政策吃透。

创业者创业初期急需资金积累，国家税务部门对此有不少优惠政策，比如高新企业免2年所得税、小型微利企业所得税实行20%的税率并减半征收等。利用好这些政策，可增加收益。

创业是一种激情，更是一次艰难的白手起家。一个精明的投资者应该在创业之前就考虑好如何在法律允许的范围内节税的问题。

创业者如何办理企业纳税登记

2016年五证合一，新设立企业领取"一照一码"营业执照后，不需进行税务登记，不再领取税务登记证。公司成立后，应如何进行首次报税？

一、注册公司

拿到多证合一营业执照后（含纳税人纳税须知），先要去银行开设公司的银行账户。再去国税局进行银行账户登记。

二、签订自动扣税协议

开设了银行账户，进行了国税登记后，再去银行签订代扣税款协议书，国税局则是《委托扣款协议书》中的乙方，需加盖公章和法人章，丙方（银行）则需盖业务公章，日后申报的国税将从此协议书上的账号内扣除。

三、申请网上报税

如果还未申请的一般纳税人，新办企业纳税须知上的国税、地税编码，即为本公司进入国地税网上报税首次登录的密码，地税首次登录后首先要更改密码，然后绑定手机号（接收登录验证码用），国税密码可改可不改。

成立之后马上申请一般纳税人的公司，要签订网上申报税务的协议（国税取表填写后盖章，窗口上交），办理金税盘开票系统，购买报税软件进行增值税报税。地税处理办法同上。

♟ 创业者要了解哪些企业所得税知识

企业所得税是对我国内资企业和经营单位的生产经营所得和其他所征收的一种税。企业所得税纳税人即所有实行独立核算的中华人民共和国境内的内资企业和其他组织。

1. 所得税的征税对象

企业所得税的征税对象为应税所得，具体包括：

（1）生产、经营收入；

（2）财产转让收入；

（3）利息收入；

（4）租赁收入；

（5）特许权使用收入；

（6）股息收入；

（7）其他收入。

2. 纳税人的收入总额

根据《企业所得税暂行条例实施细则草案》规定，纳税人的收入总额具体包括以下项目。

（1）生产经营收入，即纳税人从事各项主要经营活动而取得的收入，包括商品销售收入，劳务服务收入，运输、营运收入，利息收入，工程价款结算收入，工业性收入，以及其他业务收入。

（2）财产转让收入，即纳税人有偿转让其各类财产所得的收入，包括转让固定资产、流动资产的收入。

（3）利息收入，即纳税人由资本资源或收入欠款而形成的收入，包括购买各种债券等有价证券取得的利息、外单位欠款而取得的利息等。

（4）租赁收入，即纳税人出租固定资产、包装物等财产而取得的收入等。

（5）特许权使用费收入，即纳税人提供或者转让专利权、专有技术、商标权、著作权等取得的收入。

（6）股息收入，即指纳税人从股份制企业中分得的股息、红利收入。

（7）其他收入，即除上述各条收入之外的一切收入，包括固定资产盘盈收入、罚款收入、因债权人原因确实无法支付的应付款项、物资及现金的溢余收入、教育附加费返还款、包装物租金收入、接受的捐赠收入等。

创业者如何利用税务筹划节税

税务筹划，是指在税法允许的前提下，通过对纳税人经济活动的计划和安排，以实现税负最低的一种合理、合法的行为。税务筹划应当发生在实际纳税之前，且在法律许可的范围内，通过对筹资、投资、理财等事项的事先安排和筹划，充分利用税法所提供的包括减免税在内的一切优惠，获得最大的税收利益。

企业的税务筹划与偷税、漏税、逃税绝不是相同的概念，它在一定程度上可以理解为在税法规定的范围内，当存在着许多纳税方案可供选择时，企业采用税收负担最低的方式来处理财务、经营、交易等事项。

纳税人税收筹划的目的，是在法定范围内最大限度地减少自身的纳税支出并获取最大经营净收益。换言之，就是最大限度地挖掘节税潜力、获取节税利益。

纳税人的节税利益，一般是通过选择低税负的纳税方法和滞延纳税期这两条途径获取的，具体而言，选择低税负的纳税方案，又包括税收负担的规避和税收负担由高向低的转换。下面从三个方面介绍获取节税利益的途径。

1. 税收负担的规避

这是指纳税人把资金投向不负担税收或只负担轻税的地区、产业、行业或项目。这样，纳税人就能在激烈的市场竞争中，占据税收上的优势，以增强竞争实力和获取更高的资本回报率。要做到规避税收负担，就要求投资者熟知接受投资国家的税制中关于各项减免税优惠的具体规定，并结合自身情况进行周密安排。

2. 税收负担从高向低的转换

这是指就同一经营行为存在多种纳税方案可供选择时，纳税人就低避高，选择低税负纳税方案，以获取节税利益。例如，所得额的大小，即计税所得额越大，适用的边际税率越高。这样，纳税人可在税法规定的范围内，通过调整和平衡各纳税期的计税所得。调整计税所得的渠道很多，具体包括有关收入、费用项目确认期的选择，资本和金融资产持有期的选择，投资方式的选择等。

3. 纳税期的滞延

这是指纳税人在遵守税法的前提下，将有关应税项目的纳税期向后递延。有两点好处：一是递延纳税人在滞延期内取得一笔同税款相等的政府无息贷款，有利于纳税人资金周转，节约了纳税人的利息支出；二是在通货膨胀的环境中，延期缴纳的税款的币值不降，从而减少了实际纳税支出。

纳税人是税务筹划的主体，他所具备的意识是税务筹划取得成功的重要因素。纳税人为减轻自身税负，获取经济利益，首先应该想到的是应用纳税筹划。

♟ 创业者如何对企业所得税节税

创业者对企业所得税进行节税，可从以下几方面进行。

1. 企业所得税的计算

根据《企业所得税暂行条例》规定：企业所得税，按年计算，分月或者分季预缴，月份或者季度终了后15日内预缴；年度终了后4个月内汇算清缴，多退少补，应纳企业所得税计算公式为：

应纳企业所得税税款＝应纳税所得额×25%

根据《企业所得税暂行条例实施细则》规定：企业预缴所得税时应当按纳税

期限的实际数预缴，按实际数预缴有困难的可以按上年度的应纳税所得额的1/2或1/4或者按税务机关认可的其他方法预缴所得税。据此，预缴企业所得税的计算公式为：

月(季)预缴所得税款＝月(季)应纳税所得额×25%

或：

月(季)预缴所得税税额＝上一年度应纳税所得额×1/12(或1/4)×25%

企业应纳的企业所得税，都应在月(季)预缴的基础上，于年度终了后，在规定的期限内汇算清缴，多退少补。计算公式为：

全年应纳所得税税额＝全年应纳税所得额×25%

汇算应补(退)所得税税额＝全年应纳所得税税额–各月(季)预缴所得税税额合计

纳税人不能提供完整的、准确的收入及成本、费用凭证，不能正确计算应纳税所得额的，税务机关核定应纳税所得额。在这种情况下，企业所得税的计算公式为：

应纳企业所得税税额＝税务机关核定应纳税所得额×25%

2. 企业节税基本步骤

（1）策划确定收入额，并尽可能将某些项目的收入排除在外。

（2）策划确定成本、费用、损失额，并尽可能将某些项目的成本、费用和损失包括在内。

（3）正确计算并确定企业利润总额，并尽可能缩小化。

（4）计算弥补以前年度亏损额，只要不超过5年，弥补额越多，应纳税所得额越少，对节税越有利。

（5）计算应纳税所得额。

（6）计算境外税收抵免额，并尽可能多地抵免，抵免越多，应缴税额越少。

（7）计算应纳所得税额，并尽可能挂靠低档优惠税率，在应纳税所得额一定的条件下，税率越低，对节税越有利。

上述各步骤，一般结合企业的账簿进行，根据企业对收入、成本、费用、损失的处理方法，调整那些和税收规定不符的地方。即在企业账面利润的基础上调整与应纳税所得额的差额。这样，企业所得额的计算就转化为账面利润的调整问题。

应说明的是调整账面利润，并不一定意味着企业账面必须进行调整。在申报应纳税所得额时，将账面利润加上(减去)差额即可。

♟ 创业者如何利用企业经营形态节税

创业起步阶段，在考虑以何种组织形态来组建企业时，需要考虑税收的因素。

企业的营业利润在企业环节征收企业所得税，税后利润作为股息分配给投资者，投资者还要缴纳个人所得税。而合伙企业则一般不需缴纳企业所得税，国家仅就各个合伙人分得的收益征收个人所得税。投资者对企业组织形式的不同选择，对其投资净收益也将产生差别。不同组织形态的企业在税收方面有不同的优缺点，所以在设立企业时，很有必要在组织形态的选择上进行一番税收方面的筹划。

1. 人手少，以个人独资和合伙为宜

个人独资和合伙大抵均属小规模纳税人，依照有关规定，可仅设置简易日记簿或进货簿，其对外发生营业行为时，未给予或取得凭证，可免按《税收征管法》第四十四条规定处百分之五罚款，增值税按查定方式课征，由于查定课征方式有偏低现象，从而营利事业纳税亦随之偏低，故在设账取证方面，独资及合伙均比其他形式的企业简便。但另一方面，依现行税制，独资及合伙企业税后的余额，应直接归独资或合伙个人所得，予以课征个人所得税，其税负较公司制重，是独资或合伙的缺点，这也是有人倡议两税合一的主要原因。所以，一般而言，规模小，人手少的，以独资或合伙组织为宜。

2. 公司制企业享有多项优惠

至于公司制企业，就缺点而言，由于政府对公司制企业管理较严，不论规模大小均须设置账簿，使用统一发票，其账务处理成本较高，但公司制企业除了依《公司法》规定责任为"有限"外，还可享受下列几项优惠。

（1）盈亏互抵。公司制企业的营利事业，会计账册簿据完备，依《所得税法》第三十九条规定，前5年亏损，得准自本年纯益额扣除，再予课税，而独资及合伙则无此优惠。

（2）利息的支付。公司向股东借款所支付的利息，可列支利息，而个人独资及合伙企业所借的款项，则不列支利息。

（3）转投资收益免税。公司制企业的营利事业，投资于国内其他非受免征营利事业所得待遇的股份有限企业者，其投资收益百分之十免课所得税，而个人独资及合资企业则无法享受这项优惠。

（4）保留盈余。在不超过已收资本的二分之一限度内，保留盈余不予分配，而个人独资及合伙的盈余则不能保留，必须归户作独资或合伙人的个人所得，课征个人所得税。

此外，就对外形象及信用而言，公司制企业仍较独资、合伙为佳。所以，稍具规模的企业，以公司制企业形态经营为上策。

3. 股份有限公司有利税负

企业组织究竟以有限公司还是以股份有限公司为宜？就税收负担而言，应该以股份有限公司为佳。

因为奖励投资条例所规定的各项税收减免，主要是以股份有限公司组织的生产事业为适用对象，企业以此组织形态经营，自可享受优惠待遇。

就股东而言，采取股份有限公司组织形态经营，因税负较其他种类轻，故股东也能因而获得较多投资利益。如果未分配盈余增资符合奖励投资条例第十三条规定的，股东所获配股票可享受税收上的好处。

第**8**件事

理活创业中的财源之脉

创业理财——牵一发而动全身

"抓好搂钱的耙子，管住盛钱的匣子"这是讲既要会生财，又要会用财。生财、聚财、用财是成功致富的三大关键。所有巨额财富的拥有者都善于经营，所以赢利颇丰。创业者更需要懂得如何去理财，如何配置有限的资金，如何让自己手中的钱来帮自己追逐财富。

在绝大多数创业者眼中，最容易被忽略的恰好是创业资金的积累，创业过程中对资金的巧妙运用，以及创业资金的合理分配，也就是忽略了对创业资金的理财活动。陷入人追项目、项目追钱的恶性循环，结果越追越累，越追越辛苦，甚至被钱远远地抛到后面。

创业理财与普通意义上的个人理财不同，它不仅要求创业者懂得节流，同时要求创业者懂得如何运用手中有限的资金去开源。因为创业企业理财是围绕资金运作展开的。资金运作作为企业生产经营主要过程和主要方面的表现，具有最大的综合性。而掌握了资金运作，犹如牵住了企业生产经营的"牛鼻子"，能够"牵一发而动全身"。

在企业财务管理的范畴内，使直接影响企业发展的稀缺资源——资金，达到最有效的配置，这就是企业的理财活动。一个企业理财能力大小，直接关系到这家企业的兴衰。对大企业来说是如此，对创业者更是如此。

不是所有具备理财能力的人都适合创业，但创业者必须具备较强的理财能力。

项目的寻找的确需要创业者有独到的眼光和市场的洞察力，但缺少资金的支持，再好的项目也只能眼睁睁看着它与自己擦肩而过。仔细分析成功创业人士的经历，不难发现一个共同点，就是他们对自己的资金有着极强的控制能力，有着灵活运用和调配资金的能力，而这种能力的产生正是来自于他们本身具备的良好理财能力，并且可以让这种理财能力准确无误地应用到企业的理财活动中。

创业理财，理的是心态

企业理财的过程就是对企业既有资源进行合理配置的过程，其中主要是对企业资本的合理配置。而资本配置后的效率高低，取决于创业者的心态及理财技巧。

1. 别把小钱不当钱

创业前的资金积累是很重要的，大多数创业者都需要通过各种方式来积累资金，这需要的是大量的劳动力和脑力的付出。即使你每个月除去生活的必要开支后所剩无几，也不要认为那点小钱对于创业来说实在微不足道，从而放弃储蓄的习惯。因为对于创业者来说，大批的钱当然是需要的，但是作为创业者来说创业前各种关系的走动和市场考察都需要资金支持，所以，小钱也是不能小看的。小钱是获得大资金的必要手段，所以必须要积极积累。

另外，小钱的使用和管理也是对创业后资金使用的锻炼。生活中可以每个部分的费用支出想象成企业每个部分的费用支出。通过合理的资金分配来了解企业资金操作的基本原则，为创业后的理财做好准备功课。

2. 积少才能成多

致富的秘诀就是将你储蓄以后剩下的钱花掉，而不是将你花完以后剩下的钱存上。阿卡德第一财富原则就是：把你所赚的一部分钱存下来留给自己。

一个人，如果想实现一个大目标，不妨将大目标分成若干个小目标，分步骤分阶段逐个去完成，这样就能给自己一种心理上的成就感、踏实感，从而坚定自己的信心。若双眼只盯着大目标，会使人产生渺茫、遥远的感觉，从而引发很多障碍性的因素。

存款也是同样的道理。不要总是盯着一个天文数字般的数额不放，只要坚持不懈地实现一个又一个小目标，日积月累，存下一大笔钱并不是难事。

因此，当你想存钱的时候，不妨记住这样一条准则：如果你想存10万元，就先以1万元为目标。一笔笔看似很小的存款，积累起来就成了一比较大的存款。一万元又一万元，积少成多，聚沙成塔，最终你就能存下10万元。

另外，需要特别注意的是：当你的存款达到一个比较大的额度时，就不要随意地动用它。

3. 理财之道犹如齿轮，不停滚动才能带来利润

资本只有在流动中才能产生增值。不要让你的钱躺在银行里睡大觉，要让它滚动起来，只有这样，你的积蓄才能像雪球一样越滚越大。理财的关键是善用钱财。要有效地利用每一分钱，抓住每一个投资机会。对于一个下定决心要开创自己事业的人来说，让自己的资金积累快速地增长起来尤其重要。因为你可能会因为资金不足而错失很多创业的良机。

许多创业者在创业第一年并没有意识到流动资金的重要性，在没有足够流动资金的前提下就贸然创业。殊不知，有太多创业者，在创业后经营不是很顺利，需要坚守一段时日的时候，很可能因为没有充足的流动资金，而不得不黯然关门。如果创业者在创业时没有充足的，能够维持半年以上的运作流动资金，最好不要轻易去创业。无论如何，手头都要留有充足的"保命款"以备不时之需，否则创业成功的胜算就低了几分。

♟ 创业者必须懂财务

在数字化经营年代，创业者必须具备财务管理、识别账目的能力。财务信息能使创业者了解企业的经营状况，预测未来的经营前景，诊断企业遇到的问题。

具体来说，创业者可以在财务方面做到以下几点。

1. 可以吸收不同的资金筹集办法、方式

不同来源的资金，其可以使用的时间长短、对条款的限制以及成本的大小都不相同，这就需要经营者在筹集资金时认真考虑其资金结构的合理性，所担风险和资金成本的大小等因素，从中选择最有利的筹资方案。

2. 做好对资金的整体控制、调节

要重视资金的控制、调度、核算和分析工作，增产节约，增收节支。在资金运转中，首先要及时组织资金偿付债务，避免出现资不抵债的问题；其次应根据现有资金，把握投资机会；最后是建立健全的资产管理责任制度。

3. 按规定缴纳各种税款

上缴增值税额计算方式：营业收入÷（1+3%）×3%。上缴营业税额计算公

式：计税营业额×适用税率。税率参照国家规定的不同行业的比例税率标准。上缴所得税计算公式：月末营业收入+其他业务收入+营业外收入−营业成本−各项费用−其他业务支出−营业外支出＝利润总额，利润总额×25%＝应交所得税。

4. 实行财务监督，维护财务纪律

财务监督是根据国家和财税局的有关政策、法令，借助价值形式对企业活动所进行的控制和利润分配，其目的在于执行国家财经纪律，促进企业规范经营。

创业者要学习财务知识。看懂账目，才能合理筹集资金，满足生产经营活动的需求，使资金取之有道，用得其所，得到合理配置。

♟ 创业理财的"四项基本原则"

企业理财是指企业进行财务管理活动所采用的技术和手段。在市场经济下财务预测、财务决策、财务计划、财务控制和财务分析已成为企业进行财务管理的主要环节。

在创业起步阶段，创业者进行企业理财时应遵循的法则主要有以下4点。

1. 财务预测法则

财务预测是根据企业财务活动的历史资料，结合企业的现实情况，对企业未来的财务状况作出的预计和测算。财务预测是财务决策的依据，编制财务计划的前提，也是提高企业经济效益的手段。

财务预测主要有定性预测和定量预测两种方法。

2. 财务决策法则

这是为实现企业财务目标，根据财务预测，从几个决策方案中选择最优方案的过程，它是财务管理的核心。

决策是在企业经营活动之前所作的规划。决策的正确与否，关系到企业的兴衰。决策正确，可以保证企业的经营活动建立在高效率和最佳效益的基础上，使企业在激烈的竞争中立于不败之地；否则，企业的生存发展将面临危机。

3. 财务计划法则

财务计划是在一定时期内以货币形式综合反映企业资金运转和财务成果的形

成和分配的计划。它包括：①平稳法，即利用有关指标客观存在的内在平稳关系计算确定计划指标的方法；②因素法；③比例法；④定率法；⑤定额法；⑥趋势计算法。

4. 财务控制法则

财务控制是指在经营过程中，以计划的各项定额为依据，利用有关信息和措施，对财务活动进行计算和审核，以实现财务目标。主要包括：①事前控制；②事中控制；③事后控制。

♟ 创业初期要把握的 7 大财务指标

财务指标是衡量企业资金流向和企业效益的晴雨表，创业者如果牢牢抓住下面几个财务指标，那么经营工作就能井井有条。

1. 利润

企业应该先弄清楚"营收""毛利""净利"等名词，避免被数字牵着鼻子走。

2. 现金

花钱没有控制，不知账上有多少现金，现金流一旦阻断，企业随时都有可能倒闭。

3. 损益平衡点

随时掌握企业的损益平衡分析，了解月营业收入要多少才能收支平衡，做到心中有数。

4. 库存

为了维持一定的营运活动，大部分的企业或多或少都有存货，但要适当。多一天存货，就多一天现金支出。

5. 订单和退货记录

企业订单若未即时处理，误了交货期，可能面临赔偿的问题。盯紧订单才能实现营收。

6. 员工数

企业组织常在不知不觉中变大，在保证企业有效运作的前提下尽量减少人事费用支出。

7. 产品销售量

定期查看销售量，才能如实掌握企业业务状况，盯紧利润。

创业者应将以上几项重要财务指标结合起来综合考察，以便于财务工作的顺利展开。

财务控制与财务计划双管齐下

财务控制是指在财务管理过程中，利用有关信息和特定手段，对企业的财务活动施加影响或调节，以保证它们按财务计划进行并纠正各种偏差的过程。创业第一年，为保证企业获取利润，维持企业的正常运作，必须要进行财务控制。这主要包括审核各期的财务报表，以保证一定的现金存量，保证债务的负担不致过重，保证各项资产都得到有效利用，等等。财务预算是最常用的财务控制衡量标准，因此是一种有效的控制工具。

财务控制和财务计划是密不可分的，主要体现在以下4点。

（1）计划为控制提供衡量的标准，没有计划，控制就成了无木之本；同时控制又是计划得以实现的保证，没有控制，计划就等于一纸空谈。

（2）计划和控制的效果互相依存，计划越明确、全面和完整，控制工作就越好进行，效果也就越好；而控制越准确、全面和深入，就越能保证计划的顺利进行，并能更多地反馈信息以提高计划的质量。

（3）一切有效的控制方法首先就是计划方法，如预算、政策、程序和规划，等等，选择控制方法和设计控制系统时必须要考虑到计划本身的特点。

（4）计划工作本身也必须有一定的控制，如对计划的程序、计划的质量等实施控制；控制工作本身也必须要有一定的计划，如对控制的程序、控制的内容等必须进行一定的计划。

♟ 再小的买卖也要有本账

一般来说，稍微大一点的企业都会聘请会计人员来管理账目。这个原本不需赘述，但许多创业者却忽视这点，尤其是打算开个小店的创业者，认为收支自己心里有数，不需要记什么账。这种想法，肯定是错误的。麻雀虽小，五脏俱全，小企业日常运营的各项收支，同样要有清晰的账目。除了全面掌控经营状况之外，还要考虑成本核算、税务筹划、资金管理等项目。不管怎样，再小的买卖也要有账本，你不必专门请财会人员，可以考虑代理记账，或者记账软件等。

创业过程中，随时都要用到钱。如果你总是感觉钱不知不觉间就花光了，你不妨试着从记账开始。唯有清楚金钱的流向，确切地掌握支出的各项细节，创业者才能明白、合理地支出。而且创业时用记账的方式让自己了解成本、利润，一年或一季定期检视获利状况，还可以避免盲目扩张。

账簿按其用途的不同，可以分为序时账簿、分类账簿和备查账簿三种。不管你创业所建立的公司规模有多小，都要给自己至少准备这三类账簿。

1. 序时账簿

序时账簿，也称日记账，是按照经济业务发生的时间先后顺序，逐日、逐笔登记经济业务的账簿。按照记录内容的不同，这种日记账又分为普通日记账和特种日记账。

普通日记账，也称通用日记账，是用来登记企业所发生的全部经济业务的日记账。在账中，按照每日所发生的经济业务的先后顺序，逐笔编制会计分录，因而这种日记账也称分录日记账。设置普通日记账的单位，一般不再编制记账凭证，以免重复。

特种日记账是用来专门记录某一特定类型的经济业务发生情况的日记账。在账中，将该类经济业务按其发生的先后顺序逐日、逐笔登记。需要设置特种日记账的业务，通常有现金收付业务、银行存款收付业务、购货业务和销货业务等。我国法律要求企业必须设置的特种日记账是现金日记账和银行存款日记账。

2. 分类账簿

分类账簿是指对全部经济业务按照总分类账户和明细分类账户进行分类登记

的账簿。按照总分类账户进行分类登记的账簿叫作总分类账，简称总账；按照明细分类账户进行分类登记的账簿叫作明细分类账，简称明细账。总账是用来反映经济业务的总括内容的，而明细账则是用来反映经济业务的详细内容的，总账中某账户的金额与其有关的明细账的金额之和相等。

3. 备查账簿

备查账簿是指对一些在序时账簿和分类账簿中不能记载或记载不全的经济业务进行补充登记的账簿，对序时账簿和分类账簿起补充作用。相对于序时账簿和分类账簿这两种主要账簿而言，备查账簿属于辅助性账簿，它可以为经营管理提供参考资料，如委托加工材料登记簿、租入固定资产登记簿等。

固定资产，"青山"别太多

固定资产通常是指使用期限超过一年的房屋、建筑物、机器、机械、运输工具及其他与生产经营有关的设备、器具和工具等。它属于产品生产过程中用来改变或者影响劳动对象的劳动资料，是固定资本的实物形态。固定资产在生产过程中可以长期发挥作用，长期保持原有的实物形态。但其价值则随着企业生产经营活动而逐渐地转移到产品成本中去，并构成产品价值的一个组成部分。

从会计学的角度划分，固定资产一般被分为生产用固定资产、非生产用固定资产、租出固定资产、未使用固定资产、不需用固定资产、融资租赁固定资产、接受捐赠固定资产等。

固定资产的价值是根据它本身的磨损程度逐渐转移到新产品中去的，它的磨损分有形磨损和无形磨损两种情况；对固定资产在使用过程中因损耗而转移到产品中去的那部分价值的一种补偿方式，叫作折旧，折旧的计算方法主要有平均年限法、工作量法、年限总和法等；固定资产在物质形式上进行替换，在价值形式上进行补偿（就是更新）；此外，还有固定资产的维持和修理等。

创业第一年，若非必要，不必有过多的固定资产。世界上赚钱方式最好的企业是可口可乐。可它没有一间厂房。固定资产从购买之日起就开始折旧，这意味着，固定资产一落地就开始贬值。你不管买什么车，只要你把牌照办下来，哪怕你没有行驶一公里，再卖的话也会贬值的。而创业者天天要想的却是如何增值，所以，没有持有更多的固定资产是对的。如果说一个小本创业者刚开始就大肆买地建厂房，很有可能在后面出现资金周转困难的问题。

刚刚创业的时候，为了避免资金周转发生困难，最佳办法是珍惜你手头上的现金，尽量保存。创业之初不要做太多的投资性支出，例如购买厂房、写字楼、机器和投入大量的宣传费等。现金的回收，通常属于比较远期的效果，所以有些创业者，虽然明知房地产会升值，也宁可租用办公室而不买写字楼。很多办公设备如复印机、手机、传真系统等也可以采取租赁的方式，以留出更多的资金作为创业储备金。

♟ 流动资产，活水不腐

流动资金是指项目投产后，为进行正常生产运营，用于购买原材料、燃料、支付工资及其他经营费用等必不可少的周转资金，其具有周转期短、形态易变的特点。拥有较多的流动资金，可以在一定程度上降低企业的财务风险。所以，它是企业理财工作的一项重要内容。如果创业者能够掌握现金、应收账款和存货等主要流动资金项目的管理方法，既能节约合理地使用流动资金，又能加速流动资金周转，提高使用效率，降低风险。广义的流动资金是企业全部的流动资产，狭义的流动资金等于流动资产减去流动负债。

都说生意越来越难做，因为企业发展的大环境较以前更差，客户要求不断降价。各企业产量、价格、业务、利润都在不断下降，而成本却越来越高。所以，商业市场中，我们经常可以看到一些发展势头良好的企业突然境况窘迫，面临生存难题。它们中很大一部分都是因为缺少现金流，导致企业无钱周转，不得不关门。

作为创业者，管理一家企业其实跟家庭主妇持家一样，不仅要考虑房租、水电等支出，还要留足日常的生活费用，这就是现金流。合理地控制现金流，是许多企业成功的关键。同样，如果没有充足的流动资产，也会让许多企业陷入困境。想要创业成功的你，一定要确保手头留足流动资产，以确保自己的资金链不会断裂。

创业者应该把自己的所有现金和能够变现的资产分为三份，第一份用于先期投资（含流动）。第二份用于追加（因为企业经营过程中有许多不可预测的因素），你应该明白追加用完就意味着你彻底没有钱可投了。你最多只能走到这步，不要寄希望于借钱。无论是向银行还是朋友借，弄不好都可能使你负债终生。第三份是你的生存钱。即使失败，你不至于连饭都吃不起，只要能维持生存就可能东山再起。你能生存且不靠举债度日，在别人眼里你就还有实力和面子，朋友还会帮你，这点也是很重要的。

要知道，几乎所有的订单都必须是先付款购买材料，再出货收款。而且你的客户或者供应商不一定愿意与你按月结算，再加上许多企业都要低利润生存，这些都有可能使你的现金流状况雪上加霜。所以，为了不让自己陷入举步维艰的局面，一定不能忽视流动资金。

🎮 现金流动，源源不绝

现金是流动性最强的资产，拥有足够的现金对降低企业财务风险、增强企业资金的流动性具有十分重要的意义。对于处在初创阶段的企业来说，更是如此。

1. 企业持有现金的意义

（1）满足日常支付的需要。如用于购买材料、支付工资、交纳税款、支付股利等。企业每天的现金收入和现金支出很少同时等额发生，保留一定的现金余额可使企业在支出大于现金收入时，不致中断交易。支付需要现金的数量，取决于其销售水平。正常营业活动所产生的现金收入和支出以及它们的差额，一般同销售量呈正比例变化。其他现金的收支，如买卖有价证券、购入机器设备、偿还借款等，比较难预测，但随着销售数量的增加，都会有增加的倾向。

（2）预防意外事件。企业预计的现金需要量一般是指正常情况下的需要量，但有许多意外事件会影响企业现金的收入与支出。例如，地震、水灾、火灾等自然灾害，生产事故，主要客户未能及时付款等，都会打破企业的现金收支计划，使现金收支出现不平衡。持有较多的现金，可以使企业更好地应付这些意外事故的发生。

（3）投资。企业持有的现金，可以在证券价格剧烈波动时，从事投资活动，从中获得收益。当然，对于初创企业来说，这个意义还不是很明显。

2. 了解现金状况

由于现金流出可能超过现金流入，创业者必须随时了解企业的现金状况。为做到这一点，创业者可以按月编制预算现金流量表（见表1所示），然后将预算值和实际值比较。创业者可以将实际值列在预算值旁边，这样不但有助于创业者调节以后月份的预算，还能帮助发现问题的根源。

表1　现金流量表

	预算值	实际值
		_____月
收入		
销售额		
支出		
设备		
销售费用		
工资		
广告费		
办公设施		
租金		
公共设施		
保险		
税金		
本金和利息		
支出总额		
现金流量		
期初值		
期末值		

3. 进行现金的日常控制

在现金管理中，企业除合理编制现金收支计划和认真确定最佳现金余额外，还必须进行现金的日常控制。

（1）加速收款。为了提高现金的使用效率，加速现金周转，企业应尽量加速收款，即在不影响未来销售的情况下，尽可能地加快现金的收回。如果现金折扣在经济上可行，应尽量采用，以加速账款的回收。企业加速收款的任务不仅是要尽量使客户早付款，而且要尽快地使这些付款转化为可用现金。

（2）控制支出。企业在收款时，应尽量加快收款的速度，而在管理支出时，应尽量延缓现金支出的时间。

🪨 资金理财是个技术活

借钱创业，或许是很简单的事情，但也是一件危险的事，因为用别人的钱做生意，容易好高骛远，轻率不实在，极易导致经营风险，创业很难成功。所以，即使要借贷创业，也必须有自己的资金，尤其是小资本的生意，最好有过半的资金是自己的。只有这样，才会对自己负责，每花一笔钱都由自己定，用得清醒，花得审慎。而且，创业不一定一次就成功，一旦失败，陷入债务危机，会对将来再次创业会造成不利影响。

如果你有办法弄到资金，又肯拿来创业的话，那么，如何运用有限的资金是一个非常重要的问题。

1. 把握好创业成本

一般的创业者，很容易忽视资金问题上的会计成本，有可能导致将来出现财务危机。创业者虽然满腔创业热忱，但如果缺乏理性思考和周全的计划，认为赚钱非常容易，在计划时低估会计成本，将会给企业带来很大危险，造成营运上的周转不灵，资金不够用。所以，一定要恰如其分地计算出会计成本，之后就不能随意改动。也不能把成本弄得过大，因为创业初期赚钱较难，成本太大，使得收回本金的机会减少，打击创业信心。

2. 增加现金流入

在增加现金流入方面，除了想方设法提高销售之外，还可以通过提高客户付款速度来实现，例如，让客户30天内而不是60天内付款，就可提前30天收回现金，加快资金周转速度，会给急需现金的新创企业带来意想不到的好处。

为避免发生资金周转困难的现象，要珍惜手上的现金，尽量保存。如果不是非常必要，那么能租房子与设备时就不要花巨资购买。不要为了表明自己有实力而大量购买设备，尽量多留出一些现金作为创业的储备力量。

3. 慎重使用宣传费用

另外，在宣传费用上面，一定要慎重，宣传虽有必要，但企业真正成功并不靠它，所以在创业之初不要花大量的钱搞宣传，以致拖垮企业。要知道，宣传费用产生实际效益是要花很长时间的，所以，宣传只要到位就行，不能影响到资金的流转。

4. 毛利的计算

创业者通常容易在计算毛利上犯两个较极端的错误。第一个就是对自己的产品没有信心，害怕与人竞争，将毛利定得很低，很可能出现商品卖光却无利可图的现象。另一个就是由于不了解市场规律，希望赚得越多越好，将毛利定得很高，导致商品卖不出去，形成积压，由于没有生意，利润也就无从谈起。因此，要恰当地掌握好自己的收支平衡点，对自己的资金支出与收入有较清醒的认识，这样才能定以合理的利润率，使自己的生意一帆风顺，保持资金流转畅通，让创业成功的机会大大增加。

♟ 创业理财，合适的就是最好的

每个创业者的情况不同，创立的企业状况也不一样，因此，创业理财要结合自身的实际状况进行，才能实现期望中的理财目标。

以下6个步骤可以帮助创业者快速理清财务问题，找到合适自己的创业理财方式，并规划出具体的步骤。

1. 算算自己有多少资产

通过3种财务报表，分析你目前及短期内可运用的资金，认清自己能负担的财务能力，制订合理的创业理财规划。

2. 制订未来的财富目标

根据自己的能力，与家庭成员或合作伙伴共同协商，定出短、中、长期的创业理财目标。

3. 寻求适合的投资项目

配合短中长期的目标，决定各个目标的资金量，从而进行合理有效的分配。

4. 编列投资所需的资金

选择合适的投资项目后，接着是将资金分配到不同的阶段。最好的方式是编列预算表，用来控制投资的进程。预算表的另一项功能是可依据实际数字，准确评估项目完成时间或目标是否能够按时达到，是否需要追加资金。

5. 拟定有效的执行计划

将项目执行中每一个目标视为单一的项目，制定有效的执行计划，包括资金来源的规划和进度等。

6. 适时地检讨修正

创业理财目标的执行，常会出现多个目标重叠的现象，所以要随时检视执行进度，考虑外在经济环境的变化。如果财务能力已经提升或降低，则要适时修改执行方法，让目标顺利完成；或者直接修改投资标准，以避免目标无法达成或造成资源的浪费。

第**9**件事

选拔企业需要的优秀人才

创业初期靠什么吸引人才

创业办企业，就要招聘人才，通过人才来完成企业的各项任务。

创业第一年，当你还不具有相当的经济实力时，只能借助其他优势来吸引人才。例如，为人才提供一个能发挥自己能力的舞台、创造一个良好的人际关系环境、开发能看到前途的适应市场竞争的产品项目，等等。

1. 价值回报

高薪固然能吸引人才，但它不是唯一的途径，而且仅靠高薪吸引的人才能不能留住也是一个问题，因为人的需求是多方面的，对于真正重视自身价值的人才来说，金钱不是唯一的考虑。创业时期的企业，保证人才在事业的成功中拿到自己该拿的那一份报酬，就能够吸引很多优秀的人才。

2. 领导的个人魅力

一般来说，企业文化对吸引人才有很重要的作用，但是对于初创的企业来说，企业文化氛围还未成熟。在这种情况下，创业者的个人魅力起着举足轻重的作用，个人魅力包括魄力、人品等很多方面，是创业者综合素质的表现。

3. 发展前景

由于社会的压力，人们在择业上越来越慎重，他们不仅看重企业的当前状况，更注重企业的未来前景及自己在企业的发展（这种发展本身具有对未来社会的适应性）机会。因此，创业者不仅要做好企业当前管理，还必须有一个长远的发展规划与方略。通俗地讲，要有一个"企业的梦"，同时还应有一个系统的人才培养与选拔的体系，它给进入企业的每人一个"个人的梦"，也就是个人职业生涯规划。除了采用、落实前述各种吸引人才的措施外，还必须有其他相应的方法，以保证人才始终处于被激励的状态，从而长久地为企业作贡献。对此，主要是要建立起一套开放的人才流动的机制。

创业初期需要什么样的人才

创业第一年，创业者在解决资金问题的同时，还面临着如何打造自己的创业团队的问题。如何招聘员工，并确保每一位招聘来的员工都能派上用场，是创业者必须要考虑的问题。

创业第一年，创业者的时间和资金都非常宝贵，如果能迅速招到大批合格的员工，那么就能推动企业顺利进入运营状态；相反，如果招到的员工不合格，或者很长时间派不上用场，那么势必会浪费时间和财力。而这些浪费往往有可能危及新生企业的生存和发展。因此，在创业之初，创业者在招聘员工时，一定要坚持"每个员工必须有用"的招聘原则，迅速地为自己打造起一支高效的创业团队。

针对初期的特殊性，创业第一年，创业者应该招揽具有以下特征的人才。

1. 智谋胆略皆备的英才

这是胸怀天下一类的豪杰人物。他们不但胸怀奇谋，智慧超群，更可贵的是他们有敢于行动的勇气和策略，能够机敏灵活地应对各种突变，而不会惊慌失措。

2. 顽强竞争的人才

这种人具有挑战精神，不怕挫折和失败，明确自己的目标和意愿，顽强地奋争，去争取目标的实现。他们还有强烈的主体意识和主人翁态度，不安于在指令下做一些不需承担风险和责任的工作，并有独立思考能力，不怕孤军作战，能独当一面，并有总揽全局的设想。

3. 敢于提出创见的人才

新颖的见解表现在创新、探索上，是可贵的创造性品质，现代企业将敢于提出并善于提出新见解的人，看得比仅有勤奋品质的人更重要。

4. 灵活创新的人才

不因循守旧，不墨守成规的人是最富有魅力的。面对超速运行的信息社会，按照既定模式办事的人迟早会被淘汰，应努力开拓视野，以适应现代社会产业结构的不断变化。

5. 愈战愈勇的人才

有的人经不起批评，忍受不了失败的挫折，这是人的心理承受能力低下、个性羸弱的表现。在现代社会，成功与风险并存，聪明的领导不敢重用一帆风顺或祈望一帆风顺的人。只有百折不挠，对困难、失败有良好耐受能力的人，才可能被委以重任。

♟ 创业者如何制订招聘计划

创业者在招聘人才前，应制定好一份详实的招聘计划，为正式招聘时提供参考指导。

招聘计划一般包括以下内容。

（1）人员需求清单，包括招聘的职务名称、人数、任职资格要求等内容。

（2）招聘信息发布的时间和渠道。

（3）招聘小组人选，包括小组人员姓名、职务、各自的职责。

（4）应聘者的考核方案，包括考核的场所、大体时间、题目设计者姓名等。

（5）招聘的截止日期。

（6）新员工的上岗时间。

（7）招聘费用预算，包括资料费、广告费、人才交流会费等。

（8）招聘工作时间表，尽可能详细，以便于他人配合。

（9）招聘广告样稿。

招聘计划的编写一般包括以下步骤。

（1）获取人员需求信息。人员需求一般发生在以下几种情况：人力资源计划中明确规定的人员需求信息；企业在职人员离职产生的空缺；部门经理递交的招聘申请，并经相关领导批准。

（2）选择招聘信息的发布时间和发布渠道。

（3）初步确定招聘小组。

（4）初步确定考核方案。

（5）明确招聘预算。

（6）编写招聘工作时间表。

（7）草拟招聘广告样稿。

创业者如何选择招聘渠道

创业者可以通过以下一些渠道来招聘人才。

1. 人才交流中心

在全国的各大中城市，一般都有人才交流服务机构。这些机构常年为企事业用人单位服务。他们一般建有人才资料库，用人单位可以很方便地在资料库中查询条件基本相符的人员资料。通过人才交流中心选择人员，有针对性强、费用低廉等优点，但对于如计算机、通讯等热门人才或高级人才的招聘效果不太理想。

2. 招聘洽谈会

人才交流中心或其他人才机构每年都要举办多场人才招聘洽谈会。在洽谈会中，用人企业和应聘者可以直接进行接洽和交流，节省了企业和应聘者的时间。随着人才交流市场的日益完善，洽谈会呈现出向专业方向发展的趋势。比如有中高级人才洽谈会、应届生双向选择会、信息技术人才交流会，等等。洽谈会应聘者集中，企业的选择余地较大。但招聘高级人才还是较为困难。

通过参加招聘洽谈会，企业招聘人员不仅可以了解当地人力资源素质和走向，还可以了解同行业其他企业的人事政策和人力需求情况。

3. 传统媒体

在传统媒体刊登招聘广告可以减少招聘的工作量，广告刊登后，只需在企业等待应聘者上门即可。在报纸、电视中刊登招聘广告费用较大，但可展现企业形象。很多广播电台有人才交流节目，播出招聘广告的费用较报纸、电视广告会少很多，但效果也比报纸、电视广告差一些。

4. 校园招聘

对于应届生和暑期临时工的招聘可以在校园直接进行。方式主要有张贴招聘告示、举行招聘讲座和"毕分办"推荐三种。对于应届生的招聘在第五节会有详细介绍。

5. 网上招聘

随着网络普及，通过因特网进行招聘具有费用低、覆盖面广、时间周期长、联系快捷方便等优点。

6. 员工推荐

员工推荐对招聘专业人才比较有效。员工推荐的优点是招聘成本小、应聘人员素质高、可靠性高。据了解，美国微软企业40%的员工都是通过员工推荐方式获得的。为了鼓励员工积极推荐，企业可以设立一些奖金，用来奖励那些为企业推荐优秀人才的员工。

7. 人才猎取

对于高级人才和尖端人才，用传统的渠道往往很难获取，但这类人才对企业的作用确是非常重大的。通过人才猎取的方式可能会更加有效。人才猎取需要付出较高的招聘成本，一般委托"猎头"企业的专业人员来进行，费用原则上是被猎取人才年薪的30%。目前在北京、上海和沿海地区"猎头"企业较为普遍。

♟ 创业者招聘人才要克服主观障碍

创业者要招到合适的人才并不容易。一方面是因为大多数人才需要挖掘，另一方面，很多人才并不稳定，他们会为了实现自己的价值而频繁跳槽。对于初创企业的经营者来说，在招聘人才时要克服一些主观障碍。

创业者在招聘人才时的主观障碍主要体现在以下2个方面。

1. 个人的好恶爱憎以及心理偏见和成见

这一点是创业者在招聘人才时必须要克服的。创业者在招聘时应该明白这一点：你是在招聘人才而不是选择朋友，所以你必须以应聘者的实际能力为依据。如果以自己的好恶爱憎为评判标准，往往容易将第一印象不好但又有真才实学的应聘者淘汰掉，而将第一印象好但没有实际能力的人留下来。这对企业的生存和发展是极其不利的。

2．受资历、资格、学历、现实问题等因素的限制

某些创业者非常看重应聘者的学历，对那些高学历、高职称、资历深的应聘者情有独钟。殊不知，在现代这个职称泛滥、文凭泛滥的社会里，很多人的学历、职称、资历与其能力并不相称，如果过分看重这些表面的东西，往往会导致花了天价招来的却是一些派不上用场的平庸之辈。因此，创业者必须对此引起注意。

🨠 创业者招聘人才要克服客观障碍

创业者在招聘人才时，除了要克服一些主观方面的障碍外，还要克服客观方面的障碍。创业者招聘人才时的客观障碍主要体现在4个方面。

1．不能以科学的方法分析

对于人才来说，"知人知面不知心""外有所感于物虽同，内有所触于心则异""人之表里未必如一，因人心不同，各如其面"。因此，创业者在招聘人才时，切忌以貌取人。

2．情绪起伏难定

一个人能力的发挥在很大程度上要受其情绪变化的影响，应聘者的情绪如果处于高涨期，那么，临场发挥的效果可能就比较好；反之，临场发挥的效果可能比较差。而且，对于招聘者来说，也存在情绪变化，情绪好的时候和情绪差的时候评判人的态度和标准都会出现较大的差异。对此，创业者在招聘员工时，一定要打破情绪障碍，本着客观公正的原则正确地评价应聘者，以便招到更多更好的可用之才。

当然，要完全避免上面所说的主客观障碍是很难的，但即使不能完全避免，至少也要在很大程度上尽量避免。

3．依赖面试评价应聘者

常用的面试对于提高招聘的准确率贡献很小，仅仅能增加2%的准确性。换句话说，如果我们抛硬币，有50%的概率是正面朝上，如果加上面试，这个概率只能变成52%。

为什么面试的效率这么低，却依旧成为很多企业招聘员工的手段呢？专家们给出三种解释：第一种是绝大多数管理者在面试前没有规划好面试的结构，也没有确定好何为合格的答案；第二种是应聘者们比绝大多数的管理者要有更多的面试经历，对如何呈现一个好印象也更有技巧；第三种是面试的确能使管理者了解应聘者是否容易相处与合作，这也许是为什么面试对于应聘者未来工作绩效的预测力不高，但管理者们依旧采用的重要原因。

4. 评价依据个性

不少人力资源管理者都持有这样一种观点：传统的个性因素对于管理上的成功或其他职业的成就是十分重要的。但是许多的统计研究发现，个性因素与特定职业绩效间的关系程度很低。个性测验对于我们认识或培训员工可能是有用的，但对于雇佣员工来说却可能并不适合。技能测验或职业知识测验已愈来愈多地被证明对于工作绩效有较高的预测力。

创业者招聘人才有哪些技巧

一般而言，创业者要招到有用之才，还必须注意一些招聘技巧。

1. 认真筛选应聘材料

一般来说，在招聘会上，或在报上登载招聘启事后，创业者会收到很多应聘材料。面对这些材料，创业者既不能随便挑选几份通知面试，而把其余的材料束之高阁，也不能看都不看就通知所有的应聘者来面试，而应该根据自己的实际需要和应聘者的专业、工作经历、求职意向等精心筛选，然后通知基本符合要求的应聘者来面试。这样既不浪费招聘资源，又能比较容易地找到合适的人才。在创业之初，创业者切忌因为自己忙就把筛选工作交给文员、秘书。前台文员、秘书有时一边埋头挑选应聘材料，一边接待来客、接听电话、收发传真、打字，其筛选的效果可想而知。即使他们不忙，也很难掌握筛选的标准，毕竟企业到底需要什么样的人，只有创业者本人最清楚。当然，创业者的选才标准也不能太僵化，要富有弹性，最好每份应聘材料不宜细，筛选的数量宜多不宜少。一般而言，可按照1：30左右的比例进行筛选，以确保不漏掉合适之才。然后进行笔试，笔试后根据笔试的结果按照1：10左右的比例再进行面试。这样做，基本上能保证招聘的效果。

2. 重在考核水平

文凭的造假、用假是社会的一大公害。某些造假、用假者无所不用其极，从熟背所填专业课程科目到了解学校的具体情况，甚至模仿校长的真迹，如此高超的手段往往令用人单位防不胜防。因为，你不可能对每一位应聘者的情况进行调查，而且如果应聘者用的假名字、假身份证，那么你根本无法查询其真实情况。所以，在当今文凭和职称泛滥的时代，高明的用人单位一般不会过分看重学历、职称，因为他们需要的是立马能派上用场的人才。是骡子是马牵出来遛遛，什么都清楚了。对于创业者来说，最需要的是能够马上进入工作状态的有用人才，因此，在招聘过程中，不要唯学历是从，而是要唯才是举，也就是说，审核文凭不如考核水平，审核职称不如审核其工作是否称职。一句话，"英雄不问出处"，有用就是标准。

3. 重视面试

有些企业在招聘人才时，往往会出现这样的情况：好的人才没选用，不好的反而招进来。这是为什么呢？这是因为他们在面试时过于草率，过于简单。招聘员工最关键的一个环节就是面试，看你在面试时能向应聘者提出什么样的问题。创业者在面试时，要精心设计一些面试的内容，避免测试项目不全面、试题范围狭窄、内容缺少针对性、难度不适宜、测试方法简单或不对路等。虽然面试不可能百分之百准确，但是注意了这些问题，多数情况下是不会"看走眼"的。

第**10**件事
带领精英团队打天下

创业之初的用人之道

人才的选聘只是实现人才使用的第一步，如何用好人才，实现人才价值的转换才是企业的最终目的。创业期企业人才的使用应做到以下3点。

1. 建立重用人才的文化氛围

文化是一个团队共有的价值观，企业应当旗帜鲜明地提出赞成什么、反对什么。树立榜样是建立企业文化氛围的最好途径。"榜样的力量是无穷的"，柳传志经常把他自己的成功经验作为教材拿到管理层中去讲，讲自己是怎样面对挫折失败的。创业者应当建立重用人才的文化氛围，为员工发挥才能创造条件。

"赛马非相马""实践是检验真理的唯一标准"，人才只有靠重用才能体现其价值，只有靠使用及在使用中的不断培训才能使其价值得到转换和增值。人才的流失多因得不到重用，正如刘项争霸时萧何对刘邦所说："能用信，信则留，不能用信，终走耳。""千里马常有而伯乐不常有"，作为企业的领导人不要抱怨缺少人才。海尔集团总裁张瑞敏认为"人人是人才"，不经过使用又怎么能对人作出评价。

2. 实行以创业为主的人才管理机制

（1）实行目标管理。给员工制定目标、布置任务，让他去完成。允许员工在奋斗过程中的偶尔失败。对于失败，管理者应懂得宽容，寻找失败的原因远比责备员工更为有效。

（2）建立以绩效为中心的薪酬体制。市场是客观的，一切行为在市场中只有两种结果：成功和失败，企业中员工时刻承受风险，风险与收益成正比，员工承担了风险理应享受风险带来的收益。分享收益是对参与创业的员工的最好激励，创业期人才管理就是在创业中与员工同甘共苦。

3. 让每一个员工能够人尽其才

对于创业者而言，要想使自己的下属个个都成为有用之才，一方面要求下属必须具备成为有用人才的素质；另一方面要求创业者要善于使用人才，要懂得人是有个性、有特征的，要善于根据不同人的不同情况将其安排到不同的岗位上去。否则，即使拥有大批的优秀人才，如果不能把他们用到合适的岗位上去，也只能是浪费人才，无法保证每一个员工都有用。

如何用好每一个人才，让每一个员工都能够在最短的时间内进入工作状态，迅速地为企业创造出财富，是关乎企业生存和发展的重要问题。要解决这个问题，创业者必须想办法让企业的每一个员工都动起来。

创业者为什么要授权

创业期企业很容易走上专权的极端，江山是创业者在市场中拼搏出来的，创业者有一定眼光、胆识、能力，但也最容易犯自以为是、"老子天下第一"的毛病。无忧工作站的CEO甄荣增说得好"企业领导人更多的应该充当教练的角色，教你的下属怎样去做，放权给他们，容忍他们的过失，或许他们会做得更好！"

授权的益处之一就是能节省时间。作为初创企业的管理者，有很多事需要你去把握和处理，你总会觉得时间不够用，很多事不能及时去做，但如果你能把一部分工作分配给别人，那么时间上的压力就会减轻。

如果你只是把工作丢给员工，却无周全的计划和准备工作，那你的授权就会失败，并且你必须收拾残局。在这种情况下，你反而使自己的时间压力剧增，而不是减轻。因此，在授权一项活动或任务时，最重要的是制定计划和充分准备。

一般来说，担任的管理职位越高，你花在具体事物上的时间越少。取而代之，你要花更多的时间去"计划"，成功的授权可以节省你亲自做具体事务的那部分时间，使你更好地为组织贡献你的力量。

通常来说，在一个组织中，作出决定和执行任务应当由尽可能低级别的职员去完成。这对组织顺利有效地运作是切实可行和必不可少的。

例如，一个文具供应企业的员工如果能够决定订哪种裁纸刀并知道如何下订单，那这个员工不必上司介入就完全可以独立完成这项工作任务。他的上司就可以解放出来，把精力投入到重要的决策和任务中去。

如果你的员工完全能处理一项任务，你就不应再在这上面花费时间。如若不然，既浪费时间，又无法给他人提供发展的机会，而且会削弱整个组织的力量。作为管理者，你的职责是培养你的员工，帮助他们建立信心，而不是让他们受挫。所以你应该学会授权。

培养员工应该是每个管理者的基本职责。如果培养员工不是一个组织最基本的信念和行为，那么这个组织就无法长久地生存下去。管理者应该有一个一经授权就能马上接受任务的员工。如果没有，就要培训出这样的员工。

授权恰恰是培养员工能力最有力、最有效的方法之一。

授权为员工提供学习和成长的机会。正确使用授权还能激励员工的进取心，使他们获得工作的满足感。当你将一项重任托付给他人时，你就已表示出对他的信心，这有助于他建立信心。

如果员工认为你为他们的成长提供机会，他们可能会被激起斗志，全身心投入到工作中去。他们认为你对他们的事业发展感兴趣，而不是只顾你自己。他们会格外努力地去完成你授权的任务，他们希望让你、让自己都满意。

创业期企业的领导人应努力完善制度，充分放权，这样才有时间去思索更高层的发展。

♟ 创业者如何激励员工

激励是一个心理学术语，它指心理上的驱动力，含有激发动力、鼓励行为、形成行为的意思，也就是说，通过某些内部或外部刺激，使人奋发起来、行动起来，去实现特定的目标。

创业者对员工进行激励，是指通过影响员工个人需求的实现来提高他们的工作积极性，引导他们在企业经营中的行为。

对员工的激励，有以下3种形式。

1．工作激励

分配恰当的工作来激发员工的工作热情。分配工作时要考虑员工的特长和爱好，根据员工的实际工作能力，分配给员工一些富有挑战性的工作，以激发员工的工作热情和创造性；同时，随着员工工作能力的不断提高，适时地委以更富有新意的工作，以消除员工长期从事同一种工作的厌倦感。

2．成果激励

正确评价员工的工作成果，以此为标准给员工合理的报酬，激发员工的工作积极性。这种激励主要有两种：一种是物质上的；另一种是精神上的。不论是哪一种，都代表着企业对员工工作的认可。同时也是员工工作的动力。评价正确与否，公平与否，直接关系员工工作的积极性。所以，制定合理的工作评定标准，成为成果激励中的关键。

丰厚的物质激励是创业者鼓励员工的重要手段，同时，满足员工的需求也是激励人才的重要策略。在人才激励上有两个原则："Cash"和"No-cash"，即物质和非物质激励。事实证明，不论是物质还是非物质激励都是不可或缺的，忽略任何一方都不会起到真正的人才激励作用。

3．非物质激励

非物质激励包括职位的迁升、权利的扩大、地位的提高，这些使员工在精神上产生满足感，同时也包括如进修、学习等提高其自身素质和生存能力的培训。

每个人都有对职位、权利、地位等的追求，这是由人具有的社会属性所决定的。所以当一个人的工作业绩很好时，虽然得到了物质激励，但仍然有这种对职位迁升、权利扩大、地位提高的需求，如果这种需求长期不能得到满足，必然会严重挫伤其工作的积极性。所以必须对员工的这种需求有所考虑，并通过适时的激励，提高其工作绩效。

激发员工的创业责任感

促使员工对工作产生责任感的最好方式是什么？是帮助他们理解和赏识他们自己在企业的宏伟蓝图中所扮演的角色和起到的作用。

企业中的每个员工都有其自身存在的价值，人们能够取得不同寻常的成绩，是因为他们首先对自己负责，而决不仅仅是为了得到提拔。自我激励是源自我们每个人内心和灵魂深处的动力，是责任感和使命感的动力。作为创业时期的领导者，需要懂得如何激发员工的责任感。

下面是激发员工责任感的4种方法。

1. 让员工理解工作的意义

激发员工责任感最重要的一点就是让员工了解他对于企业、对于社会能体现的价值，我个人认为这是好的管理之道。少对员工说带领他们挣多少钱，应该告诉他们在工作的过程当中，他们的价值在什么地方，而不是画一个看不见的大饼让他们垂涎。

2. 鼓励员工对自己充满信心

作为领导，你的目的是帮助员工建立起自信，让他们相信自己的能力。

3. 强调员工应负的责任

负责任的员工会对自己的行为和结果承担责任。真正的责任感远远超出了在某项任务中的表现这一概念，它意味着员工对他们所从事的工作和要取得的工作成果负有责任。领导者要激励员工，可以制定一个双方都能接受的执行标准，把预定的目标与员工的评价联系起来，并事先把预定的目标落实成文字，建立健全奖优罚劣的激励和惩罚机制。

4. 用战略规划激励员工

使用战略规划激发员工责任感。企业战略规划的两项主要目标就是强调合作和责任感。通过绩效管理系统将企业战略目标分解，即将企业绩效与个人绩效对应并衔接起来。这种分解过程会使员工具有高度的责任心和合作精神。同时，企业还让员工能够清晰地认识到有助于自身提高和成长的机会。

♟ 组建自己的创业团队

建立优势互补的创业团队，是创业第一年创业者要做的一件大事。团队是人力资源的核心，"主内"与"主外"的不同人才、耐心的"总管"和具有战略眼光的"领袖"，技术与市场两方面的人才都不可偏废。创业团队的组织还要注意个人的性格与看问题的角度，如果一个团队里能够有总能提出建设性的可行性建议和能不断地发现问题的批判性的成员，对于创业过程将大有裨益。

作为创业企业核心成员的创业者，有一点需要特别注意，那就是一定要选择对工作有热情的人加入团队，并且要使所有人在企业初创时就有每天长时间工作的准备。任何人才，不管他的专业水平多么高，如果对创业的信心不足，将无法适应创业的需求，而这样一种消极的因素，对创业团队产生的负面影响可能是致命的。

高科技企业创业通常是以技术创新为主，因此这类企业的人力资源最重要的是高素质。对于项目核心技术人员，要舍得花投资聘请最优秀的专业人才。一个创业企业开始的时候需要在各方面节俭，但是对于技术人员要舍得投入。一个优秀的程序员可以抵过一百个平庸的程序员，对于这种数量极少的人才，应当在薪酬、员工期权等方面尽可能予以优厚待遇。

在创业之初，创业者就要建立一套有效的员工考核方案，对员工的工作业绩定期进行有效考核，至于考核的方式，采取量化或者面对面交流的方式，针对不同的人才，各企业可以参考其实际情况采取不同的方式。只有考核方案还不够，还要有一个员工能力发展计划，帮助员工在工作中、企业内部培训中以及自学中不断提高自己的能力。这样一个发展计划有时候比丰厚的薪酬更能吸引高素质的员工，对于高科技企业尤甚。

创业第一年，创业团队的成员可能大都是朋友，但是经过一段时间的磨合之后，创业团队都要经过一个痛苦"洗牌"，或许有的人不能认同理念，或许有的人有其他打算，或许有的人不称职。事实上即使对最富经验的职业经理人来说，他们最怕的事也是解雇员工。对于创业企业，在创业初期，人员变更是很大的问题，即使很难也要有果断换人和"洗牌"的勇气。有个办法，就是坚持一种理念：企业不是私人的，是大家的，不能顾及私情。能否坚持这种理念，决定了能否正确贯彻换人的决策。

♟ 增强团队凝聚力，突破创业难关

作为一名创业者，你要影响和鼓舞的对象是谁？如果不能很好地回答这个问题，你就没有办法去管理好任何人。如果员工没有努力工作的动机，你实际上就无法做任何事，也不可能有效地开展自己的工作。因此，作为初创企业的领导者，你必须想尽一切办法去团结员工，唤起他们对组织和组织目标的认同和热情。

对于处于创业阶段的企业来说，往往企业文化还没有形成，企业前景也不是很明朗，最重要的是，在初创的艰苦阶段，需要用一股强大的凝聚力来突破创业中的各个难关。所以说，团队凝聚力对初创的企业尤其重要。

创业初期，可以通过以下途径来增强团队的凝聚力。

1. 加强企业成员之间的沟通

企业成员的沟通包括信息沟通与情感沟通。通过沟通，可以促使信息在成员之间的流动，使成员之间加强了解，增进友谊，提高企业成员之间的相容性。成员之间沟通的方式很多，既可以通过公开的方式，如召开座谈会，也可以通过一些非公开的方式，如谈心等。

2. 完善企业合理化建议制度

合理化建议制度是管理的民主化制度，是一种较为成熟和规范的企业内部沟通制度。主要作用是鼓励广大员工直接参与企业管理。并且可以通过上情下达的方式，让企业的管理者与员工保持经常性的沟通。日本丰田汽车企业从1951年起推行合理化建议制度，当年就发动员工提出建议1 831条，到1976年达到463 000条，平均每个员工提出建议10条以上。企业给建议者发高额奖金，而且因为制度本身的民主性和员工直接参与的快感，大大激发了员工的工作积极性和荣誉感，满足了员工的成就感，促进了员工的使命感，增强了企业的整体凝聚力。

3. 充分发挥领导的沟通和协调作用

首先，团队成员之间的沟通和协调。成员之间由于价值观、性格等方面的差异而产生各种冲突，人际关系陷入紧张局面，甚至出现敌视、极端情绪以及向领导者挑战等各种情形。领导要进行充分沟通，引导团队成员调整心态和准确角色定位，把个人目标与工作目标结合起来，明确知道自己要做的事，以及清楚如何去做。

其次，团队成员与工作环境之间的沟通和协调。团队成员与周围环境之间也会产生不和谐，如与技术系统之间的不协调、对团队采用的信息技术系统不熟悉等。领导要帮助团队成员熟悉工作环境，学习并掌握相关的技术，以利于项目目标的及时完成。

再次，团队与其他部门之间的沟通和协调。在工作过程中，团队与其他部门之间也会产生各种各样的矛盾冲突，这需要领导与之进行很好的沟通协调，为团队争取更充足的资源与更好的环境，并对工作进程以及工作目标与其他部门不断达成共识，更好地促进工作目标的实现。

4. 完善激励机制，促进员工成长

很多企业过分强调职权晋升，以此激发员工上进心，催化员工积极性，却一不留神产生误导，人为制造了内部矛盾，无法沟通调和，要么忍痛割爱，要么坐观矛盾激化，结果团队溃散，所以，要为员工提供一套完善的激励培训机制营造良好的学习与提高的氛围，帮助员工自我成长，实现价值追求。

📖 打造高绩效创业团队

要使团队有效率，就要让每个成员全身心地投入到团队及工作当中。团队成员必须对任务抱有信念，并且能够一起努力去完成。他们还必须专注于整个团队，而不仅仅是某段时间里自己负责的一小部分工作。如果团队成员们对任务及团队整体并不关注，他们就不可能组成一个真正的团队。

如何才能让成员关注团队，从而提高团队的工作效率呢？

1. 确保团队中的每个人都知道整体任务

在传统的工作群体里，每个员工只被要求做好某一范围内的工作，他们可能根本不知道自己的工作在完成整体的任务中有什么作用。这不利于调动员工的参与感与积极性，每个团队成员都应知道整体的任务。

2. 确保每个人都致力于完成整体任务

一旦大家都明确了整体的任务，就应该全神贯注地投入进去。在实际工作中，这意味着有时员工们为了整个团队的利益，要对自己的工作作出一定的牺牲。比如，当团队不能及时完成生产时，一个正在写生产报告的员工就得暂时放下手头的工作去帮助更重要岗位的员工。强调完成整体任务，能够加强团队的合作精神，增强其协作力。

3. 鼓励员工一起工作

在传统的企业工作过的人习惯于将个人的工作视为奖惩的依据，在现代企业中，应把互相帮助看得比完成个人的工作更为重要。当员工们表现出团队的合作精神时，一定要对他们付出的努力加以肯定，并让群体中的其他成员把他们当作学习的榜样。

如果你想拥有一个高效的团队，就绝不能让团队的成员只关注自己个人的工作，应该帮助他们坚持把主要精力放在团队的整体任务上。

要使团队全身心地投入到自己的任务中去，这些任务要具备下面2个特点。

（1）任务必须明确。所有的成员都必须理解团队的任务，并且，他们的理解基本上是一致的。例如，"使客户满意"相对来说比较明确，而"生产高质量的产品"就并不那么清楚了。

（2）任务必须值得去做。要使团队成员能够全身心地投入到一项工作中去，这个工作就必须有一定的价值和挑战性。这样团队才能有成就感。任务要有一定的难度从而激发团队成员的斗志。一个高效的团队，必定是一个敬业的团队，完成任务，为企业创造价值，是他们的天职。

创业初期怎样留住人才

如今，员工的流动日益频繁，特别是优秀的人才，时刻面临着更好的机会。对于一个处于创业时期的企业来说，怎样才能让人才在自己的企业安下心来，为企业创造价值呢？要想让人才不走，你就要让他们有留下来的理由。

1. 设立高期望值

斗志昂扬的员工喜欢迎接挑战。如果企业能不断提出高标准的目标，他们就不会轻易选择离开。美国一位管理者说："设立高期望值能为那些富有挑战精神的精英提供更多的机会。留住人才的关键是不断提高要求，为他们创造新的成功机会。"

2. 经常交流

员工讨厌被管理人员蒙在鼓里。没有什么比当天听说企业前途无量，第二天却在报上读到企业可能被吞并或卖掉更能摧毁一个企业的士气。解决的办法是，公开企业的账簿。如果你的企业不想如此透明，也可以通过很多其他交流的办法。

3. 授权

员工最喜欢这种授权赋能的企业。惠普就是这样做的。负责台式电脑美国市场的经理博格说："对于我们来说，授权意味着不必由管理人员来决定每一项决策，而是可以让基层员工作出正确的决定，管理人员在当中只充当支持和领导的角色。"

4. 提供理想的薪资待遇

对于刚刚起步的企业来说，资金一般比较紧张，但是无论如何，也不能在员工的薪资待遇上打节省资金的算盘。还有就是，尽量为员工提供保险或基金保障。

5. 教育员工

在信息市场，学习绝不是耗费光阴，而是一种现实需求。大部分员工都意识到，要在这个经济社会中生存和发展，就一定要不断提高自己的能力。企业如果能够为员工提供不断提升自己的环境和平台，势必可以留住很多求上进的人才。惠普允许员工脱产攻读更高学位，学费全部报销，同时还主办时间管理、公众演说等多种专业进修课程。

第11件事

挖掘市场中的第一桶金

♟ 创业为什么要进行市场研究

在我国日益残酷的市场竞争下，企业经营者如何开拓新的市场，将会成为其成功路上的"拦路虎"。同时，一些企业经营者也常常会因难以适应市场变化而陷入泥潭不能自拔。于是人们把目光投向了市场研究，市场研究能不能为企业经营者解决问题？

首先我们来看，在市场中实现企业各种目标的关键是正确认识目标市场的需要和欲望，并且比竞争对手更有效、更有利地传送目标市场所期望满足的东西。而市场研究(又称市场调研)，正是企业了解目标市场需求和竞争对手行动的真正有效手段。国外企业，尤其是著名的大企业，对市场研究已经到了"着迷"的境地。

因此，市场研究也就是为了支持市场营销决策，对相关信息所进行的客观的系统化收集、核实、分析和传播活动。

创业离不开市场，市场对创业者也是一道必经的坎。把握好了，可以为创业者所用，把握不好，就会迫使创业者败下阵来。

1. 市场调查可以防止盲目投入

真可谓：市场有情也无情。创业离不开市场调查，通过市场调查，可以对自己的创业项目作出准确、科学的定位，而且还便于自己经营管理。有了市场调查，还可以防止盲目投入，避免不必要的风险。同样也可以对市场的发展作早期的预见，有利于成功创业，做到领先一步，获取前期利润。

2. 市场调查可以确定创业项目类型

尽管通过市场调查，可能会对自己的创业项目产生难以确定的情况，通过调查可能会发现这也不能做，那也有困难。但从长远发展来说，这种做法还是必需的，创业者必须对自己选定的创业项目有足够的了解。

♟ 创业者研究市场有哪些方法

不同的市场研究的最终目的不尽相同，所选择的调研方法也绝不能雷同。创业者应当依据市场研究的目的和特点，选择恰当的研究方法，才会有"事半功倍"的效应。

市场研究的类型，一般从广义上分为探索性调研和结论性调研，后者又分为描述性调研和因果性调研两种。

探索性调研注重发掘问题的性质以及与问题有关的参数。探索性调研具有高度灵活性，并倾向于依靠二手资料收集、方便性抽样、小规模调研或简单实验调研等技术。

描述性调研则要注重对问题模型中各参数的精确描述。消费者研究、市场潜力研究、态度研究、销售分析、媒体调研和定价研究等都是描述性调研，其信息来源五花八门，但主要靠二手资料和访问调研。

因果性调研是用以识别两个或多个变量之间的关系的调研方法，如广告效果调研。

信息收集方法总体上分为：

（1）二手资料法——内部二手资料、外部二手资料；

（2）访问法——电话访问、邮寄访问、人员访问、电脑访问；

（3）实践法——实验室实践、现场实践。

市场研究中常用的测量方法有：

（1）问卷法：直接问被访者信息；

（2）量值法：让被访者把对某个事物的态度和感觉量化地表示出来；

（3）观察法：观察行为的结果或生理变化；

（4）投射和深访：让被访者对某个对象自由表述自己的想法，投射出自己的情感。

以上任何一种方法都不必将其看作"独立事件"。在研究中，为了多方位、多角度地收集所需资料，不能只依据一种技术或方法，而应根据目的问题的不同，交叉使用，以达到最佳效果。同时，单独一种调研方法总有着不可避免的小遗憾，不能完全承担研究所需的全部信息。而且有时在研究过程中，会有另外一些有价值的信息和现象，需要使用其他方法进行补充调研。

创业时调查市场要调查什么

市场调查对象包括消费者情况、竞争者情况，以及行业周边环境的基本状况等一系列将与创业密切相关的情况。为准备创业所进行的市场调查，一般可分为两个阶段。

第一阶段主要是针对创业的可能性进行广泛的调查，最终为创业意向决定作参考之用，重点在于营业额及企业规模的确定，所以此阶段的内容应涵盖调查企业所在地区的市场特性，同时还要对该地区的大致情形有所了解。

第二阶段主要是根据第一阶段的结果，对消费者生活方式进行深入的研讨，作为具体的营业方针的参考。重点在于企业的商品构成、定价及促销策略的确定，所以此阶段应该提供深入分析消费生活方式及确定企业格调等方面的基础资料。

例如，开店之前，对于该地区内的各种条件，诸如商圈内的消费购买能力、竞争店的营业状况等，必须经由调查结果，进行研究分析，以作为开店时的营业额预测及决定创业规模的参考。进而利用这些调查结果进行规划，将企业整体的经营策略、经营收益计划、设备资金计划、经营管理的各方面作整体性比较分析与修正，从而使创业决策的失误率降到最低。

创业者需要注意的是，有两项内容不能忽视。首先，除对本地区内过去及现在的情况要了解之外，对今后的发展也必须考虑到。其次，在运用调查资料作比较分析时，以类似的企业或某一成熟的企业来作比较，可以使得企业的决策更为准确。

♟ 创业初期如何研究市场需求

对任何商家而言，细致认真的市场分析都是少不了的，因此，创业者创办企业的第一步就是搞好市场分析。

创业者要研究市场，首先要从研究市场需求开始，只有了解和弄清市场需求，才能作出适合本企业的经营和生产策略。

1. 掌握市场信息

要识别并了解自己和其他同行业者会遇到的共同情况，即有关销售项目的总体市场性质和特征，然后就要深入地对照总体市场情况，找出自身独有的特殊情况。利用好市场信息有助于自己合理开发和扩大做生意的门路及确定目标客户或调整经营项目。

作为创业企业的老板，究竟是要吸引那些有兴趣买廉价货的客户，还是吸引那些寻找高级商品享受的客户？这时你必须依据自身的资金实力而定。如果你的企业规模不大，资金实力并不雄厚，那就难以兼营两者，应从中择一为宜。确切地了解到类似这些特殊情况之后，也就可以根据这些目标客户的需要，合理组织销售活动。

2. 密切注意市场变化

政治、经济、文化的因素，往往可影响市场变化，由此而引发市场上对某种产品的需求。市场对某产品的需求有时候会一夜之间急剧增加，有时候会一下子急剧减少。例如，肯尼迪爱坐旋转椅，他当美国总统时，旋转椅市场一度被看好。到了里根入主白宫之后，因他爱吃豆胶软糖，顿时刺激市场上各种牌子的豆胶软糖的销售。类似这样的市场变化趋势，有时候真令经营者难以预测和捉摸，只能靠平日经常细心观察和分析。

事实表明，若能及时敏捷地最先感受和把握到这种趋势，并能立即采取应变措施，使客户的需要得到满足，企业也能获益良多，并在短期内收到立竿见影的效果。反之，如果市场上对某种产品需求的趋势已经出现衰退或正在迅速衰退，而自己对此毫无察觉，则难免首当其冲蒙受巨大损失。

创业者如何分析市场机会

创业者分析市场机会可从以下4个方面入手。

1. 潜在市场机会和表面市场机会

市场机会中那些明显没有被满足的市场需求称为表面市场机会；而那种隐藏在现有需求后面的未被满足的市场需求被称为潜在市场机会。

2. 行业市场机会与边缘市场机会

每个企业都有它特定的经营领域。对于出现在本企业经营领域内的市场机会，我们称之为行业市场机会；对于在不同企业经营领域之间的交叉与结合部分出现的市场机会称之为边缘市场机会。

一般来说，企业对行业市场机会比较重视，因为它能充分利用自身的优势和经验，且发现、寻找和识别的难度系数小。但是行业市场机会可能因为同行业间的激烈竞争而失去或降低成功的机会。由于各企业都比较重视行业的主要领域，所以在行业与行业之间有时会出现"夹缝"，从而形成真空地带，无人涉足。但它比较隐蔽，难于发现，需要有丰富的经验和大胆的开拓精神。

3. 目前市场机会与未来市场机会

那些在目前环境变化中出现的机会市场被称作目前市场机会；而那些在目前市场上并未表现出大量需求，仅仅表现为一部分人的消费意愿或极少需求，但通过市场研究和预测分析将在未来某一时期内实现的市场机会被称作未来市场机会。二者并没有明显区别，只是在于时间先后顺序和是否具备可能转变为现实的客观条件。

一般来说，刚成立的企业，从发现有利的市场机会到推出产品进入市场，总是需要一定时间的。如果有企业提前预测到这种机会将在某一时间出现，从而早做准备的话，就缩短了这一时间过程，可以在这种市场机会到来时将自己准备好的产品推入市场，获得领先优势。

4. 全面市场机会与局部市场机会

全面市场机会是在大范围市场（如国际市场、全国市场）出现的未满足的需求，而局部市场机会则是在一个局部的市场(如某个省或某个特定地区)出现的未满足的需求。

对于一个创业者来说，区分这两种市场机会非常必要。一个企业所处的外部环境，既受到作用于整个市场的一般因素的影响，又受到只作用于该特殊区域的相关因素的影响。因此，这种区分可以使自己少犯教条主义或主观主义的错误。

创业者为什么要进行市场细分

所谓市场细分，就是企业按照影响市场上购买者的欲望和需要、购买习惯和行为等诸因素，把整个市场细分为若干对不同的产品产生需求的市场部分或亚市场，其中任何一个市场部分或亚市场都是一个有相似的欲望和需要的购买者群，都可能被选为企业的目标市场。

市场细分有利于企业，特别是处于创业阶段的企业发现最好的市场机会，发展自己的产品，提高市场占有率。因为企业通过市场营销研究和市场细分，可以了解各个不同的购买者群的需要情况和目前的满足程度，从而发现哪些客户群的需要没有得到满足或没有充分满足。在满足水平较低的市场部分，就可能存在着最好的市场机会。

市场细分是企业发现良机，发展市场营销战略，提高市场占有率的有力手段。还应看到，市场细分对小企业特别重要。因为小企业一般资金少，资源薄弱，在整个市场或较大的亚市场上竞争不过大企业。小企业通过市场营销研究和市场细分，就可以发现某些未满足的需要，找到力所能及的良机，见缝插针，拾遗补缺，使自己在日益激烈的竞争中能够生存和发展。

市场细分还可以使企业使用最少的经营费用取得最大的经营效益。这是由前面的优点决定的。因为企业通过市场细分，选择目标市场，就可以有的放矢地采取适当的市场营销措施，比如以下3点。

（1）企业可以按照目标市场需要的变化，及时地、正确地调整产品结构，使其产品适销对路。

（2）企业可以相应地、正确地调整和安排分销渠道、广告宣传等，使产品能顺利地、迅速地送到目标市场。

（3）企业还可以集中使用人力、物力、财力，使有限的资源集中使用在"刀刃"上，从而以最少的经营费用取得最大的经营效益。

有专家称："市场细分就是在市场里找钱。"此言恰如其分。

创业者如何进行市场细分

创业之初，如何进行市场细分呢？

1. 依据需求选定产品市场范围

产品市场范围应以市场的需求而不是产品特性来定。比如一家房地产公司打算建一幢简朴的小公寓。从产品特性如房间大小、简朴程度等出发，可能认为这幢小公寓是以低收入家庭为对象的，但从市场需求的角度分析，便可看到许多并非低收入的家庭也是潜在客户。举例来说，有的人收入并不低，市区已有宽敞舒适的居室，但又希望在乡间再有一套房，作为周末生活的去处，所以，企业要把这幢普通的小公寓，看作整个住宅出售业的一部分，而不应孤立看成只是提供低收入家庭居住的房子。

2. 列举潜在客户的基本需求

选定产品的市场范围以后，大致估算一下潜在客户有哪些需求，这一步能掌握的情况有可能不那么全面，但能为以后的深入分析提供基本资料。

3. 分析潜在客户的不同需求

向不同的潜在客户调查了解，上述需求哪些对他们更为重要？比如，在校外租房住的大学生，可能认为最重要的是遮风避雨、停放车辆方便、经济、方便上课和学习等；新婚夫妇的希望是遮蔽风雨、停放车辆方便、不受外来干扰、满意的公寓管理等；较大的家庭则要求遮蔽风雨、停放车辆方便、经济、足够的儿童活动空间等。这一步至少应进行到有三个分市场出现。

4. 移去潜在客户的共同需求

企业需要移去各分市场或各客户群的共同需求。这些共同需求固然很重要，但不能作为市场细分的基础。比如说，遮蔽风雨、停放车辆方便和安全等几乎是每一个潜在客户都希望的。企业可以把它用作产品决策的重要依据，但在细分市场时则要移去。

5. 分市场暂时取名

企业对各分市场剩下的需求，要进行进一步分析，并结合各分市场的客户特点，暂时安排一个名称。

6. 进一步认识细分市场的特点

现在，还要对每一个分市场的客户及其行为，进行更深入地考察。看看各分市场的特点掌握了哪些，还要了解哪些。以便进一步明确，各分市场有没有必要再作细分，或重新合并。比如，经过这一步骤，可以看出，新婚家庭与有小孩的家庭的需求差异很大，应当作为两个分市场。公寓设计也许能同时迎合两类客户，但对他们的广告宣传和人员销售的方式都可能不同。企业要善于发现这些差异，要是他们原来被归属于同一个分市场，现在就要把他们区分开来。

7. 测量各分市场的大小

以上步骤基本决定了各分市场的类型。紧接着应测量各分市场潜在客户的数量，因为企业进行市场细分是为了寻找获利的机会，这又取决于各分市场的销售潜力。不做这一步是很危险的，有的分市场或许根本就不存在客户。

🏁 创业者如何选择目标市场

市场细分化之后，存在着众多子市场，如何在子市场中选出自己的目标市场，主要有以下3种策略。

1. 集中性策略

集中性策略是指以追求市场利润最大化为目标，创业不是面向整体市场，而是将主要力量放在一个子市场上，为该市场开发具有特色的项目活动，进行广告宣传。这种策略主要适合于小规模企业，成本小，能在短期内取得促销的效果。

2. 无差异策略

无差异策略是指创业不是针对某个市场，而是面向各个子市场的集合，以一种形式在市场中推展开来。这种策略应配以强有力的促销活动，进行大量统一的广告宣传，但是活动成本比较大，时间比较长，一般适合大型企业。

3. 差异性策略

差异性策略是指面对已细分化的市场创业，从中选择两个以上或多个子市场作为目标市场，分别向每个市场提供有针对性的活动。这种策略配置的促销活动应有分有合，不同项目对应不同的子市场。广告宣传应针对各自的特点而有所不同，以调动各个子市场消费者的消费欲望，从而实现实际消费行为。

选出目标市场以后，还要依据目标市场的市场潜力和竞争环境对其进行评估。

（1）市场规模。对创业者来说，市场规模指的是创业者从目标市场所获得的业务量。

（2）发展潜力。一个小规模的目标市场，如果有发展潜力，也是具有吸引力的，成长中的市场是极具魅力的。而那些在当时看来获利较多，好像极有诱惑力的市场很可能正在衰退中，因此看一个市场要看前景而非仅仅看现在。

（3）服务成本。不同市场中的购买期望值不同，为不同的目标市场服务，成本也就不同。市场的服务成本必须与该市场的购买水平相协调，使得创业者可以有一定的利润。

♟ 创业者如何把握市场

马自达，作为汽车王国日本的第五大汽车制造商，创建于1920年，至今仍在汽车发动机开发方面处于领先地位，尤其是它生产的高级赛车，拥有日本市场的半壁江山。有着这样坚实基础，名闻遐迩的大型企业，如今已归属于美国的福特汽车企业。马自达为海外竞争对手所兼并，这对一向以创造经济奇迹而闻名的日本人而言，实在是难以接受的事实。20世纪80年代末，日本的经济泡沫日趋严重，马自达却依旧孤芳自赏，只顾在技术上拼命地追赶本田与日产，执意开发、生产大量高级轿车，甚至为此投资1 200亿元建设了一座新厂。最后导致产品积压，新生产线开工率还不足45%。这是企业定位不准所造成的严重后果。

马自达原本以技术领先于世，在自己的技术领域中创造出了一流的品牌，但是它的决策者只以技术、以企业为中心，而忽略了企业产品的市场占有率和消费者市场对其产品的感知与认可，从而导致整个企业定位的错误，因而也逃脱不了被美国福特所兼并的必然后果。其市场占有率和企业原有的市场份额因为企业定位的错误而逐渐被挤占和瓜分，导致已经无法继续生存和发展。

相反，在我国被誉为"中国饲料王"的四川"希望集团"，其创始人刘氏四兄弟当年抛弃"铁饭碗"，变卖家当，几经挫折，从小本经营开始，并最终发现广阔的"饲料市场"。

而就在他们"发现"饲料具有广阔的市场前景的时候，事实上，作为农业产业的"世界第一市场"的中国农村，早已是"洋饲料"的天下。为了挤进本该属于中国人的市场，他们开始销售"希望牌"1号乳猪全价颗粒饲料时，硬是采用"买一送一"的策略，每购买一吨饲料，便无偿赠送他们自行研制的科技含量非常高，当然成本也很高的浓缩"希望精"。由于价钱公道，无利，甚至赔本的营销，终于夹缝之中打开了市场，扭亏为盈。历经十年艰难创业，刘氏兄弟从偏僻的西南内地起家，进而进军全国。从一个乡村的禽兽饲料场发展成为拥有三亿多资产的现代化集团企业，其成功之处就在于创业者准确的企业市场定位。

从上面，我们可以看出，其实任何一家企业，当它从开始创业将产品投放市场的那天开始，就已经对市场份额享有占有权，其关键的问题在于市场份额占有率的高低。所以从这一角度而言，创业者学会把握市场，并采取一系列措施以便牢牢地占领市场，然后开始逐步拓展市场无疑是企业定位的第一原则。

因此，创业者在制订市场定位战略时，应当对这一原则慎之又慎，同时又要敢想敢做。该出手时大胆出击，往往有出奇制胜之妙。

♟ 创业者如何发现市场

所谓发现市场，就是企业通过自己的探索和仔细调研之后对市场的未来消费群体进行准确分析，然后大胆开发适合于该群体的新产品并大胆采用各种营销手段将其推向市场。通过发现市场，企业就为自己的生存和发展开辟了更新的道路，有时甚至会使企业通过这种行为在很短的时间之内推出一个具有强大竞争力的品牌，一举走上名牌之路。

春兰集团，其前身是一家名不见经传的冷气设备厂，成立时，固定资产仅200多万元，年产值不足1 000万元。而8年后，春兰却已成为拥有金融、空调器、摩托车、贸易四大群多元化的跨国、跨行业的大型经济实体。2003年，整个春兰集团拥有资产总值达26亿元，其空调器的生产基地已成为世界最大生产基地之一，而其作为国内驰名品牌的"春兰空调"更是远销西欧国家、美国等20多个国家和地区。其成功的关键就在于企业对品牌市场定位的准确把握，特别是企业决策人对发现市场这一原则把握高人一筹。

当时的新任厂长上任之后，通过一系列的市场调查分析发现：不久以后国内的空调将是一个新的消费热点。于是企业上层迅速作出决策，大胆砍掉了一大批成本高，效率差的产品线，把所有重心都放在空调的生产上。通过这种对产品品牌的准确市场定位和一系列的产业结构调整之后，春兰集团形成了小而专的企业生产策略，拧成一个"拳头"的态势。同时，春兰又采取了"让开大道，占领两厢"的避实就虚的策略。在当时一些空调厂家还在开发3 000到7 000大卡产品的时候，春兰集团则集中精力发展了3 000大卡以下的复式空调和7 000大卡以上的柜式空调。此举使春兰集团一下子撕开市场突破口，大举占领了其通过市场调研所发现的市场。等到别的企业醒悟过来时，春兰集团已经牢牢控制了空调市场的份额，可以说，通过发现市场进行准确的市场定位，春兰的发展超越了自我。

创业者要想成功，需要从自身所拥有资本、技术、人才等方面的优势出发，努力发现市场。当然，在发现市场的过程中肯定会有很多的弯曲甚至挫折，所谓"柳暗花明又一村"，但只要企业决策者对自己的企业有准确的自我认识，发现自我潜力，那么发现市场并不是一件困难的事情。至于自我发现就是指企业对自己有非常客观的评价，一切都从企业的实际能力出发，对企业本身在市场竞争中现有的位置要有非常准确的评估与定位。当然，正如任何事物都不存在绝对一样，并不是每一个发现市场的企业都会成功，所以创业者在发现市场的同时，还必须对其有正确而慎重的运用，这才是发现市场的原则。

🏁 创业者如何创造市场

随着信息科技的发展，企业如果想处于一种生存与发展的优势，就必须面对未来。所谓面对未来，就是指创业者对自身有一种强烈的危机意识，关注企业明天的生存与发展，同时时刻关注明天的市场。其实质就在于要对企业的可持续发展不仅从思想上有一种深刻的认同感，而且要在行动中了解未来市场客户的需求，并且通过自己的努力把这一种需求变化为现实，或者创业者有一种超前的想像与预测力，能够用自己现有的技术或资本，人为创造某种人们目前并不了解的需求。

事实上，一种未知的需求一旦被创造出来，一个新的市场也就形成了。从而企业的可持续发展问题也将随着这个市场的形成与拓展而解决，这即所谓制造市场。

想要制造市场，创业者需要加强对企业自身各方面的建设与改革。一方面科技的进步无疑是一个很重要的因素，而使企业内部拥有一种充满活力和想象力的人文环境以及得到企业上下的支持也是很重要的。另一方面来自客观经济环境方面的条件限制也是一个不可忽视的因素，特别是一些产业结构的变动和科技周期的影响甚为重大。美国的希尔斯和赫德森这两家大百货企业，现在发展为一盛一衰，其变化正是因为受制于汽车产业的发展。希尔斯百货企业注意到因为汽车制造业的空前发展，一个城市所注册的汽车已经越来越多，而城市显然没有这么多停车的地方，未来人们将会流向郊区。于是其大胆决策，向近郊区进军，在那里建设一应俱全的百货和停车场。希尔斯百货通过这些手段制造了一个非常大的市场，人们的需求随之被引导。而赫德森则没有这么明智，随汽车业的发展，它被强迫去进入其对手所制造的市场，其结果是显然的。一盛一衰，不用多说。关键在于创业者能否对这种限制关系有足够认识，而顺应潮流。

当然，从创业者主观上的因素而言，创新对制造市场这一原则是一个非常重要的，因为制造市场是在把握市场和发现市场之后向更高阶段的发展，它不同于企业初始阶段的挤占市场。企业必须通过自己的胆识和智慧去拓展出一个崭新的市场，同时引导消费需求。可以这么说，制造市场就是企业对过去市场的一种否定，不因循守旧，并勇敢地把其推向消费者，通过一切手段对消费者加以善意的消费诱导。

创业者如何抓住市场机遇

创业者想成功，想致富，就必须要先从心理上摒弃那种"一夜暴富"的幼稚想法和观念。万事开头难，赚钱是你迫切想做的事，但却是一件急不得的事。制订切实可行的计划，合理投资，抓住机遇，看准时机，这些创业成功的关键步骤缺一不可。

台湾富商王永庆，从一个小米店的伙计，靠数十年努力，终于成为世界塑料业大王。他的成功之道在于他有着超乎常人的财智、财商。他的经营之道、用人之道以及企业开拓之道，都闪耀着与众不同的财富智慧之光。他能够找到自己的财富之源，并且牢牢抓住，所以成就了自己的一番事业。你也一样，创业时，如果能在别人没动静时，抢先挖出财源，并且紧紧抓住，肯定能财源滚滚。

1987年，43岁的退役解放军团级干部任正非，与几个志同道合的中年人，以凑来的2万元人民币创立了华为企业。当时，除了任正非，可能谁都没有想到，这家诞生在一间破旧厂房里的小企业，即将改写中国乃至世界通信制造业的历史。

创立初期，华为靠代理香港某企业的程控交换机获得了第一桶金。此时，国内在程控交换机技术上基本是空白。任正非敏感地意识到了这项技术的重要性，或许这就是他的财富之源。于是，他将华为的所有资金投入到研制自有技术中。此次孤注一掷没有让任正非失望——华为研制出了C&C08交换机，由于价格比国外同类产品低2/3，功能与之类似，C&C08交换机的市场前景十分可观。成立之初确立的这个自主研制技术的策略，让华为冒了极大的风险，但也最终奠定了华为适度领先的技术基础，成为华为日后傲视同业的一大资本。

但是，当时，国际电信巨头大部分已经进入中国，盘踞在各个省市多年，华为要与这些拥有雄厚财力、先进技术的百年老店直接交火，未免是以卵击石。最严峻的是，由于国内市场迅速进入恶性竞争阶段，国际电信巨头依仗雄厚财力，也开始大幅降价，妄图将华为等国内新兴电信制造企业扼杀在摇篮里。

任正非选择了一条后来被称之为"农村包围城市"的销售策略——华为先占领国际电信巨头没有深入的广大农村市场，步步为营，最后占领城市。

　　国际电信巨头的分支机构最多只设立到省会城市以及沿海的重点城市，对于广大农村市场无暇顾及，而这正是华为这样的本土企业的优势所在。另外，由于农村市场购买力有限，即使国外产品大幅降价，也与农村市场的要求有段距离，因此，国际电信巨头基本上放弃了农村市场。

　　事实证明，这个战略不仅使华为避免了被国际电信巨头扼杀的命运，更让华为获得了长足发展，培养了一支精良的营销队伍，成长起一个研发团队，积蓄了打城市战的资本。1999年，华为员工达到15 000人，销售额首次突破百亿，达120亿元。

　　华为的成功，在于任正非善于找到生财之源，并且能够抓住投资的良好时机，不以小利而不为，一步一个脚印，逐步发展壮大起来。同样是2万元，如果不用于投资创业，它可能永远是2万元，而在找到生财之源之后，它却铸就了今天拥有上百亿资产的华为。

　　我们这个时代，潜藏着种种生财和成就事业的机遇，追求时尚的消费心理和新生活方式对消费市场的需求，就是产生机遇的依据和动因。抓住了这些机遇，就有可能掘开一个个财源。关键在于，创业者要找出这些需求，挖掘出你的财源，并且紧紧抓住。在遇到困难的时候，想办法解决而不是退缩，这样你的创业就不愁不成功。

第12件事

创业起家靠质量说话

质量是企业生存的基石

质量是企业的生命。美国现代质量管理协会主席哈林顿这样说过：现在世界上进行着一场第三次世界大战，这不是一场使用枪炮的流血战争，而是一场商业战，这场战争的主要武器就是质量。谁的质量好，谁就能赢得这场战争。

很多企业成立后，在市场竞争中被迫倒闭停产，其中最为主要的因素就是产品质量差，不能满足用户需求，在激烈的市场竞争中惨遭淘汰。众多商家在推销其产品的时候，想尽了各种办法，用尽了各种手段，上门推销、召开订货会、借助明星代言，投入不菲的资金在媒体广告上大肆宣传，时间久了，经得起市场考验的，仍旧是用户的口碑——那就是产品的质量。

企业管理者是产品质量工作的第一负责人，管理者要引导全体员工，上下团结一心，共同进取，按部就班地完成好每一项工作，消除每一个环节的隐患。时刻切记产品质量就是企业的生命，在心中有数的情况下把产品生产上线，再利用科学技术进行有效的鉴定，做到在企业内部把好质量关。

在一些企业中，部分员工总误认为产品质量是质量保证部门的事情，是销售部门的事、是企业领导管理者的事，而正是这一错误观念在侵害着企业，在葬送企业的明天。企业内部导入市场化是提高和控制质量的手段之一。在企业内部供应链之间、部门协作之间、内部上下序之间实现完全市场化运作。一个员工就是一个市场，就是一个用户，上序质量有问题，下序可以拒绝接收。企业经营者应当引导每个员工树立质量意识，做到控制质量从我做起，不接收不良品，不发出不良品。树立市场意识，按市场规则办事，生产优质产品，才能使企业永远保持旺盛的生命力。

客户、竞争对手、成本和危机，是关系到企业生存发展的四个因素。企业经营者必须时刻准备克服各种困难。产品就是企业需要应战的头一张牌，如何出好第一张牌？除了全面的质量管理与持续的质量改进，别无他法。

如果说水是生命之源，那么质量又何尝不是企业的生命之源呢？企业以质量谋生存。任何企业，若想在星罗棋布的同行中立足，若不讲求质量，注重信誉，那么后果不堪设想。千里之堤，溃于蚁穴，试想，如果企业内部质量把关不严格，就会生产出不合格的产品，投入到市场中，损害了消费者的利益，那么，企业的形象将会一落千丈，产品滞销在所难免。

日月经天，江河行地，企业创立后，要想在竞争中生存，发展，必须使全体职工增强质量意识，振兴质量，人人有责。企业以质量求发展。机不可失，时不再来，企业要发展，就是要抓住机遇，而能够抓住机遇的那一支强有力的手——就是质量。

总之，质量是企业生存的奠基石，质量是企业发展的"金钥匙"，换句话说，质量就是企业的生命。创业者应严把产品质量关，把产品做成一流的产品，把产品做成一个在市场上响当当的品牌，唯有如此，才能在竞争中乘风破浪，立于不败之地。

♟ 靠质量生存，靠质量说话

创业第一年，企业要谋求发展，必须在产品质量上下功夫，不断用产品质量的提高来满足消费者的需求，赢得消费者的信赖，从而在市场上站稳脚跟，并获得长足的发展。

产品质量是企业的命根子。产品的质量直接影响着客户的满意度与忠诚度，而二者是决定公司利润和存亡的主要因素。对质量的保证就是对企业最好的回报。没有产品质量保证的企业必然死亡。华硕总经理徐世明认为，全世界没一个企业能靠质量差、价格便宜的产品长久地存活下来。通用电气总裁杰克·韦尔奇更是鲜明地指出"质量是维护客户满意和忠诚的最好保证，是公司对付竞争的有力武器。"

质量对企业的影响力是无法预计的。

（1）质量的保证向消费者传达了企业高度的责任心。好的质量不仅使消费者放心，而且赢得了客户的绝对忠诚，提升了市场占有率。

（2）产品美誉度与其质量成正比。质量每提高1%，美誉度就提升0.5%；而产品美誉度又和品牌形象有着密切联系，美誉度每提高0.5%，品牌形象就提高1%；品牌形象与销售量又有着直接关系，品牌形象每提高1%，销售量就提高0.5%。依次推演，当质量提高1%时，美誉度提高了0.5%，品牌形象提高了1%，销售量提高了0.5%。

创业第一年，创业者就要将产品质量作为重要事项来抓。在抓质量的环节上可以从以下3点入手。

1. 严格进行质量把关

戴森电器公司的负责人说："我们希望我们所生产的产品不同于现有的其他产品，一定要比别人做得更好。所以我们进行新产品开发时，要确保产品的高品质和可靠性，耐久、耐用。"但凡市场上深受广大消费者追捧及赞赏的产品，无一不是企业对产品质量严加把关和控制的结果。

2. 从失败中寻找完善产品的灵感

发现产品在使用过程中的缺点和不足，提高消费者使用产品的满意度。关注消费者对产品的使用体验，寻找产品的失误之处。

3. 鼓励消费者提意见，注重消费者的体验，重视他们的反馈意见

不是让市场牵着自己的产品走，而是自己要推出比别人好的产品。

没有最好，只有更好，追求完美永无止境。打造著名品牌，奉献完美产品，是公司生产永恒的追求。

以质量争市场，以质量赢客户

当今的市场，产品的差异性已经不大，企业应该使用何种手段来提高产品的销量，增加产品的利润？很多人首先想到的是价格战。先抢占市场，把竞争对手挡在外面，或是使之退出本行业。这自然是最快捷有效的方法，但是对于初创的小企业来说，却是很难办到的。那应该使用什么方法呢？答案就是以产品质量取胜，产品的质量才是留住客户的根本手段。所以，紧抓质量关，是小企业产品在市场上胜出的一个重要手段。

没有质量的保证，产品即使成功进入了市场，生命力也是短暂的，背后潜藏着无穷的危机。只有保证产品质量，才能够得到市场的认同，才能够拥有持续的市场需求。对于创业初的小型企业而言，提高生产和销售的规模就能够有效降低单位成本，并且在质量上得到一定程度的保证。有了质量，再有了成本的控制，就等于消灭了对手模仿的市场空间，为企业的发展争取到了独有的市场份额。

在来到广州打工4年后，22岁的陈招娣有了自己的梦工厂——招娣布艺制造公司。凭着青春的热情和对事业的热爱，她和她的姐妹们自己设计、加工，用一个月的时间精心做了一批造型各异、形态乖巧的布娃娃。这些布娃娃在市场上卖得出奇的好，装饰师高兴地投下了第二笔资金，并答应招娣占有企业50%的股份。就这样，招娣终于迈出了自己事业的第一步。

在商海中拼搏的人难免会沾染一些奸猾习性，但招娣却一直以诚信作为自己人生与经商的信条，也正因此，她的客户面越做越广。

一次，企业签了一个大订单。如期交货之后，对方的50万元货款打到了企业账上。高兴得招娣喊上所有部门主管，到餐厅庆贺。"终于把积压的那批棉芯清空了。"觥筹交错之间，酒性正酣的杨小英——一个和招娣出生入死的姐妹失口说道。经过招娣一番盘问，小英终于承认自己和几个姐妹将发霉的棉芯掺杂到布娃娃中的事情。"难道你就没有想过这样做有什么后果吗？"招娣放下筷子正视着小英，"那些买娃娃的人可能会因为细菌而感染，若出现问题，还会有人再来买我们的娃娃吗？"招娣第一次对姐妹发这么大的火。

第二天，招娣就给客户打去电话表示道歉，然后亲自过去解释，并将50万元支票放在客户的桌子上，诚挚地说，"虽然你们不能接受这事情，但我还是代表企业和员工向你们表示真诚道歉。如果你们还相信我们，我们立刻全部返工，保证一定做好。"

见对方经理半晌没说出话来，招娣就深深鞠了一躬，转身离去。她的每一步都十分沉重，企业好不容易有了一笔大订单，可以借机发展，却让自己这样丢掉，这样做究竟值不值得？这时，只听身后传来一串急促的脚步声，"陈总，请您等一下。"是那位经理的声音！她转过身，只见对方将那张支票高高举起，"我相信你。"就这样，陈招娣以自己的真诚重新赢得了这个客户，并且和他们企业建立了良好而长久的合作关系。

千万不要有侥幸心理，试图欺骗客户。即使只有一次，也可能使你信誉扫地。客户现在也许不会发现，这笔生意可以做成，但以后呢？不出问题则已，一旦出了问题，责任谁能承担得起？创业之初，企业在和客户来往时，一定要保证品质，让客户觉得你可以信赖，否则真的是前途堪忧，发展起来会困难重重。

创业第一年，虽然你的企业规模不大，但眼光要长远。企业如何从暂时的落后逐步走向成熟，产品质量是重要一环。作为创业者的你，经营思想是以品质为先吗？

♟ 创业起家靠品牌

创业起家，没有品牌是绝对不行的，企业占市场要靠品牌，品牌具有独特的市场优势，消费者购买此产品往往是慕名而买。品牌产品在市场上能起到良好的名牌"效应"，品牌产品的声誉是企业的无形资产，这种无形资产所创造的经济效益往往使有形资产相形见绌。因此，创业者应不断提高产品质量，创名牌，保名牌，使消费者产生对产品的信赖，这是创业第一年要考虑一件重要的事情。

品牌构成的三要素是技术、质量、服务。从创业之日起，企业就应创造自己的品牌，当实力壮大到一定程度时，采取产品品牌化的决策。

企业自创品牌有很多好处：可以使销售者比较容易处理订单并能够及时发现问题；品牌名称或商标受到法律保护，减少被竞争者仿制的风险；可以为企业吸引更多的忠实客户，便于客户辨认和选购商品，有助于客户建立品牌偏好；有助于本企业细分市场；卓越品牌还有助于建立良好的企业形象。

企业有了自创品牌后，对生产多种产品的企业来说，又面临着进一步的抉择：是所有的产品采用单一品牌策略，还是对不同产品分别制定不同的品牌策略呢？

使用单一品牌策略，有许多成功的范例。日本索尼集团总裁盛田昭夫深谙此道，他将所有新的电子产品皆冠之以"索尼牌"，产品一上市即得到消费者认可。因为"索尼"品牌已在消费者心中建立起质量可靠、功能先进的良好形象，形成了极强的品牌忠诚度，这使索尼在中期发展阶段迅速扩充实力，不断占领、开发市场，一举成为世界五大企业之一。日本本田汽车企业在产品成功之后，又利用"本田"的品牌推出了摩托车、割草机、铲雪车等多种产品，使企业规模得到迅速扩大。因而采用单一品牌策略的好处是显而易见的，它可以利用现有品牌的知名度、品牌形象与忠诚度，不需要为新产品建立品牌花费大量广告、宣传等促销费用，消费者很容易知道新产品，并且将其与原有品牌形象联系起来，从而为企业省下大量的营销费用，缩短上市时间。

但是，单一品牌策略，也有不足之处。

（1）要求企业的各种产品档次基本统一，有较为相近的品质。

（2）新产品可能会淡化原有品牌效益，消费者可能会怀疑该品牌品质下降或是否还能维持其特色水准，从而影响了购买行为。

（3）如果新产品与原有品牌产品之间过于相似，又会产生替代现象，实际销售量此消彼长，并无明显增加。

（4）如果新产品失败，可能会影响业已建立起来的良好的品牌形象，并连累到原有产品的营销。

企业对不同的产品还可以采用不同的品牌策略，不但可以克服单一品牌策略的不足，而且也可以达到以下3个目的。

（1）针对不同的购买动机，或者产品在式样、款式、口味上的差异确定，有利于在消费者心目中形成个性化的特色，从而激发更多消费者接受和购买。如花王企业的洗发香波有五种品牌，宝洁企业的洗衣粉有九个品牌，每个品牌都有自己的忠诚者与偏爱者，共同构成了对各自企业产品的巨大购买群。

（2）可以用新品牌作为防卫性品牌，来保护主要品牌不受到攻击。给新产品确定新品牌，一方面可以显示与原有产品的区别，另一方面一旦新产品失败，也可避免对原有品牌产生连累反应。这就克服了单一品牌策略的弱点。如韩国精工表企业的高档表"精工萨尔曼"在市场上地位十分稳固。为了对其进行保护，同时又要开发新市场，该企业将低档产品分别命名为"萨尔"和"曼拖拉"。高档与低档产品各自在不同市场上创业，互不干扰。

（3）当一个企业在竞争中取得胜利，并购了竞争对手的品牌后，为了保持该品牌的一批偏好者，往往需要继续保留这一品牌，而无须将本企业的品牌强加在自己的品牌之上，这样既得到了品牌又得到了品牌的固有效益，从而真正占领对手的市场。在两个或多个企业合并、合作的情况下，也可采取相似的策略，保持原有各品牌的特性以及它们所能影响的市场。

♟ 除了品质，还是品质

品质是产品的基础。在对一个产品的品质产生不信任时，无论你的品牌建设怎么搞，都仿佛在沙滩上建大厦，根基不牢。

有一流的品质，才会有广阔的市场。企业如何才能提高产品品质，是每个企业永恒的话题，也是每个管理者的责任和任务。

品质的认知度不仅仅是某个单一品牌的问题，消费者往往还会形成对某个国家整体品牌的"国别"品质认知度。例如，大家往往认为，日本的产品"精细实惠"，美国的产品"时尚高档"，德国的产品"稳重严谨"等。那么，在国外，中国品牌的整体认知是怎样的？事实上，中国产品几乎无品牌可言，仅仅是价廉而已。从其他国家不断对中国产品的反倾销调查中很容易理解这一点。因此，站在中国品牌整体提升的角度，中国企业也更应该加强品质的建设。这一点中国乳业之王伊利集团就做得很好。

哈佛商学院高级副院长麦伟略教授最喜爱伊利牛奶，通过长期以来对伊利案例的深入研究，麦伟略教授几乎已经变成了伊利的"粉丝"，伊利对于流程管理、质量控制、生产安全等环节的标准化、精确化管理，令他记忆犹新。而"平衡为主，责任为先"的伊利法则，则被他称为是具有东方文化精髓的新型企业管理理念。在被问到会如何向美国消费者介绍伊利时，他毫不犹豫地答道："我能说的，除了品质，品质，还是品质。"

拿出更好的产品来击败自己的原有产品，这就是所有企业共同的生存之道，注重产品质量的管理，提升企业产品品质，企业就会有更广阔的发展，才能傲立于市场的前沿。

♟ 创业初期怎样推行"零缺陷"管理

市场竞争实质上就是质量竞争。"市场"实际上也是企业自己设计规划出来的。市场经济是买方市场，消费者能自由选择卖主。谁的产品性价比最优，谁的产品就能抓住客户，谁就赢得了市场。不合格的产品投放到市场中，损害了消费者的利益，消费者就会不买账，使企业的形象一落千丈，产品滞销、市场萎缩在所难免。失去客户，失去市场，企业也就失去了生存的基石。

如果给质量下个定义，可能10个人会有12个答案。长期以来，人们都认为质量就意味着好，是奢侈的东西、闪光的东西或者身份的象征。因此，它是无形的、难以衡量的，只能仁者见仁、智者见智。人们也因此认为的确存在一种"经济"质量，即一分钱一分货。而且还认为，所有的质量问题都是由一线的职工造成的，质量部门必须要为质量问题负责。但是，"零缺陷"的创始人克劳士比曾给质量简明有效地定义为：符合要求。

所谓"零缺陷"就是要把在质量管理工作中可能出现的质量缺陷或错误降低到零。这种管理方法最早是由美国人克劳士比在1961年提出的。20世纪60年代初，克劳士比率先在马丁·马丽埃塔企业实行"零缺陷质量管理"，1年后，这家企业的不良产品减少了54%，第2年再减少25%，共节约165万美元。1963年，美国通用电器在各生产部门也推行了"零缺陷质量管理"。1964年，美国国防部把"零缺陷质量管理"计划正式列入防御制度，并建议全国军需企业都采用这种管理方法。很快地，这种管理方法便在美国企业中风行。从1965年开始，日本管理协会与"日本电器"合作，全面推行"零缺陷质量管理"，并在日本得到了广泛运用。

工作标准是零缺陷，"差不多"的质量态度在克劳士比方法中是不可容忍的。错误的代价实在太高，让我们无法忽视。经营者必须通过对所有员工的培训、提供时间和工具等方面的资源，帮助他们达到符合要求的目标。工作标准必须是零缺陷，而零缺陷的工作标准，则意味着每一次和任何时候都要满足工作过程的全部要求。

市场不相信眼泪，根据"零缺陷"管理的理论，企业要推行"零缺陷"管理，必须首先建立约束机制，也就是建立质量问题追究机制。

首先，问责制的建立，应该从完善激励机制入手。为什么这么说？多劳多得，才能有错必罚。约束与激励是一驾马车的两个轮子。

其次，问责制不是孤立的，更不是万能的。如果把问责制仅仅理解成为一罚了之，那我们的质量管理也太简单了。无论干什么，目的与手段都不能混淆。

"零缺陷"是目标，问责制是手段。不能为问责而问责。

再次，问责制推行的原则，应该是坚持"由浅入深、由点到面，逐渐完善、逐步推开"的原则。其实，谁都想要安于现状，不想改变周围的一切。但是企业面对激烈的市场竞争，面对客户和社会要求的不断提高，实际上作为企业来讲已经别无选择了，你必须比别人更好，否则你就没有市场，你也就无法生存，道理就这么简单。

最后，顶住压力、贵在坚持。科学的管理理论与方法的实效性，不在于它的技术有多少含金量，而在于执行的长久坚持。

企业中的质量概念包括工作质量、服务质量、产品质量。质量决定一个企业的品牌与信誉，决定一个企业的生存与发展。创业之初，坚持以"零缺陷"管理为指导思想，以质量问责制为约束手段，才能提高产品的质量，促进企业的和谐发展。

产品与众不同才能胜出

创业初期，让你的产品与众不同是成功的重要原则，否则在这个商品同质化日益严重的时代，你根本不可能脱颖而出。具体来说，就是在每一点细微之处留心，体现出你的独特。

著名的瑞士手表Swatch的目标就是在手表的每一个细微处展现自己的独特、精致、时尚、艺术、人性。此外，随着季节变化，Swatch不断地变化着主题。针盘、时针、分针、表带、扣环……无一不是Swatch的创意源泉。它力图在手表这样一个狭小的空间里，让企业的每一个意念都得到最完美的阐释。每一款手表的图像、色彩，以及每一个细微处，都暗含年轻与个性的密码，或许这就是它备受年轻人青睐的原因之一。

圆珠笔在许多人看来不过是记录文字的工具。但保罗·费舍尔却不这样认为。在他心中，圆珠笔可以成为艺术品。他研制的一款"400镀铬子弹笔"被"纽约现代艺术博物馆"作为工艺设计典范而长期陈列。其旗下的"飞梭太空笔"拥有特殊油墨、密封式气压笔芯以及经过20余道工序方才制作完成的超硬的碳化钨笔珠和精密的笔尖，这让圆珠笔不论在失重状态下、在200摄氏度酷热中、在零下60摄氏度严寒中都能正常使用，在水中、在石头上、在油污表面、在X光片上都能流畅书写。如今，这个曾打开过登月舱火箭式发动机的手动开关已成为许多消费者的珍爱之物。

这些我们每天都会用到的产品，为什么可以如此不同？是生产一种仅供消费者使用的工具，还是创造精益求精的艺术品，这取决于生产者的态度。同样地，你的产品是湮没于同类产品之中，还是鹤立鸡群地吸引众人眼球，这取决于你的努力程度。

我们会经常听到企业老板或者经销商抱怨，说我们这行太难干啦，利润低得只能维持现状，还不如转行干别的。其实，现在各行各业普遍进入微利时代，以前的暴利时代不复存在。但这并不意味着你就没有利润可以争取，市面上也有生意特别红火的企业和产品，有的品牌一个地区销售额就达到几个亿，它们要么是强势品牌，要么个性突出。而你自己的产品由于没有个性，只能靠价格跟人竞争，别人降价你也降，别人送赠品你也送，利润当然低。其实，只要花点心思，让商品价值层和外层不断丰富，让你的产品变得与众不同，你的产品完全可以增强竞争力，为你赚钱的。

要让你的产品与众不同，可以从4个方面做起：

（1）产品角度，具体为包装、品质属性、品牌等，体现出差异性；

（2）消费者角度，包括年龄段、爱好、职业等，使你的产品适合某一类人群；

（3）情景角度，何种场合消费你的产品，是早餐还是结婚、过年过节、聚会等；

（4）销售流程角度，在价格方面，如统一定价、绝不还价；在促销方面，采用大量人员推销，不做广告或专做户外广告等。

总之，只要你肯动脑筋，总能找到自己商品与众不同的地方，从而让你的产品与竞争对手的产品与有所区别，以避免陷入恶性的价格竞争。

♟ 做同等同价位中最好的产品

创业意味着参与市场竞争。对于初创的企业来说，他的产品市场是一片空白。如何在激烈的竞争中占领市场，为企业争得生存和发展的空间，是创业者在创业之初面临的重要难题。

一般而言，如果创业者生产的产品是市场上尚未出现的，那么凭借其独一无二的优势，经过一番努力，是比较容易打开市场局面的。但是能填补市场空白的产品毕竟是不多的，对于绝大多数创业者来说，他们所生产和经营的产品都是市场上已经有的产品，有的产品甚至同质化问题非常严重。在这样的情况下，创业者如何去赢得市场，打开创业的局面呢？

一些成功的创业者指出，在产品同质化现象日趋严重的今天，创业者要想在市场上分到一杯羹，必须保证自己所经营的产品品质是市场上同等级同价位的同类产品中最好的。只要能做到这一点，再辅之以合适的营销手段，做好售后服务，创业者就能打开创业局面。

创业第一年，自己没有市场，要去争夺市场份额，不一定要去做"冷门"的产品，但一定要做同等级同价位当中质量最好的产品，一定要做符合客户消费需求的产品，因为这样的产品最容易被客户接受，最容易帮创业者打开市场局面，从而使企业运营进入正常轨道，实现盈利，使创业逐步走向成功。

创业初期如何对产品定价

盈利是创业的目的，占领市场是创业者的紧迫任务。创业第一年，如何使企业将盈利和占领市场有效结合起来呢？要解决好这个问题，创业者必须做好产品的定价工作，对产品合理定价。

产品的定价与产品的销量关系极大，新上市的产品，尤其是没有品牌的产品，定价是否合理往往决定着该产品能否迅速地打开市场局面。

如何给产品定价是一门学问。价位太高，客户可能不想买；价位太低，不仅使企业难以获取利润，而且客户也不一定能接受。因为价格太低可能会使那些消费层次较高的客户误认为产品的质量太差，是没有品位的产品，甚至认为这是假冒伪劣产品。因此，创业者在创业之初，给产品定价时，除了考虑产品的成本因素外，还要考虑到自己所面对消费者的消费层次，定出消费者能够承受的价格，不能一味求高或求低。否则，产品上市后会遇到很多阻力。

一个产品能否销售成功，决定要素有产品质量、价格、渠道、促销等几个因素。创业者在销售产品时，绝不能仅仅依靠价格因素去获得市场。虽然企业生存的目的是盈利，但实现盈利的方法多种多样，比如企业效率比对手高，成本控制比对手好，产品销售结构的组合比较好等，都可以实现盈利。

创业第一年，创业者对新产品定价可采用以下3种策略。

1. 撇脂定价

所谓撇脂定价，是将新产品价格定得较高，尽可能在产品寿命周期之初赚回最大利润，这正如在乳酪中撇取浮在最上层含脂肪最高的乳脂一样。这样做，较好地满足了一些消费者存有的"新品就是好货，优质，优价理所当然"的购买心理。所以，用稍高的价格来刺激客户往往是成功的。美国雷诺企业的仿制阿根廷圆珠笔面市时用的就是撇脂价格，每支笔成本0.5美元，售价却高达10美元，高出成本20倍，再经过零售商倒手，变成了20美元。雷诺企业及其零售商捞了不少好处，相反，如果新产品的定价向同类老产品的价格看齐，甚至偏低，那就会给人以"不新，不好"的错觉，从而降低了新产品的身价，无法引起客户的反应。

2. 低价渗透策略

低价渗透策略，也就是把商品价格定在相对较低的水平，以便新产品迅速进入市场，取得在市场上的主动权，以获取利润最大化。

3. 中间路线策略

中间路线策略又称为满意价格策略，是指企业将产品价格定在高价和低价之间，兼顾生产者和消费者利益，使两者都能满意的价格策略。实行这一策略的宗旨是在长期稳定的增长中，获取平均利润。因此这一策略为广大企业所采取。

第**13**件事

架构一对一的营销渠道

♟ 设计可控的渠道结构

渠道是企业产品的输送线，是企业的生命线，影响着企业的资金运转和经济效益，也决定着企业的生死存亡。因此，创业第一年，企业就要努力建立起自己的营销渠道。

创业第一年，企业由于在资金、管理能力方面比较弱，企业知名度和经济实力以及市场分析能力都比较弱，可以从以下2个方面建立初期的渠道模式。

1. 省级总经销模式

当产品销售力不够，销售区域过于狭小时，经销商会不满足，从而引起区域窜货的发生。所以，每省一个经销商，然后由省级经销商自主向下游招商，组建本省区域的销售网络，可以协助经销商开拓区域市场。

2. 跨区域销售应酌情考虑

假如欲跨入的区域没有合适的经销商，而经销商又有现成的网点，不如等条件成熟后再重新划分区域。

渠道建立后，还需要管理才能保证渠道的畅通运营。但怎么管理？管理什么？

（1）渠道管理的内容。包括经销商的库存情况、资金信用情况、每个产品的销售情况、经销商经营的商品情况、区域市场整体销售统计、协助经销商或者终端进行促销、公司宣传品的摆放以及经销商对公司产品的具体反映等。

（2）对经销商的管理。重要的是让经销商时刻与公司的市场战略保持一致，同时融合公司的文化，这就需要管理人员除了日常的市场管理以外，要适时地对经销商加以管理，使经销商对公司有所依赖，并产生好感。

（3）对经销机构的员工进行产品和市场营销专业知识和技能的培训。企业在建立渠道初期，不必过分拘泥于规范的销售政策，但需要事先为今后的发展做好系统的规划。资金回笼、管理能力增强后，逐步削短渠道层级，进一步拓宽，并将渠道的管理重心下移。

找对渠道，没有卖不出去的东西

渠道就是产品的通路，这个通路就意味着销售的成倍扩张。找对了渠道就好比是上对了船，上了正确的船，就能准确无误地到达目的地。比如超市、经销商、外销等都是很好的渠道。创业，寻找合适的销售渠道是当务之急。找对渠道突破它，一旦突破，后面的事情就变得很简单。

可口可乐的总裁认为连街头卖茶叶蛋的摊点，都可能是未来可口可乐的销售点。可见，只要拓宽销售通路，就没有卖不出去的东西。

（1）加大跟客户的接触点，尽量让更多的人知道企业的产品。接触点越多，卖出去的东西越多。这个接触点可能是广告的接触点，也可能是渠道终端的接触点。

（2）行业博览会、地区博览会、国际博览会，都是很好的通路。积极参展、重视展览会，因为它们是重要的宣传和交易的渠道。

（3）行业协会、集成商或网站也可以成为企业散播产品信息和销售产品的渠道。

（4）专业店占的比重会越来越大。将来市场上任何一个行业都会有自己的专业店。

创业第一年，企业一定要花费精力和时间寻找到合适的销售渠道，寻找和创建营销渠道，并层层铺张开来，就会迅速放大，就能让众多的客户找到你。

针对客户需求设计营销渠道

创业之初，企业一定要针对客户需求设计营销渠道，离开客户需求设计的渠道只会失去市场。这就要求渠道管理者密切注意市场动向，主要可以从以下5个方面收集市场信息。

1. 售后拜访，倾听客户意见

这是保持以市场为主导的方式，在客户购买你的产品后，找出你的营销过程和产品交付有什么不一致的地方。找出售前与售后客户感受到的差别，这有助于你优化自己的营销策略。

2. 询问关键客户群的意向

直接询问客户，他们最大的困难是什么，他们对产品未来怎么看。尤其要仔细倾听最忠诚的客户和最不忠诚的客户在观点上有什么区别。虽然他们都在购买你的产品，但他们的动机、态度可能大相径庭。

3. 经常询问客户有什么新情况

养成一种习惯，经常问你的客户和同事"有什么新情况"，你就可能比竞争对手掌握更多的情况。

4. 更多地了解和讨论你的竞争对手

提出明确的问题，将你的产品与竞争对手的产品进行对比。客户在购买你的产品时毫无疑问地也会这么做。很多情况下，你心目中的市场竞争对手不同于客户所想的竞争者。

5. 更多地学习以了解你的客户和所在行业

现在电子信息系统非常发达，有耐心的学习者便能够有机会了解大量信息。你学习了解得越多，你发现机遇的可能性就越大。

另外，销售渠道开发之后并不是一成不变的，需要针对消费需求的变化进行调整。

♟ 营销要以客户为核心

客户是企业的"衣食父母"，是企业极力争取的对象。但在产品生命周期的不同阶段，客户群体的构成会不断地发生变化，即使是同一客户层在不同时期的消费心理、购买习惯也会有所不同。况且客户有"喜新厌旧"的心理，因而买方营销学就是要求企业的行动随时跟随客户变动的脚步，力争在时空上与目标客户群合拍共鸣。

"满足客户需求"和"客户最优先"是企业的口号。但是，仔细观察不难发现，企业关心的仅仅是自己的直接客户，为了满足直接客户的需求不遗余力，但却很少注意到"客户的客户"，即最终客户的需求。

市场风云变幻，很多企业曾不约而同地提出过这样一个口号："发现大户，培养大户，支持大户"，而现在当你与众多企业的营销管理人员交谈时会发现一个让人惊讶的结论："最危险的客户是大客户"。

虽然，不能一概认定所有大客户都是最危险的客户，但总的来说，这一结论有其可信度。特别是中国经济已由短缺经济时期进入了过剩经济时期，习惯了短缺经济下"养尊处优"的大客户们是否准备好了与企业"共患难"，是否在新的市场环境下还有竞争力，是否具备服务功能和对下线客户的管理功能。答案往往是否定的。而且当财富积累到一定程度，往往容易使人失去创业最初的激情与动力。

同时更重要的是，企业在传统营销理念的影响下，越来越依赖于大客户这一稳定的效益来源，而大客户们往往反过来利用这一点牵着企业的鼻子走，企业的意图难以通过大客户贯彻落实。

创业第一年，企业营销要以客户为中心，但不能只盯着大客户，要多发掘中小客户，并努力把他们培养成企业的忠实客户，不久的将来，你将发现自己拥有一块可观的市场份额。

如何在经营中利用广告宣传

处于创业阶段的企业，受自身客观条件限制，广告宣传具有区域性，范围小，资金投入相对较少，更注重短期行为和效应。在广告媒体上较少选择电视、大型路牌、电子屏幕墙、气模等制作和发布费用较高的媒体，常选择报纸、印刷、本身广告、广播等作为企业宣传载体。广告连续刊登时间不长，跳跃性大，注目率不变，影响不够深远，易被人遗忘，淹没在铺天盖地的广告浪涛中。因此，如何做好广告，在有限的资金投入里产生最大的广告效益，对创业者来说显得尤为重要。

1. 制定广告整体计划

有些创业者认为，广告整体计划是大企业的课题，中小型企业根本用不着计划。他们往往只有在销售不好时，才安排广告，急急忙忙联系媒体，连夜赶制广告，马上刊载出来，至于目标大众的心理接受状况如何，消费者的购买习惯和动机如何，上次的广告与这次是否连贯，下次广告又如何创意，他们都很少考虑。如此这般，单纯为广告而做广告，使许多企业陷入受市场牵制的被动局面。常常是广告也做了，货也铺了，产品销售却不见好，最后没有办法了，只好贱卖产品，采取降价大行动。很难想象一个没有整体广告计划的企业能找到一个贯穿整个广告运作的总的思路，更不用说在消费者心中建立一个完整良好的企业形象和品牌形象，把产品知识很好地与竞争对手区别开来了。

广告效应是点点滴滴长期积累。计划越周密，研究越透彻，依据越充分，逻辑性越强，广告整体效果就越好，在消费者心中的影响就越深远。广告计划一般以年度为限，计划制定后不要轻易修改。只有在广告定位出现失误、目标对象出现偏差，广告实施一段时期后，无法达到预期效果时，才修改、中止计划。

2. 广告诉求要有特色

由于产品同质化程度越来越高，有特色的广告诉求更加难找。许多大企业为此伤透了脑筋。广告人应当对产品有充分的认识，对目标受众的心理特征有深刻的把握，对竞争对手的广告诉求有仔细的了解，然后挖掘思维，把天才般的创意发挥得淋漓尽致，这样塑造出的广告才能具有鲜明的特色和旺盛的生命力。

3. 充分利用新闻

中小企业本土气息浓厚，更注重区域性消费的巩固，受到当地政府的重视、支持和扶持。中小企业应当充分利用新闻媒介宣传企业，扩大影响，不断创造有价值的正面新闻事件，与媒体保持良性接触，强化企业在公众心中的地位，使公众对企业有更全面的了解，形成良好口碑。

4. 杜绝广告投机心理

企业经营者们都希望能有一个绝佳的点子给自己的企业指引一条光明大道，从而节省一大笔广告费用，他们的口头禅是"花小钱，办大事"。"点子"并不好出，有些企业经营者只好耐心等待，广告宣传心不在焉，其结果可想而知。事实上，广告是真枪实弹的功夫，是一门科学。你所有的付出都随着时间的沉淀而积累，体现于品牌之上。

5. 固定的广告代理商

　　大型的跨国集团企业都有自己固定的广告代理商，几十年不变。往往是伴随着这家企业成长为跨国集团，产品成为知名品牌，广告企业也声名鹊起。中小企业的做法就五花八门了，今天让这家广告公司做几期平面广告，明天又把广告交给媒体去做，后天又自己动手做。不同的广告代理商在对产品的认识、目标消费群体的认识和广告创意的把握上不可能一致，导致电视广告的主画面和报纸广告的不相同，这期报纸广告和另一期报纸广告的广告语又风马牛不相及，各式各样的招贴都有。风格不一致，形象不统一，理念又大相径庭，就无法达到一元化宣传的效果，易使消费者形成不是同一产品的错觉。在信息过剩的今天，你的各种宣传不高度统一，消费者又怎能记住你，并购买你的产品？

🏛 服务也是一种营销

　　营销就是要与客户打交道，企业要赢得客户的依赖，就要为客户提供最好的产品，为客户提供最好的服务。服务也是一种营销，创业第一年，企业应当将服务营销作为企业中重要的经营举措。

　　企业是商品的输出地，在一定的意义上说，现代企业起到传统生产企业无法完成的服务角色。在信息时代，企业的利润主要来源不再是信息差，而是所提供的服务，消费者通过商家所提供的服务使所购买的产品增值。

　　美国南佛罗里达大学营销学助理教授詹姆斯·柯蓝分析道，诸如风味药品或礼品卡之类的促销活动也许会改变消费者的购物习惯。目前的药品零售行业面临着各种挑战。要让消费者分清药店的服务或产品，需要下很大的功夫。其中，促销功不可没，它能让客户改变消费习惯，特别是让消费者能再来。而促销带来的客流量也是药店所追求的。不过，促销也不可能一劳永逸，药店的销售业绩与行业趋势的关系十分密切。通过促销让消费者走进来后，药店还要用服务留住顾客，让他们养成在你这里购买药品的习惯。

　　在南卡罗来纳州的Palmetto市，口碑不错的Faith药店就是通过免费送货服务来吸引客户的，该项服务深受老年客户青睐。店长莉莲·奥克帕雷克坦承："人们很在乎免费送货这项便民措施，药店也是因此而备受关注的。"

Faith药店的街对面有一家沃尔玛药品超市，而药店的客户群却未受影响。事实上，沃尔玛的存在反而给药店带来了更多的客户。因为在沃尔玛购买处方药，客户往往得等上1小时，而在Faith药店只需5~10分钟就能搞定。

"就算药店推出了香蕉味的处方药，也不代表消费者会上门买药。"沃尔格林药剂师珍妮·帕伦特强调，"还有很多人不知道药店能提供此项服务，因此药店需要更大力地宣扬。"或许，这就是以服务促进销售的真谛所在。

服务是企业在市场竞争中获胜的重要手段，是区别于其他企业的重要标志。置身不同的商场中，能感受到明显不同的购物气氛，这种气氛是企业文化上的差异，也是企业服务思想上的差异。服务营销是企业营销思路的重要方面。优秀的企业应具有特色的服务方式和服务理念：沃尔玛以"乡土"理念以及超越客户期望的服务态度获得经营的成功；伊藤洋华堂以日式严谨的热情获得客户的满意；相对而言，中国的企业在服务理念方面缺少独有的特色，存在被动提供服务的现象。优秀的企业在服务理念方面需要同当地的文化和人文结合，形成具有"乡土"特色和企业文化特色的服务营销。

下面这个故事，就很好地阐明了服务营销的精髓所在。

在奥地利首都维也纳，有专门为50岁以上中老年人服务的购物场所，其标志为"50+"超市。

"50+"超市创意很简单，但又很独到。超市货架之间的距离比普通超市大得多，中老年人可以慢慢地在货架间选货而不会显得拥挤或憋气；货架间设有靠背座椅；购物推车装有刹车装置，后半截还设置了一个座位，中老年人如果累了还可以随时坐在上面歇息；货物名称和价格标签比别的超市也要大，而且更加醒目；货架上还放着放大镜，以方便中老年人看清物品上的产地、标准和有效期等。如果忘了戴老花镜，客户可以到入口处的服务台去临时借一副老花镜戴上。最重要的是，超市只雇佣50岁以上的员工。对此，这家"50+"超市经理布丽吉特·伊布尔说："这受到客户的欢迎，增加了他们的信任感。"从中获益的不仅仅是客户，雇佣的12名员工又可以重新获得工作，他们十分珍惜这份工作，积极性特别高。

"50+"超市由于替中老年客户想得特别周到，深受中老年客户欢迎。同时被其他年龄层（带孩子的年轻母亲）所接受。"50+"超市商品的价格与其他没有特殊服务的超市一样，营业额却比同等规模的普通超市多了20%。

服务营销，不但能为消费者提供良好的销售服务，实现售前、售中、售后的服务链接，而且还能够起到树立品牌、实现与消费者面对面的沟通、直接和高效地宣传企业形象的作用。创业第一年，一定要树立服务营销的意识，把服务营销做好做到位，以赢得更多的消费者，获得持久的市场竞争优势。

创业者要及时升级服务理念

创业之初，全面周到的服务是赢得客户信任与支持的重要途径，只有保持竞争优势，取得最佳经济效益，企业才能赢得客户的信任与支持，才能在市场上站稳脚跟，才能获得长久的发展与盈利。

服务竞争所带来的并不是手到擒来的商业机会，而是一种全新的理念，要想在服务竞争中占据优势地位，首先得改变企业传统的服务理念。

所谓服务理念，是指人们从事服务活动的主导思想意识，反映人们对服务活动的理性认识。服务理念是在一定经济、文化环境的影响下，在人们长期营销服务的实践中逐渐形成的。

近几年来，随着科学技术的迅速发展，消费需求变化速度加快，产销矛盾和市场竞争加剧，客户地位不断提高，以客户为中心的市场营销观念开始形成。一方面企业源于经济动机，开始把有关的生产、销售、广告、服务等都集中到"满足客户需要"这一目标上来，整体推进企业的生产和营销活动；另一方面，很多企业开始认识到，服务是奉献与获取经济利益的统一这一新的服务理念。

把客户视为企业的主宰，既是由企业的经济属性，即企业谋求更高盈利的原始经营动机决定的，也是由企业的社会性质决定的，是奉献与获取经济利益相统一的服务理念的具体体现。

企业应尊重客户的权利，尊重客户在接受服务时的安全权、知情权、选择权、公平权、被赔偿权、受尊重权、监督权，等等。认真履行应尽的义务，并且根据客户的需要决定企业的经营方向，根据客户的需要选择企业的经营战略，确立"客户满意"的服务标准。增设服务项目，改善服务环境，建立全面服务质量管理保证体系，使企业各部门都围绕着"客户满意"这个目标开展工作，最终促使企业服务质量得以全面提高。

理念支配人的行为，服务理念决定着企业的服务面貌。市场经济的发展带来企业服务竞争的升级，迫切要求企业迅速更新理念。在现代服务理念的支配下，创业者应把服务问题提到战略高度上来，在服务上不断追求高目标，提升服务品位，创造服务特色。

总之，强化现代服务理念，及时升级企业服务理念，是初创企业赢得市场竞争的重要途径。

♟ 你的服务代表企业的形象

服务质量的高低，与产品竞争力的大小和吸引客户力的大小是密切相关的。在同类产品的市场销售过程中，假如你的产品与竞争对手的产品在质量、价格、性能等方面处于并驾齐驱的状态，而你为客户提供的销售服务在服务态度上不如竞争对手好，在服务方式上不如竞争对手先进，在服务内容上不如竞争对手丰富，在服务范围上不如竞争对手大，那么，你的客户极有可能会被竞争对手吸引过去，使你在市场竞争中陷入被动境地。

因此，创业第一年，必须高度重视销售服务质量，不断改进服务态度和服务方式，扩展服务内容和服务范围，努力为客户提供高质量的服务，以最大限度地争取客户，使自己在这个行业的市场竞争中占据优势地位。

看一下当今那些真正成功的企业，你会发现它们都有一个共同的特点：在各自的行业为客户提供最优质的服务。像国际商用机器、联邦快递服务等这样的国际知名大企业无一例外。你和别的企业销售的产品是一样的，你能胜出别人的原因只能在于服务，有效的服务、优质的服务、独一无二的服务。

一样是做牙医，有人就能把服务做到五星级。有一家牙医诊所，标榜"看牙可以很快乐"，诊所的院长感性地说："看牙医一定是痛苦的吗？我与我的创业伙伴想开一个让每一个人快乐、让人满足的牙医诊所。"这样的服务态度，加上细心地考虑患者真正需求，让这个诊所和一般牙医诊所很不一样。

一进门，迎面而来的是30平方米左右的宽敞舒适的等待区。看牙前，可以坐在沙发上，在轻柔的音乐声中，先啜饮一杯香浓的咖啡。真正进入看牙过程，还可以感受到诊所贴心的硬件设施：每个会诊间宽敞明亮，一律设有空气净化机。漱口水是经过逆渗透处理的纯水。只要是第一次挂号看牙，医生一定会替患者拍下口腔牙齿的全景X光片，最后还免费洗牙并加上氟。一家人来看诊，甚至有一间供全家一起看牙的特别诊室。

服务方面，患者一漱口，女助理立即体贴地主动为患者拭干嘴角。拔牙或开刀后，当天晚上，医生或女助理一定会打电话到病患家里关心病人的状况。一位残障人士到诊所拔牙，晚上回家正在洗澡，听到电话铃响，艰难地爬到客厅接电话，听到是牙医诊所关心的电话后，他感动得热泪盈眶："这辈子我都被人忽视，从来没有人这样关心过我。"

从一开始就想提供令就诊者感动的服务，使得这家诊所赢得了市场，也增强了竞争力。虽然诊所位于商业大楼的6楼，但诊所一开业就吸引了媒体的竞相报道，还有客人大老远赶过来看诊。在竞争激烈的市场中，这家诊所用无可挑剔的服务，创造出了牙医的附加价值，也为自己的事业带来了欣欣向荣的局面。

服务是产品销售活动中不可缺少的组成部分，也是赢得客户信赖、赢得市场竞争的一种重要手段。在市场竞争日趋激烈、客户可选择性愈来愈大的情况下，销售服务质量的高低，对于产品的销售业绩有着决定性的影响。客户不仅期望买到优质的产品，而且希望得到优质的服务，你至少要满足他们的这个心理需求，然后在此基础上做到超出他们的预期。创业，经营者一定要高度重视客户服务，为客户提供最优秀的服务，从一开始就树立起企业的形象。

创业初期如何与客户结成伙伴关系

对于初创企业来说，开发出满足市场需求的产品当然是第一位的，但有时你并不知道市场需求是什么，你坐在那里冥思苦想，最后开发出的东西可能无人问津。所以必须强化售后服务，通过售后服务密切联系市场，与客户建立长期的伙伴关系，获得所需信息，售后服务的完结就是新产品开发的起始。

生产与服务是相辅相成的，但从以上意义上说，好的服务才能赢得客户的长久扶持，才能指引生产的正确方向。

在戴尔，与客户结盟是迈克尔对下属的基本要求。"重视客户体验""为客户创造价值""培养紧密客户关系"等理念被反复地提及。

与客户保持结盟关系的主要方法有：

（1）倾听客户意见，并使自己的产品设计、业务规划等建立在客户需求之上；

（2）选定目标客户群，捕捉客户需求；

（3）与客户建立直接联系；

（4）定期与客户互动沟通。

许多合作者认为，戴尔的价值在于其强大的销售能力、商业模式及凝聚客户的能力，而其中最为重要的成功基础是，戴尔追求的是和客户"双赢"的商业模式。

戴尔的老板迈克尔说："仅仅把戴尔的成功归结为直销是不够的，戴尔是靠长期让客户以低成本享受到高科技带来愉悦而起家的。"显然，与客户缔结伙伴关系，促进"双赢"，正是戴尔持续成功的重要原因。

寻求与客户建立和维系一种长期的战略伙伴关系，是使交易双方获得双赢的最大保障。通过与客户之间建立起稳定长期的战略伙伴关系，能够有利于企业培育和加强企业市场竞争优势，与合作伙伴共享资源。

♟ 在处理投诉的过程中让服务更完美

创业第一年，在提供产品或服务过程中，遇到客户的投诉是非常正常的现象，关键是收到投诉后如何处理。一般来说，投诉的目的不外乎有四种，即求倾听、求尊重，求解决和求补偿。纵观客户投诉，无一不是由最初的最简单的小事发展而来。一个客户会把他的不满告诉身边的5个人，而这5个人又会把这件事情告诉身边的10个人，这个服务行业中的知名理论足以证明，可能因为最初在服务的第一阶段的一丁点的失误会产生多大的效应。当年，如日中天的集团因为一场官司一蹶不振。看似偶然，实际结果产生有其必然，正所谓"千里之堤，溃于蚁穴"。

企业重视投诉就是重视生命。很多企业口头上认为消费者是自己的衣食父母，却没有相应的行为去关注客户的感受。提供方便的服务，或是嘴巴说服务，实际却是按兵不动，那么，其结果也是可想而知。

客户投诉就像一位医生，在免费为企业提供诊断，让企业能够充分了解自身的不足与问题所在，以便管理者对症下药，改进技术和服务，避免引起更大的失误，从而树立良好的企业形象，吸引更多的客户成为本企业的忠诚客户。

提出投诉并对企业服务和补救的结果感到满意的客户，其成为企业忠实客户的可能性比感到不满意但未采取任何措施的客户要大得多。那些对服务不满也不提任何抱怨的客户，常常会不声不响地改变其主意，在未来的产品选择方面十有八九再不会进行重复选择。而且，企业付出营销成本去开挖一个新客户，与维护一个老客户付出的成本相比是其四到五倍，而且老客户更可以带来无尽的口碑效应。

俗话说：没有最好，只有更好。"更好"是"好"的敌人。在客户服务领域，由于每个客户都是一个独一无二的利益集合体，在不同的时间和空间要求的内容都在改变。所以，每个客户所要求的服务标准和期望值都是不同的，做好客户服务不可能是一劳永逸的事情。服务可以在不断的客户投诉和自我感知中不断前进和发展，直到更加完善，趋近于完美。

因此，客户投诉往往蕴含着非常有价值的信息，是沟通企业和客户之间的桥梁。企业要想让服务完美并成熟的话，就需要尊重每一个来自客户的投诉，耐心地处理好每一个客户的投诉。

创业者可以从客户投诉中发现、总结、提炼出工作中的不足，从而指导企业的客户服务工作，从各方面改进客户服务流程，从细微之处了解和关心客户，在企业和客户之间产生良性互动，为企业与客户创造双赢的局面。

第**14**件事

节省成本熬过创业第一年

♟ 创业者应是个精明的会计师

创业第一年，降低成本是降低风险、确保创业成功的一个重要途径。要降低成本，一个很重要的方法就是开展成本控制活动。成本控制就是利用会计所提供的各种信息资料，计算实际或预计脱离目标的差异，找出产生差异的原因，并采取措施，消除不利差异，保证目标实现的过程。

创业者必须是个精明的会计师，无时无刻不将成本概念纳入每一项决策考量中，让每一笔费用都能"物超所值"。在计算成本时，不仅仅要将生产所投入的物质原材料作为成本，而且企业的人力资源成本、能源成本、管理成本以及广告成本等，都将作为影响企业利润收成的关键性因素。

创业者要懂得控制成本，实现成本最小化。为此，需做好3个方面的工作。

1. 加强控制措施，减少无效消耗

无效消耗是指获得产品不应发生的消耗，是控制的对象，要通过一系列措施对这一消耗进行控制，使其降低到最低点。

2. 加强企业管理，促进管理水平和技术水平的统一

成本控制是从管理方面对技术工作提出要求，如新产品开发、质量提高等，因而能够促进科学技术转化为企业效益。同时又通过技术进步对经营管理水平提出更高的要求，从而达到管理水平和技术水平的统一。

3. 加强内涵控制，推动外延控制

企业的成本控制工作，分内涵成本控制和外延成本控制两个阶段。内涵成本控制是对企业内部因素的控制，外延成本控制是对外部因素变化的应对。其中，外延成本控制成为成本控制的重点。

各领域的企业都在为成本缩减而不断探索和努力，每一个想要做大做强的企业都必须严格控制成本。

成本预算事关创业兴衰

创业者在创业第一年要搞好成本控制，首要的环节就是要做好成本的预算管理。

成本预算管理的意义在于，将企业各职能部门的管理工作和所属单位的生产经营活动贯穿起来，从而提高企业整体的管理效率和经济效益。

创业初期，企业预算管理的关键点有以下几个方面。

首先，预算的总目标来自企业的战略目标，这点基本是刚性的，分歧不多，比如企业未来几年的目标市场份额和目标利润。第二年的预算目标最迟在前一年第四季度初就开始；预算目标的分解过程也是反思经营计划、分清责权利、合理配置资源以及达成共识的过程。

其次，预算管理一定强调事中管理的过程，核心是例外管理，深入分析预算差异产生的原因，并提出改进措施，使预算管理真正与企业的经营管理密切结合。

再次，预算必须有弹性，增强市场的适应力，核心是原则性与灵活性的平衡，这需要建立一个严格的预算调整流程。

最后，预算管理要与绩效考核密切联系，从而提高了人们对预算的重视程度，进而使预算管理产生好的效果。

预算管理作为对企业建立与发展起过重大推动作用的管理系统，是企业内部管理控制的一种主要方法。这一方法自从20世纪20年代在美国的通用电气、杜邦、通用汽车企业产生之后，很快就成了大型工商企业的标准作业程序。从最初的计划、协调，发展到现在的兼具控制、激励、评价等诸多功能的一种综合贯彻企业经营战略的管理工具。

全面预算管理在企业内部控制中日益发挥核心作用。正如著名管理学家戴维·奥利所说，全面预算管理是为数不多的几个能把企业的所有关键问题融合于一个体系之中的管理控制方法之一。

唐朝文学家韩愈说过："凡事预则立，不预则废"，在现代管理实践中也莫不如此。新经济时代瞬息万变，一家企业的管理者如果未能充分认识到预算的意义，不懂得如何科学地编制预算，或者空有预算而不善加利用，那么便如同古人所言，真的是关乎企业"立废存亡"的大事了。

♟ 创业初期要建立成本控制标准

创业第一年，只有成本控制好了，才能减少不必要的资金浪费，才能有充足的资金保证企业的正常运营。要搞好成本控制，就必须建立成本控制标准。成本控制标准为以后的差异分析、业绩考核及纠正差异提供了良好的基础。成本控制标准可以有多种选择，比较常用的有标准成本和弹性预算。

1. 标准成本

标准成本是通过精确调查、分析和技术测定而制定的，用来评价实际成本、衡量工作效率的一种预计成本。

在标准成本中，基本排除了不应该发生的浪费，因此被认为是一种"应该成本"。标准成本体现企业的目标和要求，主要用于衡量产品制造过程的工作效率和控制成本，也可用于存货和销货成本计价。

制定标准成本，通常先确定直接材料和直接人工成本，其次确定制造费用的标准成本，最后确定单位产品的标准成本。无论是哪一个成本项目，都需要分别确定其用量标准和价格标准，两者相乘后得出成本标准。用量标准包括单位产品材料消耗量、单位产品直接人工工时等，主要由生产技术部门主持制定，吸收执行标准的部门和员工参加。

价格标准包括原材料单价、小时工资率、小时制造费用分配率等，由会计部门和其他相关部门共同分析确定。采购部门是材料价格的责任部门，人力资源部门和生产部门对小时工资率负有责任。生产部门对小时制造费用率承担责任，在制定有关价格标准时要与这些部门协商。

2. 弹性预算

所谓弹性预算，是企业在不能准确预测业务量的情况下，根据本量利之间有规律的数量关系，按照一系列业务量水平编制的有伸缩性的预算。只要这些数量关系不变，弹性预算可以持续使用较长时间，不必每月重复编制。弹性预算主要用于各种间接费用的预算，有些企业也可用于利润预算。与固定预算相比，弹性预算是按一系列业务量水平编制的，从而扩大了预算的适用范围；在弹性预算中，无论实际业务量达到何种水平，都有适用的一套成本数据来发挥控制作用。同时，弹性预算是按成本的不同形态分类列示的，便于在预期结束时计算"实际业务量的预算成本"(也即按实际业务量计算应该达到的成本水平)，使预算执行情况的评价和考核建立在更加现实和可比的基础之上。

　　弹性预算的主要用途，是作为控制成本支出和评价、考核成本控制业绩的工具。在预算期开始时，提供控制成本所需要的数据；在预算期结束时，可用于评价和考核实际成本。编制弹性预算的基本步骤是：选择业务量的计算单位；确定适用的业务量范围；逐项分析并确定各项成本和业务量之间的数量关系；计算各项预算成本，并用一定的方式表达。成本费用控制表，如表2所示。

表2　成本费用控制表

科目＼期间	实际完成		预算数		差额/完成率			
	本月	累计	本月	累计	本月	%	累计	%
售货收入净额								
代工收入								
销货收入合计								
直接原料								
直接人工								
制造费用								
销货成本合计								
员工薪资								
文具用品								
交通费								
邮电费								
佣金支出								
运费								
差旅费								
广告费								
修缮费								
……								

（续表）

期间\n科目	实际完成		预算数		差额/完成率			
	本月	累计	本月	累计	本月	%	累计	%
……								
营业费用合计								

标准：　　　复核：　　　制表：

♟ 成本控制每一个环节都不能少

创业之初，成本控制不仅涉及建厂、设计等环节，而且在生产过程、销售过程中均要实行成本控制。在产品销售时要利用期货市场交易，控制材料、能源进货成本，同时注意规避价格风险，不能使产品价值功亏一篑，以实现企业的正常利润，实现价值耗费与补偿的统一。

1. 建立完善成本控制系统

由于成本控制对象不同，其控制可区分为产品成本控制、作业成本控制、责任成本控制、质量成本控制、资本成本控制和环境成本控制等。建立和完善成本控制体系，首先要依据不同行业、不同管理要求，不同的生产组织体系，确定成本控制对象。然后按照成本控制对象，建立和完善相应的成本控制体系。

2. 强化成本预算约束

在实行全面预算管理的过程中，成本预算是根据销售预算、生产预算及利润目标经综合平衡后而形成的。为了使预算编制得先进合理，确保预算完成，需要建立各项成本费用的预算标准，并落实到相关部门及责任者。同时还能够根据市场环境和企业内部变化适时作出修订。为了适应市场环境的变化，应当尽可能建立弹性成本预算，并对费用预算实施定期的零基预算调整，确保成本预算发挥应有的作用。

3. 推行质量成本控制

质量成本是为了保证必要的产品质量、服务质量而发生的成本费用。质量成本控制理念不是单纯地降低成本和片面地追求企业暂时的利益，而是从企业长远发展和市场竞争的视角，将成本控制与保证必要的产品质量联系起来，保证企业的市场竞争优势。

4. 实行成本定额管理

定额管理是成本控制中最普遍而又最有效的管理方式。它是利用定额（材料消耗定额、劳动定额、定员、费用定额等）控制成本的各项消耗，达到降低成本的目的。

实施成本定额控制可以和职责、考核、奖惩结合起来，从而使成本管理真正落实到全体员工和产品形成的全过程。

5. 实行全员和全过程的成本控制

企业在全员管理的活动中，需要按照员工的岗位责任和职责，设计出相应的成本目标。在实施全员成本控制过程中，首先要划分成本控制实体，应根据企业生产工艺的特点和职能部门、各类人员的职权范围，将企业内部划分为若干不同层次的责任实体，形成一个纵横交错的控制体系。

在落实控制责任时，首先根据费用的性质及责任实体职责，将成本费用划分为可控费用和不可控费用。可控与不可控是相对而言。从这一责任实体看某项费用是不可控的；而对另一责任实体而言就可能是可控的。就某一企业来看，其内部的各项费用都应该是可控的。就某一个责任实体而言，负责控制的成本费用，只能是自身发生的可控费用，否则难以负责控制。

方向正确等于成功了一半，成本控制也一样。成本控制的目的是为了不断地降低成本，获取更大的利润。所以，制定目标成本时首先要考虑企业的盈利目标，同时又要考虑有竞争力的销售价格。由于成本形成于生产全过程，费用发生在每一个环节、每一件事情、每一项活动上，因此，要把目标成本层层分解到各个部门甚至个人。

成本控制之所以要贯穿于企业生产的全过程，是因为企业的生产过程其实就是成本费用的形成过程，既然成本费用是在生产经营的全过程中形成的，要想降低成本费用，控制活动就要贯穿于企业生产经营的全过程。所以，全过程的控制，其实就是通常所说的全面控制。只有实施全面的成本控制，才能对生产经营过程的每个环节都进行控制，不至于有所遗漏，从而取得最佳的成本控制效果。

🎯 成本管理全体动员

创业第一年，创业者不仅要从原料、设备等方面加强成本控制，还要对员工进行成本控制的思想教育和行为训练。

员工的创造力究竟有多大，谁也不清楚，但员工是有潜力可挖的毋庸置疑，这就需要各级管理者来挖掘，解决这个问题最切实的办法就是进行培训，包括思想作风、文化及业务知识、工作技能等多方面的培养和训练。因为学校教育很难提供足够的、完全符合企业需要的人才，重视员工培训已成为成本管理的一个趋势。

英国航空公司在进行"费用价值分析"，消除"非生产方面"的浪费时，也对员工实施了广泛的培训。为了将多项费用减少40%，企业对员工实施电脑化和分析技术训练，并在开始执行部门年度预算前，给予员工详细的简报。

员工在了解企业的目标，并拥有正确的成本资料之后，会在成本管理上有杰出的表现。企业经营者要给员工提供某些资料，因为绝大多数员工对自己每一天工作中所产生的成本都一无所知。其次，让员工参与决策制定，如英航这类企业就可对维修员工提出这类问题：你在维修一架747飞机时，会增加多少成本？如果一架747的维修工作延误一天，会使企业损失多少钱？如何才能迅速取得所需要的工具，避免延误飞机的维修时间？这些问题一经提出，就可从员工那里得到很多构想，很多动力，节省很多成本。最大的收获是得到了更好的品质，因为最有效的工作方式，往往也是品质最佳的工作方式。

可以这么说，对企业的成本构造最有影响力的人，归根结底是那些每天都在和设备、产品和客户打交道的人。如果这些人对产品的了解不如董事会里的人，那么企业就无法成功。

🎯 一手抓开源，一手抓节流

在商业社会中，企业要想不断发展，无非就是"开源"和"节流"两招，而两者都非易事。开支管理不仅是节约成本，更是企业借以规范企业管理、提高经营效率和效力的重要工具。创业第一年，为了尽可能节省开支，创业者需要制订一个全面的企业支出管理解决方案，来管理所有的支出。

企业的经营基本围绕开源和节流展开。二者对企业发展起着重要的推动作用，但企业在经营的过程中，要把握好二者的关系，企业发展到不同时期，开源和节流的比重也就不同。

企业处在导入期和成长期时，要把开源作为重点，使企业能够快速达到一定的规模。此时，企业更需要创业的冲劲和不受限制的思维、想法，要给予下属更多的授权，"敢干"是这个阶段企业最显著的特征。企业的员工基本处于年轻化，虽然经验欠缺，但具有很强的爆发力，有强烈的内在成功欲望，只要给予适当的权利和鼓励，企业往往会收到意想不到的效果，企业的成长也会是非常快的。

当企业处在成熟期时，业务相对平稳，企业达到了相当的规模，员工有可能会缺少激情，懈怠和骄傲、浪费的情况会时常表现出来。这时，更多的是通过严格的管理来达到企业的目标，节流成为企业发展的重点，因为企业具有相当的规模，哪怕浪费1%，那结果也是很惊人的。

开源与节流，二者是相辅相成的，只是侧重点不同，在导入期和成长期，如果过分强调节流，很容易让员工缩手缩脚。人为地设置很多框框，什么东西都要省，不敢花钱做投入，使员工工作起来不敢放手，只在领导的框框下执行，不敢越雷池一步，其结果可想而知，最终让员工没有了创意和冲劲，成了摆设。企业就因此缺少了生气、活力，成功的可能性微乎其微。

所以，创业者应该根据企业发展的不同阶段和情况，安排好开源和节流的工作，让开源和节流真正能够推动企业的发展，使企业创造出更大的价值。

♟ 创业就是"节约闹革命"

创业第一年，创业者的资金有限，因此成本控制尤为重要。为此创业者就要树立节约意识，杜绝浪费，防止财源流失。创业之初，企业是很难盈利的，企业要"节约闹革命"，而节约下来的，其实就是企业的利润。

强生（中国）有限公司从2001年开始便开展了流程优化项目，要求在生产的各个环节努力降低原材料和能源的消耗。比如，回收利用生产工艺末端的冷凝水作为锅炉的进水。充分利用冷凝水余热，不仅减少了用水，同时也降低了锅炉的能耗，还大大减少了因燃烧而产生的废气排放。企业还通过减轻瓶子重量、取消一些不必要的包装，对生产中产生的边角料加以利用，在不影响产品质量的情况下节约了包装材料的使用。企业负责人表示，努力节约资源已经成了企业管理的一个部分，他们还将在生产中不断寻找可以节约利用的方法。

"船王"包玉刚说："在经营中，每节约一分钱，就会使利润增加一分，节约与利润是成正比的。"这位曾经拥有全球最大规模船队的人，生前十分"吝啬"。他给身边的高级职员写条子作指示，用的都是纸质粗劣的纸，而且写的是一张一行的窄纸条。当然，包玉刚经营上更是精打细算。他努力提高旧船的操作等级以取得更高的租金，并降低燃油和人员的费用。美国有位叫保罗盖蒂的亿万富翁也说过这样的话："全心全意地注意即使是最细枝末节的地方，不失去替他自己或工作的企业减低费用的机会，这是致富的诀窍。"生产经营的利润，就是要看产出与投入之间的比例，产出越多，而投入越少，利润就越大。节省投入也即降低成本。而唯有节约才能使成本得到最大限度的控制。否则，用之无节，犹如漏后不堵，必致财源流失。

当前经济形势下，所有的企业都感到了生存的压力。尽管经济还在高速增长，但企业的利润却越来越低了。在这样一个充满竞争的时代，所有的企业即将或已经面临微利时代的挑战。微利时代的到来是一种必然，企业之间的竞争已经不仅是业务能力的竞争。尤其是经济全球化使企业之间的竞争越来越激烈，谁拥有了成本优势，谁就能在竞争中胜出，就能获得最大的利润。所以，节约是企业必须掌握的一门技能，因为它关系着企业的生存和发展。

对于企业来说，节约的都是利润。初创企业更是如此。控制好成本，把本来需要支出的部分节省下来，实际上就等于是赚到的利润，这同时也成了一个新兴的利润点。

♟ 成本控制要"斤斤计较"

任何一个企业一旦赢得了总成本领先的地位，就可以获得更强的竞争力，更大的利润空间，以及那些对价格敏感的客户的忠诚度。在微利竞争时代，遵循"绝不多花一分钱，绝不多浪费一分钟，绝不多雇佣一名员工"的原则，奉行"斤斤计较"的成本管理理念已经成了企业获得竞争优势的撒手锏。

石油大王洛克菲勒在创业初期，不像现在这样财大气粗，他对成本的有效控制帮助他完成了原始资本的积累。在经营当中，洛克菲勒曾经说过一句很有意义的话："紧紧地看好你的钱包，不要让你的金钱随意出去，不要怕别人说你吝啬。当你的钱每花出去一分，都有两分钱的利润时，才可以花出去。"

创业成功的一个关键因素，就是最大限度地降低成本。成本是市场竞争成败和能否取得经济效益的关键，是企业提高竞争能力的核心所在。因此，创业者必须推行"斤斤计较"的成本管理理念。单纯地靠提高价格来消化成本，在微利时代是不可行的，风险也比较大，努力地降低成本才是最佳选择。

温州一个生产小礼品的厂家，单个产品的平均利润空间为3元，此时，成本控制就显得尤为重要。于是，该厂通过精细财产管理，逐项分析，逐项改善成本控制。在具体实践中，他们将各项成本，特别是可控成本，分门别类细化到最末端，然后在总量控制的基础上，将各成本项目考核指标层层分解，落实到人或物，对责任人或单位进行考核。比如，将电话费细化到每一部电话，办公费细化到每一位职工，制定出各部门、各处室、各项费用甚至每个职工的支出限额。

在这些措施的基础上，结合各部门的特点，该厂推出了3套成本考核方案：在车间厂房考核每小时消耗指标和全年生产费用支出指标；对行政办公部门费用开支实行刚性约束，"限额支报、超支不补"；对市场部门的费用开支则采取"以收定支"的方法，进行弹性预算管理，费用额度随实现的销售收入浮动，既实施了控制，又保护了生产积极性。这些措施使生产过程中的物耗和费用得到有效控制，促使各部门自觉建立"购、存、领、耗"全过程的成本管理制度，杜绝了人为浪费和营私现象，并在全体员工中牢固树立了成本观念。目前该厂从一支笔、一张纸，到几十万元的生产项目；从主要生产部门到后勤管理部门，各项成本费用都处于有效控制中。

可以说这个厂家正在奉行"斤斤计较"的成本管理理念，所以才能保证该厂在狭小的利润空间里得以生存。

降低成本无止境。创业者必须充分认识到，降低成本的潜力是无穷无尽的，内容是丰富多彩的，方式是多种多样的，它贯穿于生产经营活动的始终。企业只有严格控制并不断降低生产经营成本。员工只有将这种降低成本的意识落实到实践中去，才能在竞争中取胜，在变化不定的市场上盈利和生存。

♟ 不积细流，无以成江河

成本控制作为一项精细、严密的工程，它除了需要对大成本支出进行控制之外，还要对小成本支出做到精细，以全方位地节省成本，为利润的增长提供全面的保证。

1. 零基思维

零基思维认为：先决定企业做什么，再开始分配资源。保持企业的高效率，谨慎使用每一份资源。在企业的所有支出中，成本都应当花费在最有效果的地方。削减那些没有产生作用的开支，只保留那些最合理、最有效果的成本开支。

2. 小成本控制要做细

无论多细小的地方，每一项成本都要严格控制。李嘉诚的和记黄埔每一分钱都记入在账。企业各部门每年都要作预算，细到电话费、办公费、交通费，房租成本、人工成本、折旧成本、办公成本、采购成本等，都详细记录在案。

3. 大成本控制要严格把关

对于数额较大的支出，管理者一定要严格审批、层层把关，确保万无一失。可以采取"一定数额的支出一定要经过严格审批，而且越是重大的支出经过的程序就越多"的措施，通过严格的程序，并明确相关责任人。

创业者应对每一项细小的支出都逐项控制，对每一项大额支出都严格审批。管好、管住每一笔支出，最大限度地节省成本，把钱用在最有效的地方，利润就会增加。

杜绝浪费企业的一分一毫

企业的一点一滴都是逐步积累的，对于这些财富，没有理由不去珍惜。如果你仅仅关注的是企业如何挣钱，如何发展，而对每天的花费开支毫不在意，那么再多的收入也会被支出所抵销。

珍惜财富的最好方法是杜绝浪费，创业者可以采取以下几点措施。

（1）可以把不必要做的事情彻底地减掉。

（2）制定出相应的奖惩分明的制度规范，并且严格地加以执行。

（3）设置财务监督部门和人员。

（4）重新设计某些设备的操作，确保将浪费降到最低。

（5）更新生产技术，减少资金和人员的投入。

（6）精确测定原料需求量，进而避免采购环节的浪费。

（7）削减企业高额的交通费与招待费。

（8）不要让机器设备长期闲置不用。

（9）办公室的空调、电脑、电灯等无人时确保关闭。

（10）推行员工持股计划。每个人都是企业的小老板、小股东，他们就会像珍惜自己的财富一样珍惜企业的财富，浪费现象就会被降低到最低水平。

节约并非"一刀切"，该省的省，该花的花，对企业有利的，投资上百万元也值得，对企业有害的，多花一分也是浪费。将有限的资金用在最佳的项目上，把钱花在刀刃上，就是最好的节约方法。

裁员不是削减成本的灵丹妙药

创业者必须明确，加强成本管理必须区别于削减成本，创业所做的每一件事——从策略制度、员工训练，以及为客户提供产品和服务——都需就价值和成本详加考虑。

创业之初，加强成本管理，创业者要走出裁员是成本管理的有效途径的误区。裁员是人力资源优化的有效途径，也是削减成本的重要手段。然而，不经思考地削减员工，到头来很可能反受其害。其实，企业要削减成本，并非没有其他途径可循。可存在的误区是，裁员经常被当作灵丹妙药单独执行，而非当作企业经营策略当中的一部分。大部分企业探讨的方向不对，问题不在可以裁减多少人，或只靠多少人就可运营。真正的问题是：要如何运营？是否已善用所有的员工，并提高各种产品和服务的质量？

并非说裁员不管用，而是说，像企业采取的任何改革措施一样，绝不能拿着斧头乱砍。你需要有一把手术刀，而且在决定动手术之前，要做好各种准备工作。

即使企业裁员能够奏效，也很可能是短期性的。就像能迅速减轻体重的神奇减肥药一样，纯粹靠企业裁员虽然也能暂时削减成本，但并未真正改变那些使成本日增的因素。

以裁员方式削减成本，经常会同时削弱企业在客户服务、研究开发、科技和生产方面的能力，伤害企业的竞争力，出现许多负面效应。一位高级管理人员不能某天清晨醒来时说："一定要裁掉500名员工。"这个意思是说，在你觉悟到必须裁掉500名员工之前，你在干些什么？你必须随时了解市场情况；随时掌握竞争者的动态；知道自己各种产品的成本变化；而且必须每年都针对这些因素的变化进行规划，而不是临时抱佛脚，大规模地裁员。

第15件事

创建自己的企业文化标签

♟ 企业要强大，文化先强大

企业文化是企业核心竞争力中的牵引力。对于一家初创企业来讲，想要追求长久的发展，要把企业做下去，做大就必须要有长久的动力，能够引导企业突破它的寿命周期。这不是金钱、不是制度、不是企业家，也不是权力，而是企业文化。金钱会消失，权力会被剥夺，制度会被破坏，而企业家是有寿命的，唯有企业文化才是一个可以持续长久的有价值的东西。

加强企业文化建设，推动企业提高竞争力是企业创立后的必然选择。企业文化对企业竞争力有着极大的促进作用。通过企业文化建设，使企业价值观得到团队成员的广泛认同，在共同价值观指导下的企业更容易取得成功，使企业的主要成员产生使命感，使员工对企业及企业的领导人、企业象征产生强烈的认同感。这是企业文化成为企业发展内在动力的基础。

1. 企业文化决定企业的成败

美国管理学家彼得·杜拉克说："企业管理不仅是一门科学，还是一种文化，它是有自己的价值观、信仰、工具和语言的一种文化。"从企业文化中提炼出来的企业精神决定着企业的成败。世界上大多数成功的企业，不仅是物质技术设备优越，更重要的是企业精神的成功——这些企业精神总是指导企业全体员工一直采用最正确的方法行事。企业精神才是第一竞争力，谁拥有正确的、不断创新的理念，谁就具有最强的竞争力。

在众多著名企业的成功经历中，企业内部强有力的企业文化无一不对企业竞争力的增强起到了决定性的作用。比如深圳华为，这家成功的通信设备制造商以其特有的远见卓识从华为诞生的那一天起就认识到"资源是会枯竭的，唯有文化生生不息"。时刻注意精心培育华为的企业文化，并自觉地将这种独具特色的文化注入企业的经营管理活动之中，从而产生了巨大的文化管理效能。

2. 企业文化建设要跟从时代的节奏

我们身处快速变化的时代。企业环境包括企业的技术环境、人力资源环境、金融环境、投资环境、市场需求环境等，这是企业发展所依存的客观环境，直接影响着企业的短期效益和生存。此外，还有政策、法制、社会评价、公平竞争、社会信誉等主要由人为因素控制的社会发展的软环境，看起来对企业文化发展的影响较为隐含较为间接，然而实际上对企业长期的经营业绩和企业的竞争力有着潜在而深刻的影响。

这些环境因素在未来会呈现出更加复杂的联系和难以想象的变化，企业要立于不败之地，就要在其发展战略、经营策略和管理模式方面及时作出相应的调整。企业文化的内涵要反映出环境的复杂性和紧迫性所带来的挑战和压力，对企业内部要保持较高的整合度，对外要有较强的适应性，通过对企业主导价值观和经营理念的改革，推动企业发展战略、经营策略的转变，使企业文化成为蕴藏和孕育企业创新与企业发展的源泉，从而形成企业文化竞争力。

在当前市场经济条件下，建设一流的企业文化，规范员工行为和经营管理行为，从而引领企业的发展，是企业持续健康发展的法宝。

🏁 经营企业就是经营企业文化

企业文化是一种无形资产，而且是最重要的无形资产，它比有形资产，或者品牌等其他无形资产还要重要。创建企业文化是一种投资，而且是一种重要的长期投资，是一种回报巨大的投资。在一定意义上说，创建企业其实就是创建企业文化。

世界上大多数优秀的企业，普遍具有以下几点文化精神：人员充满自信，认为所服务的企业是最好的企业，而非做一行怨一行，不像很多人一提到他的企业，便抱怨不休或一肚子牢骚；做事认真，不马马虎虎，不虎头蛇尾，而是贯彻到底；重视人的因素，人最重要，培养人的成长，而非重视东西或金钱；重视品质和服务；重视创意，如果员工有好的创意，受到企业的重视，企业会设法让他去尝试，若应用有效，就有适当的鼓励；重视非正式沟通，领导者并非把命令下达，就算把事情做了，而是重视非正式的沟通和组织，以消息沟通、人的接触，达到沟通的目的；重视企业成长和利润。

所有企业都有自己的企业文化，有的企业的企业文化比别的企业更为强大雄厚。这些企业文化均对企业员工和企业经营业绩产生着巨大的作用，特别是在市场环境竞争激烈的时候更是如此。

企业文化是企业生存发展永续动力的源泉。大多数企业是以追求经济目标为根本宗旨，把获得最大投资报酬、最高销售额和最大市场占有率作为成功的标准。这样的企业最终会成为一部循环运转的赚钱机器，寿命会很快衰竭；现在能成功地生存和发展的企业是超越经济利益的有生命的组织，它是为"生命意义"而发展，不是为"赚取利润"而存在。

作为创业者，要重视并建立企业文化，应当在创业第一年就建立起自己企业的文化。创业者应当通过一个共同的愿景把员工凝聚在一起，通过强有力的健康的企业文化，突破传统管理模式中那种短期的商业竞争和追求利润的短视行为，注重企业的长远利益，使企业不断发展壮大。

♟ 创业者如何创建企业文化

创业第一年，创业者就应开始考虑建设企业文化。创业者可从以下8个方面着手创立企业文化。

1. 创立企业文化礼仪

企业文化礼仪，是指企业在长期的活动中所形成的交往行为模式、交往规范性礼节和固定的仪式。不同企业的礼仪体现了不同企业文化的个性及传统。

2. 营造企业文化氛围

企业文化氛围，是指笼罩在企业整体环境中，体现企业所推崇的特定传统习惯及行为方式的精神格调。营造企业文化氛围对于企业成员的精神面貌、气质风格的提高都具有十分重要的作用。

3. 输入企业价值观

企业文化的倡导者应通过各种形式向员工输入企业新的价值观，使员工尽快了解、理解企业的意图，从而在较短的时间内，能够在企业价值观上达成"共识"。

4. 善用舆论引导

企业应有目的地组织各个系统的宣传活动，为员工提供正确的价值行为导向。

5. 发挥领导作用

作为企业文化的发起者和企业新文化的积极倡导者，企业领导人只有身体力行，率先示范，企业才能形成一种好的作风和好的精神面貌。

6. 激发员工积极性

采用激励法，满足员工物质上或精神上的迫切需要，激发员工的积极性，促使员工调整自己的心理和行为。

7. 开展宣传活动

通过举办各种形式以及各种主题的营销和服务活动，使员工在其中潜移默化地受到企业优秀文化的感染，思想得到升华，士气得到提高，并向着企业的文化倡导的方向发展。

8. 分析相关案例

积极利用企业发展或对外交往中的重大事件，大力渲染，强调某一事件的积极意义或给企业带来的重大损失，借以给员工带来心理震撼，产生深刻的印象，使员工在无形之中受到教育和启发，从而接受正确的价值观。

♟ 创业者要做企业文化的楷模

企业文化首先是企业经营者本人思想的浓缩。创业者先将自己塑造成企业文化的楷模，是企业文化建设中最关键的一点。

1. 为自己制订一套"行为准则"

IBM作为著名的电脑生产企业，在全球都有分公司，所取得的成就令人惊叹。许多人会问，是什么让这个庞大的公司取得如此大的成就？其答案是，IBM具备一套人性化的企业文化。

老托马斯·沃森在1914年创办IBM公司时就设立过"行为准则"。正如每一位有野心的企业家一样，他希望他的公司既要财源滚滚，又要反映出他的个人价值观。因此，他把这些标准和准则写出来，作为公司的基石，任何为他工作的人，都明白公司要求的是什么。

老沃森的信条在他儿子接手的时代得到发扬光大。小托马斯·沃森1956年任IBM公司的总裁，老沃森所规定的"行为准则"，从总裁至收发室，没有一个人不知晓：如必须尊重个人，必须尽可能给予客户最好的服务，必须追求优异的工作表现。

这些准则一直牢记在公司每位人员的心中，任何一个行动及政策都直接受到这三条准则的影响。全体员工都知道，不仅是公司的成功，即使是个人的成功，也一样都是取决于员工对以"沃森原则"为基础的企业文化的遵循。而IBM的企业文化不仅能够让员工忠诚，更是不断吸引着许多非常优秀的人才，IBM也因此取得越来越伟大的成就。

2. 建设企业文化先从自己做起

一些公司管理者总感觉企业文化是为了激励和约束员工，相反，恰恰是那些企业文化的塑造者最应该成为被激励和约束的对象。因为你的一言一行都对企业文化的形成起着至关重要的作用。也就是"其身不正，虽令不从"。

一旦建立被员工认可的强大的企业文化，公司在任何一方面都将受益无穷。公司要想吸引优秀的人才，应先从文化建设入手，而要想建设一流的文化，创业者应先从自身做起。

创业者必须是企业文化的建筑师和第一推动者，创业者不仅是文化建设的推动者，更是文化建设的宣传者。创业者只有自己理解到位、推动到位、宣传到位，文化建设才能落实到位，公司才能处处彰显文化的内涵和力量。

♟ 以价值观统一企业文化

这里所说的价值观，不是指评价是非曲直的准则，而是指一个组织的基本概念和信仰，它给员工规划出成功之路，并在组织内制定出成功的标准。

企业文化是一种信仰，是一种价值观。通过企业文化建设，价值观得到团队成员的广泛认同，在这种价值观指导下的公司取得成功，使公司的主要成员产生使命感，使员工对公司及公司的领导人、公司象征产生强烈的认同感。这是企业文化成为公司发展内在动力的基础。

企业价值观是企业文化的核心或基石。一个企业的价值观越鲜明，即一个企业的信念越是强烈，就越能吸引企业中每个人的注意力，使大家的力量都集中到企业目标上来；反之，企业的价值观越含糊，即企业的信念越是薄弱，则大家的注意力必定分散。

创业之初，创业者要注重企业文化的建设，努力创造有价值观的企业文化。建议可以用以下两种方式来塑造丰富而优秀的企业价值观体系。

第一，企业的价值观体系，不能凭空捏造出来，它往往应该是企业长期实践经验的概括，是企业职工在特定经济环境中进行尝试后知道什么可行、什么不可行的总结。

第二，企业价值观念体系的形成，和企业创始人的工作和灌输是分不开的。事实上，形成和增强价值观可以构成一个创始人最重要的工作。组织中的个人对形成组织标准和信念也有着强有力的影响。创始人之所以对企业价值观的形成起重大作用，往往是由于3个原因：首先，他们自己有一种清晰、明确的哲学，并坚持用这种哲学来指导企业的行为；其次，他们非常重视企业价值观的形成，并注意更有效地调整这些价值观，以适应经济的发展和企业环境的变化；再次，他们清楚地意识到任务的艰巨性，因为要使成千上万人都具有强烈的、根深蒂固的企业价值观念，这是对管理的真正挑战，所以他们的行为坚定，在任何情况下都言行一致。

首先，企业价值观有引导的作用。因为管理人员和组织内部所有的人都极为关心企业价值体系中格外强调的事情，例如，一个以"有效地操作"为价值观的石油企业，往往比其他企业更能有效地生产原油产品。其次，有指导决策的作用。企业总是要作出选择，而价值观则是选择时必不可少的指导因素，通常在作出决策时，真正的管理人员往往会更努力一些，因为他们理解共享价值观并受其指导。最后，有激励斗志的作用。因为价值观决定什么样的人员受尊敬。价值观为所有的职工提供了努力的方向，并能够指导他们的日常工作。这样，所有的职工都知道企业的观点，知道自己该坚持什么样的标准，就会从中受到激励。

成功的企业经常是因为它的员工对组织价值观的认同、信奉和实践，每个组织事实上都能够从共享价值观中获得强大的力量。

♟ 创建人性化的企业文化

企业文化是一个企业信奉并付诸实践的价值理念，是企业的"灵魂立法"。企业文化反映了一个企业内部隐含的主流价值观、态度和做事的方式，企业文化可以使企业产生凝聚力并且提供竞争优势，企业文化是企业可持续发展最重要的关键因素之一。

企业文化不只是一种文化，企业文化的核心是一种精神和情感，而且是与员工和客户能够产生共鸣的精神情感。一个企业必须创建人性化的企业文化，让每一位员工都能够在企业文化的氛围中感受到企业的关怀、温暖，提升员工的责任感、团队感、荣誉感、使命感、成就感、归属感，充分调动员工的积极性、主动性、创造性。

企业文化，不仅仅是老板或管理者个人的文化，更是员工们打心眼里接受的文化，得不到员工们发自内心的重视和始终如一的推行的文化，是成不了员工们的价值理念和行为操守的。因此，作为一个企业的管理者，你应当发挥员工在企业文化建设中的积极性和参与性。

企业文化必须得到员工的认可。在企业文化理念的提炼过程中，如果缺少广大员工的广泛参与，员工未能做到畅所欲言，他们难免会不自觉地排斥企业文化。相反，如果尽可能给员工提供方便，使其广泛地参与和交流，既可以提高员工的积极性和主动性，又可以加深其对企业文化的认识。企业文化建设和科技攻关不一样，对于科技攻关来说，掌握了技术之后，实施起来就相对简单了。而对于企业文化建设来说，员工知道了却不一定能做到，更不能保证能长久做到。所以，企业文化一定要得到员工认可，让员工知道企业文化是怎么产生的，明确企业文化对其自身价值的实现有什么帮助，从而使企业文化在员工心中扎根，使员工做到"行其所信、信其所行"。

员工在企业文化建设中发挥作用之后，便会更加重视学习和遵守企业的企业文化，会树立一种主人翁意识。

重视和建设企业文化可以为企业的发展提供精神支柱，增强企业凝聚力。企业在生产经营中所奉行的精神信念是企业文化的集中表现，它最重要的功能就是为企业的发展提供精神支柱，从而形成企业的凝聚力和向心力。创业者应当以企业文化为愿景，把企业凝聚成上下一心的整体，并以此激励全体成员为实现目标而努力奋斗。

♟ 为企业文化注入和谐基因

一个国家的发展离不开这个国家的文化，一个企业的发展同样离不开这个企业的文化。构建和谐的企业文化，是企业营造和谐氛围和优良环境，促进企业稳定、健康发展的根本保证。

企业文化是企业的一种精神动力和文化资源。建立企业文化，不是建立"机械"的、形而上学的文化，而是以人为本、以和谐理念为核心的企业文化。

建设和谐企业文化，要从以下4个方面着手。

1. 要构建和谐的企业思想道德体系

从一定意义上说，和谐的企业文化也是一种道德文化，和谐的企业思想道德体系是和谐企业文化的灵魂所在。一个企业能否和谐，发展能否持续，很大程度上取决于全体员工的思想道德素质。企业要突出加强对员工的职业道德教育，大力倡导以爱岗敬业、诚实守信、办事公道、服务群众、奉献社会为主要内容的职业道德，引导员工在平凡的工作岗位上履行崇高的社会责任，实现个体与社会职业岗位的和谐发展。

2. 要正确处理企业与员工协同发展关系，塑造和谐团队

企业是一个系统，而参加组织协作的个人又有其个人奋斗目标和要求，企业只有按照公正合理的贡献报酬原则，将组织的要求同个人的需要相结合，达到企业目标和个人目标的平衡，才能求得和谐。既要培养企业整体意识与团队精神，又要将企业发展规划与员工职业生涯规划结合起来，实现个人进步与企业发展的"双赢"。

3. 要广泛建立企业与其外部环境和谐统一关系，实现"天人和谐"

其一，需要企业本着共生共赢的原则，建立企业与外部社会环境的和谐关系。其二，企业应自觉树立科学发展、可持续发展的理念，把保护环境作为自己的责任和使命，并付诸行动，建立企业与自然环境的和谐关系。

4. 建设和谐的企业文化，其落脚点应体现在"以人为本"上

这就要求在企业管理的过程中不但把人作为管理的主要对象，而且作为管理的最重要资源和管理的最终受益者，尊重人的价值，全面开发人力资源，激发人的潜能，发展人的个性，以谋求人的和谐、全面、自由发展为最终目的。

创建和谐企业是企业自身改革发展的重要保证。在市场经济环境下，没有良好的经济效益和企业的健康发展，和谐企业的建设无从谈起，没有和谐的企业氛围，企业的经济发展也不能得到保证。企业员工来自五湖四海，有着不同的家庭、教育背景，要为企业的目标共同奋斗，首先要形成共同的价值观和行为准则，加强员工对企业的凝聚力、向心力，将企业文化注入和谐基因，以和谐促发展，把企业建设成为人际关系融洽、充满友爱、精诚团结、蓬勃向上的和谐集体。

♟ 奉行以人为本的理念

创业者在创建企业文化时，要奉行以人为本的理念，真诚关心员工，时时处处为员工着想，将员工的切身利益落到实处。

人是企业得以存在的支撑，没有了人，也就没有了企业的生存和发展。"科技以人为本"的口号已为普通人所熟知，"企业以人为本"的观念还需经营者牢记，因为以人为本最终是以己为本。作为企业领导者，怎样才是以人为本？以人为本就是以员工为本，真诚地关心他们。

作为一家企业，如果管理者对员工嘘寒问暖，悉心关照，想员工所想，急员工所急，结果会怎样？从物理学的原理来说，有作用力就会有反作用力；从人作为感情动物的特性来说，你关注我，我也会想着你。最后就会形成这样一种局面——员工与企业忧乐与共，上下一家。

西洛斯·梅考斯是美国国际农机商用企业的老板。他是一个坚持原则的人，如果有人违反了企业的制度，他一定毫不犹豫地按章处罚。但这并不意味着他没有人情味，相反，他非常体贴员工的疾苦，能够设身处地地为员工着想。

有一次，一个老员工上班迟到，而且还耍酒疯。这件事让梅考斯知道后，当即同意了有关部门作出的开除这个员工的决定。但不久，当他从其他员工那里了解到实际情况后，又采取了弥补措施。

原来，这个员工的老婆刚刚去世，留下了两个孩子，一个不小心摔断了腿，另一个还小，因为没有奶吃，成天哭闹。这个人在极度的痛苦中不能自拔，借酒消愁，结果误了上班。

当梅考斯知道了这些消息后，当即掏出一大把钞票给他应急，又在继续执行开除他的命令以维持企业纪律的同时，将这位员工安排到自己的一家牧场当管家。梅考斯这样做，不仅解决了这个员工的忧难，使他的生活有了保障，更重要的是赢得了企业其他员工的心。大家认为梅考斯这样关心员工，是他们值得为之拼命工作的人——因为"老板也一定会好好待我们的。"

人与人之间的关系，从大的方面来说，无外乎工具型和亲情型两种。工具型是用完就把它丢掉，而亲情型的关系却不一样，忧员工所忧，急员工所急，体谅关心的管理方式，当然会换得员工与企业同赴艰难，共创辉煌。

让员工感受到家的温暖

创业者在创立企业文化时，要致力于创建一个让员工有归属感的企业文化，要让员工有家的感觉，让员工在企业能够感受到家的温暖。

微软公司的企业文化就是营造家环境，让员工把公司当成自己的家。管理者想尽办法让员工在工作中有家的感觉。

（1）每位员工都有一间单独的办公室，里面可以听音乐、调整灯光，做自己的工作，可以在墙壁上随意贴自己喜欢的海报，或在桌上摆置自己喜欢的东西，让这间办公室更像自己的一个家。

（2）在微软不需要穿制服，员工可以任意穿他们自认为最舒适的服装上班，短裤或汗衫都可以。公司对员工是以其工作表现好坏而非穿着好坏作评估的。

（3）公司提供无限的免费饮料，包括汽水、咖啡、果汁、牛奶和矿泉水，让员工口渴就可以喝，使其能够更开心地工作。

（4）公司的材料室公开，公司信任员工，可以随时拿他们所需的材料，包括文具、办公用品等，不必填表格或排队等待。

（5）微软没有设定工作时间表，而是让员工自己选择工作时间。结果，大多数人为了完成工作，都比一般按常规上下班的人工作的时间更长。微软要求的是完成工作，而非工作时间长短。

微软的企业文化不仅是心理上的关怀，而且让员工感觉到自由、被尊重和信任。让员工感受到家的温暖关爱或温馨舒适，能让员工更加专注于工作，提高效率，这是创业者在建立企业文化中需要注重的一个环节。

文化建设，生生不息

企业文化是一切企业的发展之魂，一切成功的企业都有适应其特点的企业文化。

企业文化是企业的立身之本。企业就像是一个人，一个没有掌握现代知识、没有经过文化熏陶的人在现代社会是不可能为社会作出较大贡献的。一个企业要成功，就必须建立成功的适应自身特点的企业文化，只有把企业向社会提供的产品及服务价值与文化价值结合在一起，也就是把企业经营与文化结合在一起，这才是一个成功企业的最高境界。

企业文化涵盖企业经营活动的各个环节和各个方面，可以说这是与科学技术同等重要的生产力，是企业的立身之本。企业文化不等于卡拉OK式的文体活动，而是决定企业兴衰的关键。目前，有的国有企业效益差，在市场竞争中沉浮兴衰，企业文化的建设不够也是一个重要原因。任何体制下的企业都具备物质资本和人力资本条件，如果说物质资本因素是企业生存与发展的硬件的话，那么，能够发挥人力资本潜力的企业文化就是企业生存发展中的软件。

必须强调的是，企业文化不是写在纸上、贴在墙上的一句话，而是根据企业自身特点培育出来的一种企业人文精神和文化氛围。它贯彻于企业经营活动各个环节和每一位员工的工作，它是企业在实施中的一种积累。企业的首要任务是实现经济效益，不同的企业实现经济效益目标的手段是不同的。生产产品的企业与提供服务的企业所应培育的企业文化的内容也应有所不同，但主要的人文精神又是相同的。企业应根据不同的企业战略，制定不同的企业文化核心内容，因此，每个企业的企业文化都应有其自身特点。

企业文化是一个企业内部经营管理活动中人文精神的积累。所有企业面临的环境都是变化和发展的，社会、市场、人、企业本身天天都在发生变化，因此，就要求企业应建立某种适应这些变化的机制来保证其在不断变化的环境中生存发展。

现在有一种较为流行的观点，企业搞得好不好，关键看领导。此话只对了一部分，企业领导人的确是搞好一个企业的重要因素，但企业是否成功的关键在于是否建立起企业文化，是否重视用企业文化建设调动每个人的积极性。

重视企业内部人的因素，尊重每个人，重视人力资本的潜力发挥，把企业办成每一位员工自我实现的舞台、一所成功的学校，让员工在企业里能体现其生命价值和生命乐趣，企业才能长盛不衰。

第**16**件事

培植长盛不衰的企业基因

创业前要进行风险预测

创业是与风险相伴相生的，创业过程中难免遇到这样那样的风险。创业者应当具备风险意识，对风险有清醒的认识，做好风险预测，将创业过程中的风险降到最低。

初次创业，一定要慎重思考，弄清以下2个方面的问题。

1. 进行理性创业

（1）创业的盈利模式。必须找到利润点，要有明确的利润来源。

（2）要作最糟糕情况下的运营预算。不要以理想的数据来作预算，要防止投资预算偏小、市场预测失准、成本估算偏低等现象。过于理想化必然导致预期效益偏高，出现问题时就会措手不及。

（3）要有整合资源的能力。初次创业要"整合一切可利用的力量"，打造一个优势互补的利益共同体。以此有效降低成本，提升运营效率，使企业运营事半功倍。

（4）各种资源"链条"不能断。这里的资源是指原辅材料、人才、产品、资金、渠道等要素，为做到这一点企业必须降低对某些资源的依存度，或者具备调动、牵制资源的能力。

（5）产品潜力。无论是有形产品还是无形产品，必须有市场潜力与市场价值，这关系到市场成长性，如果产品成长性差，那么创业也就难于成功。

2. 自我检查分析

初次创业，你可能会遇到来自不同方面的风险，如政策风险，包括国家及地方性法律法规、产业政策，临时出台的政策法规等；决策风险，不同的决策方案有不同的机遇成本，以及不同的机遇风险。

（1）市场风险。这是核心风险因素，如更强势的竞争对手出现导致竞争加剧，或市场的形势变化等。

（2）扩张风险。诸如企业规模扩张、经营领域扩张、项目扩张等方面。如果盲目扩张，不能与企业能力、市场需求一致，是极其危险的。

（3）人事风险。其实人事风险不仅仅表现在使企业组织不能正常运行上，还表现在当员工不能为创业企业所用而被竞争对手所用时，对企业造成威胁和损害。

面对不同方面的风险，创业者需要自我检查分析，具备一些基本的素质，如勇气信心、行业背景和思考能力。其中，创业勇气和信心是第一位的，很多创业者历经艰辛与磨难，最终能够走出创业低谷，强大的内心发挥了至关重要的作用。

创业初期怎样规避风险

创业第一年，一定要学会分析风险，善于评估风险。通过分析、预测风险可能会带来的负面影响，及早采取措施加以防范，杜绝风险的发生。

创业初期，规避风险有如下4个方法。

1. 学会风险分析的方法

创业者在创业前必须要考虑到家庭的一切正常开支，考虑一旦创业失败导致收入来源中断的风险。因此，你必须学会风险分析的方法，做好风险预测。风险分析包括项目风险分析、市场风险分析、企业运营和管理风险分析，其中最重要的是财务风险分析。

2. 认真评估风险

通过客观分析，预测风险将要带来的破坏程度之高低，做到心中有数，如风险将造成的危害程度、贷款回收的程度、资金周转可能会出现的不良性循环程度。

3. 慎重预防风险

一定要采取措施降低风险发生的可能性，如对客户进行详细的信用调查；制定周密的收款措施；加强保安措施，将当日收入现金及时存入银行；对周围环境进行调查，对可能发生的问题进行弥补。

4. 设法转移风险

有一些风险是不可能避免的，加入财产保险是一个转移风险的良策，一些意外损失都会有保险企业的赔偿，这种转移也正是避免风险的良策。

创业者如何与竞争对手打交道

选择创业就意味着选择了竞争。在竞争激烈的商场上，创业者很容易产生竞争的忧虑。面对已经颇有竞争力的同行，总感觉自己在竞争中处于劣势，不知道该如何参与竞争。处于企业初创期的你，如果害怕竞争，就会不战而败。正确的做法是克服竞争忧虑，学会与竞争对手打交道。

1. 知己知彼，百战不殆

在激烈的竞争中，客观地、恰如其分地评估自己和对手的实力，从而采取有效的方法，是获得成功的关键所在。知己知彼是竞争中走向胜利的第一步。

怎样才能走好这第一步呢？要"知己知彼"，首先得"认识你自己"，即认清自己的优势有哪些，劣势是什么？优劣势在竞争中是不断变化和发展的，因而只有在竞争的具体过程中才能认识。认识了自己就是对竞争成果的逼近。

仅仅"知己"还不够，还要做到"知彼"。

竞争对手(即"彼")可以分为两类。一类是明显的对手。这类对手在自己面前已经暴露无遗，一般不难防范。另一类是潜在的或暗藏的对手，这类对手往往难以被人察觉或容易被忽略。竞争者知"彼"的主要目标应该是弄清潜在对手，做好防备，随时准备对潜在对手的突然袭击进行反击。

2. 保护自身的竞争优势

商场上没有永远的竞争优势。对于一个企业来说，竞争优势都是阶段性的，竞争优势也是需要不断更新的。在创业过程中，要学会保护自己的竞争优势，有策略地设置模仿障碍。否则，众多的效仿者将分享你的机会和利润，甚至超越你，将你挤出市场。因为市场上资金比你多，资源比你丰富的企业和个人肯定是存在的，他们也会看中机会。你可能是第一个做，但未必能做第一。

对于一些技术含量较高、机会较难识别的情况，创业者应该意识到保密的重要性。保守商业秘密，可以防止过早地把机会传达给别人。但是这种保密措施，只有创业者个人掌握的信息或者技术是很难挖掘的，且其他人只有通过创业者才能了解和掌握的情况下最有效。

创业竞争的制胜之道

市场是一个竞争性的，创业就意味着参与竞争，要与众多的竞争对手争夺市场。那么，创业者如何从竞争中胜出呢？

1. 以变制胜

所谓"适者生存"，强调的就是"变"，创业者要适应外部环境的变化，随时作出调整。

2. 出其不意，攻其不备

核心是一个"奇"字，用出奇的产品、出奇的经营理念、出奇的经营方式和服务方式去战胜竞争对手。

3. 以快制胜

机不可失，时不再来，比对手快一分就能多一分机会。什么都想慢慢来、四平八稳、左顾右盼的人必然被市场淘汰，胜者属于那些争分夺秒、当机立断者。

4. 后发制人

从制胜策略看，后发制人比先发制人更好，可以更多地吸收别人的经验，时机抓得更准，制胜把握更大。

5. 集中优势重点突破

这一策略特别适用于小企业，因为小企业人力、物力、财力比较弱，如果不把有限的力量集中起来很难取胜。

6. 趋利避害，扬长避短

经营什么产品，选择什么样的市场，都要仔细掂量，发挥自己优势。干应该干的，干可以干的，有所为，有所不为。

7. 迂回取胜

小企业与人竞争不能搞正面战、阵地战，而应当搞迂回战，干别人不敢干的，干别人不愿干的。

8. 积少成多，积微制胜

"积少成多"是一种谋略，一个有作为的经营者要用"滴水穿石""聚石成山"的精神去争取每一个胜利，轻微利、追暴利的经营者未必一定成功。

9. 以廉制胜

"薄利多销"是不少经营者善于采用的一种经营策略。"薄利多销"前提是能多销，"薄利少销"是不可取的。

总之，创业者要积极参与竞争，勇于竞争，善于竞争，以提高制胜概率。

♟ 在挫折中开辟创业路

创业是一种冒险，创业中难免会遇到各种挫折。因此，在创业第一年，创业者必须用乐观的心态去面对，有时甚至要适当地用阿Q精神来安慰自己。

在遇到挫折时，你可以用以下几种角度去思考问题。

（1）天无绝人之路。

（2）创业中挫折是必不可少的。

（3）尽量往好处想。

（4）想想塞翁失马的故事。

硅谷有着"创业大本营"的美誉，在那里，每年都有数以万计的企业倒下，同时也有成千上万的创业者一夜暴富。美国知名创业教练约翰·奈斯汉说："造就硅谷成功神话的秘密，就是失败。失败的结果或许令人难堪，但却是取之不尽的活教材，在失败过程中所积累的努力与经验，都是缔造下一次成功的宝贵基础。"

成功需要经验积累，创业的过程就是在不断的失败中跌打滚爬。只有在失败中不断积累经验财富，不断前行，才有可能到达成功的彼岸。

美国企业界有一句关于创业的至理名言："为了发现王子，你必须与无数只青蛙接吻。对于创业家来说，必须有直面困境的勇气。"

♟ 创新是突破创业瓶颈的法宝

市场发展到一定程度，资本越来越集中，竞争也必然越来越残酷。尤其在国内，消费增长比投资增长慢，必然会导致生产过剩的时代提前到来。所谓的"红海"战略，描述的就是在这种环境下竞争的企业战略，其主要特点之一就是"血腥"。资本集中导致产品技术竞争的差异化程度越来越小，创新成了许多企业的救命稻草。因此，作为一名创业者，要想把企业做强做大，就必须通过创新这一关口。

创新做得不好，企业要想做强做大就会面临严重的瓶颈。据统计，中国企业收入只有一成来源于创新。

一个美国记者走访了某跨国企业在上海和美国密歇根州的两个工厂，发现生产同样的汽车配件，美国工厂只多出20%的员工，产量却能多出3倍。尽管美国工人的薪水要比中国工人高出10倍，美国工厂的毛利率却比中国工厂高出1/3。

有经济学家把企业成长的制约因素归纳为市场约束、要素约束、创新约束，并且认为，创新力是企业最核心的竞争力、最重要的利润源。的确如此，企业要做强做大，内部管理、市场营销这些基础性的工作都需要去抓，但是如果忽视了创新，就失去了竞争力、失去了生命力。

企业是创新的主体，这不仅是企业自身发展的需要，更是适应越来越严酷的市场竞争形势的需要。不创新，创业就得不到发展；不创新，创业就会落后，直至被淘汰。对于已有一定发展历史的企业是如此，对于刚建立不久的企业则更是如此。

创新是企业发展永久的发动机，是企业经久不衰的永恒主题。一个企业的创新是在企业第一领导人——企业家的带动下进行的，一个没有创新精神的企业家不可能带出一个创新的企业，创新是企业家精神的全面再现。

企业创立后，会时时刻刻面临着危机的冲击，企业要能够保持持久的活力，持续不断地发展壮大，就离不开创新。创业者应时刻保持创新意识，不断追求创新，通过持续的创新，应对市场竞争中的各种挑战，冲破一个又一个难关，带领企业走向新生和强大。

♟ 转变思想，冲破创业迷惘期

长久以来，大多数的人都是在对前途感到迷惘，没有希望，怨天尤人的状态下工作。可有时候，改变方式，换个角度看问题，或许就能看到新的希望。

某家小型企业遭受到经济不景气的冲击，业绩不振，已经到了要宣告破产的地步。经营者不但背负巨债，更有许多债权人威胁着要打官司。在这样走投无路，山穷水尽的境况下，破产只是早晚的事。

这个企业家整个人变得意志消沉，憔悴萎靡，每天上班对他来说已经成为一件痛苦的事。只要一进入企业，讨债的电话便蜂拥而至，刺痛他的心。

有一天，他在下班搭乘电车的途中，读到了一本杂志，其中一则消息记载某位人士买下一家即将倒闭的企业，而终于重新整顿的报道深深吸引了他。

"他都能够挽回破产倒闭的命运，为什么我就不能呢？我应该也可以做得到！"

这位经营者心底燃起希望之火。他开始以"办得到""干下去"的观点来重新考量事物。他不再以萎靡不振的样子出现在企业，完全相反，第二天一大早他急忙乘坐电车，一进企业便要求经理将所有债权人的电话整理出来。然后他开始打电话给每一位债权人："能否请您再宽延一段时间？届时我会连本带利一并偿还……"他用一种从未有过的诚恳态度拜访对方。"你是不是接到一大笔订单呢？"其中一位大债权人试探着问他。"不是，但我得到了一个更重要的东西，那就是唤起重新振作的勇气。""嗯，听起来好像不错……好吧!我就尽可能地帮你吧!"这位债权人也发自真心地鼓励他。凭着真诚和自信，这位面临破产的经营者竟使得连准备告他的债权人也都转而协助他。负债的压力一消失，他便集中全部精力于企业的起死回生。而且由于他重新充满了活力勇气，得以顺利地接下许多订单。不久，他企业账簿上的赤字逐渐消失，开始扭亏为盈。

可见，对于刚刚开创企业的人来说，能够在挫折面前重整旗鼓是多么重要。创业初期，企业还不稳定，而且这是个需要不断地转变思路从而为企业找到正确出路的特殊时期，所以，创业者学会转变思想很重要。

♟ 创业路上不忘"充电"

目前，中国企业的经营者都很少受过系统正规的培训教育，即便是那些以

"儒商"自居的"专业"人士，其学识有时也显得极为贫乏。许多商海中的有识之士，认识到自己知识上的欠缺，踏上了学习之路。

学海无涯，我们已进入到一个知识淘汰迅速的时代，连大企业的经营者都需要刻苦努力地不断为自己充电，创业者们自然也不能旁观自满，也需要学会充实自己。

1. 归零学习

21世纪的创业者每天都应学会将自己归零，对周边环境的变化要有很高的敏感度，然后铆足全劲，跨越困境，见缝插针地学习，为迎接明天的机会多做准备，切不可沉醉于你目前的成功。

2. 追根究底

创业者在日常充电的过程中，除了要有平和的心态外，还应有追根究底的精神。现代创业者每天必须不断检查和自省，除了要能控制住自己的情绪和心态外，还应仔细研究问题，继续深入思考，这样才有利于思维的创新和推陈出新，开发新的财路。

3. "挑战"挑战

创业者在面对日常的竞争和压力时，不仅需要迎接挑战，还应突破自我，主动地去迎接挑战，也就是应该"挑战"挑战。

迎接挑战，这多少还带有点被动应战的味道。身为创业者，要想在竞争中获胜，还应有主动迎战的心理准备，这种积极的心态，也有利于创业者充分调整自己，更好地学习提升自己。

4. 走出去

万杰集团总经理孙启银曾说过："我认为最好的学习方法就是走出去，不但个人要走出去，企业的决策层也要走出去。"

走出去，的确可以开阔经营者的视野，丰富他们的思路，让他们见所不能见，闻所未曾闻。

走出去，可以是走出企业，走进学校，去系统学习专业知识；也可以是走出企业，走进先进企业，去观摩他人的经营思路，管理机制；甚至还可以走出企业，走出国内，把国外的先进经验拿回来，来个"洋为中用"。

创业者应当树立终身学习的理念，不断为自己"充电"。当今世界，知识在快速更新，形势在飞速变化，学校里所学的课程，永远赶不上社会环境、企业环境的变化速度，一切都在不断"从新"开始，创业者只有时刻充电，即学活用，才能培养自己的独特能力，去战胜周边的一切困难，成为商场上的"常胜将军"。

♟ 创业者要根植危机意识

孟子云："生于忧患，死于安乐。"人如此，企业发展也不例外。如果创业者沉溺于过去的辉煌，没有忧患意识和危机意识，顺境面前盲目乐观，因循守旧，不思进取，时间一长，就会被习惯性思维所控制，丧失锐气。而整个企业也可能对生存环境的变化浑然不觉，从而失去竞争力，待意识到变化来临，已无力应变，最终被市场淘汰。

全世界最成功的企业之一微软的总裁比尔·盖茨讲过"微软离破产只有180天"；海尔总裁张瑞敏讲"战战兢兢，如履薄冰"；华为的总裁任正非大谈危机管理。这一切都不是危言耸听，因为只有真正看到风险的企业才能生存下来，而且还不一定都能发展。这些优秀而成功的企业领导者已经意识到危机存在，作为创业发展中的企业更应该看到危机的存在。

危机感不但是克服人类惰性和盲目性的良药，也是促成变革的最大动力之一。富于前瞻性、挑战性和创造性的危机预见以及危机解决，可以有效提高企业的抗风险能力，从而提高企业的竞争力。

作为创业者，想要杜绝和减少危机给企业带来的损失，需要做到以下3点。

1. 树立危机意识

在作出任何一项决定的时候，需要分析其可能会给企业带来的危害，关注其优势和劣势、机会和威胁，确定给企业带来的伤害是暂时的还是潜在的。做到心中明白，尽量清楚威胁点，不要含糊地只知道有威胁，却不明白究竟会造成什么样的威胁。

创业者不但自己要树立危机意识，也要构建团队的危机意识。也许创业者没有发现某个隐藏的危机，但是企业的某个员工却能及时地发现。要提倡员工敢于将企业内存在的危机大胆地讲出来，哪怕他讲的严重违反了自己的意愿，哪怕是错误的，作为企业领导者都必须认真地倾听，并加以鼓励，帮助树立团队的危机意识。

2. 及时解决危机的意识

在发现危机以后必须及时将还处在萌芽状态的危机解决、处理掉。不能采取拖延的方式，任其自由发展。

3. 理清危机思路的意识

企业有些危机的出现不是因为发现危机没有及时解决，也不是因为没有意识到这是危机，而是企业自己因为利润或者其他原因，自己制造的危机。比如，有些企业为了降低成本，提高市场竞争力，通过采取不正当的方式来盲目地降低成本，但是最后给企业带来的伤害却是致命的，多年的品牌经营在消费者的心目中毁于一旦。

♟ 居危思进，立于不败

危机是大多数创业者所不愿意见到的，但是任何一个企业在发展过程中都不可能一直一帆风顺，一旦危机来临，作为创业者要善于居危思进，变危机为良机。

所谓"居危"，就是要看到市场竞争的激烈性和残酷性，进一步增强紧迫感和危机感，要识危机、知危机；所谓"思进"，就是要有"置之死地而后生"的胆略，要主动出击，想方设法变危机为良机，变危机为商机。

具体来讲，一是要有与时俱进的意识。创业者要牢固树立与时俱进的营销观、发展观、管理观、改革观，创新思维，创新管理，创新技术工艺，创新工作方法，调整工作重点，开创新的局面。二是要有迎难而上的勇气。企业上下一定要发扬敢于吃苦、敢于拼搏和敢于奋斗的精神，做好应对和克服各种困难的思想准备，做到越是困难越向前，"明知山有虎，偏向虎山行"。以积极的主人翁姿态主动为企业分忧解难，献计献策，把蕴藏的智慧和创造力在生产经营中充分发挥出来。三是要有居危思进的运筹。当企业面临生存的危机，何去何从，主动权应该操持在企业自己手中，最主要的是如何面对挑战，变压力为动力，化危机为生机。四是要有携手前进的精神。越是困难的时候，越要讲团结，讲协作，只有同心同德、众志成城，就没有迈不过的坎，闯不过的关。

"思进"重在变危机为良机，变危机为商机。创业者要善于应对危机，变不利为有利。一是要善于化解危机。任何企业都可能受到不确定危机的影响，企业要在危机发生时将消费者的利益放在第一位，积极维护消费者的利益，才能把损失减少到最小。二是要想办法减少市场损失。企业产品出现危机，市场会受到一定冲击，企业此时要想方设法减少产品市场的流失。三是要借此促进企业产品更新换代。产品出现危机或受禁令限制，说明产品还存在较大的不足，为此，企业要在注重改善产品不足的同时，促进产品更新换代。四是要善于发现和抓住产品危机中的商机。一些产品出现危机，其实也为其他产品提供了市场机会。所以，企业要善于发现和抓住这样的危机商机。

危机，是"危"也是"机"，方法得当还能变成良机。危机给决策者提供了一个千载难逢的机会，变危机为良机，企业才能立于不败之地。面对危机，创业者要永远积极主动，保持信心，把危机作为学习的机会，从中吸取教训，把坏事变成好事，把危机变成契机。

♟ 为基业长青做准备

创业不能仅仅为了创立企业，要有创办一家基业长青型企业的宏伟远景。大多数企业创立后虽然也曾经一度辉煌过，但最终却从市场上销声匿迹了，究其原因，在于企业创立者没有对企业作长远的规划打算，没有创立基业长青企业的战略设想。

什么叫基业长青？其实就是要实现可持续发展，要做成百年老店、百年名企。而要做到这一点，首要的前提就是必须清醒地认识到：一个企业的长远发展，最重要的就是要有一个长远的目标，而且同时要有正确的战略、文化、组织和管理团队做坚强的支撑。一个企业最重要的产品其实就是企业本身，而目的就是营造一个让人充分发挥创造力和能动性的组织体系或者软环境。只有这样，一个企业才能保证其整体素质并实现成功。

基业长青并不是5年高速成长后的昙花一现，也不是10年间的大起大落，而是能够做到在相对长的时间里一直保持着积极、健康、高速却稳健的发展态势。

作为创业者，不妨自问一下：我的企业具备基业长青的条件吗？如果没有，那你就要为它做准备了。

首先要做到的，就是一定要自觉或不自觉、有意识或下意识地使企业的利益与社会发展的总体利益相一致，否则企业的发展会阻碍重重；一定要有一个"教派"般的企业文化，而且要有一套与企业文化相匹配的运行工具，来保证企业朝着正确的方向发展。

企业文化建设的过程长期而复杂，短期难以显现强大的力量，这就要求创业者具备对于长远方向、瞬间机遇的把握以及把远景转变成现实的魄力和能力。

然后，一个企业要想发展必须要有优秀的团队。百年基业，人才为本。企业必须拥有一支优秀的骨干团队，包括创新、营销、生产管理和财务运作等各方面的人才。专业化的事情要让专业化的人来做，完善企业人力资源架构，健全人才发现和培养制度，让自己的企业更加专业，这也是基业长青的关键因素之一。

下一个关键词是"思考力"。"大多数企业陷入麻烦是因为他们忘记了思考。"这是美国著名组织理论家卡尔·维克的话。在不断变化的环境中，企业家的思想必须对形势的变化作出快速反应：调整企业管理模式、运营方针、市场战略，以变应变。这其中思考的影响力非常明显，也被称作"思考力"。企业家应经常了解宏观和微观的市场变化，对外部的市场变化迅速作出反应，更要经常注意企业的内部信号，建立畅通的企业内外部信息收集渠道。面对外部的竞争压力和市场剧变，企业家要带领组织和团队向前发展，唯有在思考和集体智慧的基础上，不断努力才有可能基业长青。

基业长青的最后一个关键要素是，如果用多元化分担风险，就必须要求多元化的每一块业务都要在同业中名列前茅。通用电气公司之所以走多元化道路很成功，就是坚持了"最好"的原则，无论经济景气与否，通用电气公司都能轻松接招。因此，实现你基业长青的梦想，不在于选择做什么，而是有没有能力把这些事情做好。

上述要素是任何一个追求发展的企业都应该做到的，或是已经做到的。任何一个创业者，只有铭记学习、完善、变革与创新的根本理念，并且在实际操作中追求精细化的执行，在整个过程中保持自己的独立思考能力，全面把握企业发展的核心要旨，才能跟上外部环境的剧烈变化。归根结底，这个世界上并没有一把神奇的万能钥匙，不断认识环境、适应变化，可能是企业保持基业长青的唯一途径。

附录一

创业者要避免的创业误区

误区一　什么赚钱干什么

做企业像做人一样，时时刻刻都会面临各种"利益"的诱惑，千万不要过分"多情"，很可能抓到的不是"馅饼"而是"陷阱"。

误区二　自己的事自己干

自己擅长的事自己干，自己不擅长的事交给擅长的企业去干，成本会更低，风险也会更小，资本运营效率自然会高得多。

误区三　有了好产品就有了一切

误区四　集体决策优于个人决策

对于属于典型的竞争性组织的企业，职业企业家的个人决策不但可以对瞬息万变的市场作出及时的反应，更重要的是可以依靠职业企业家的经验和直觉作出超越逻辑和预见的决定。

误区五　多种经营可以降低风险

每个人（包括领导）、每个组织（包括政府）、每个企业，只有干自己所擅长的，才能最大限度地发挥自己的作用，也才能最有效地控制风险。

误区六　企业要越做越大

什么样的规模有利于使企业在市场竞争中更突出，什么样的规模就是最经济的规模。

误区七　发展是越快越好

企业经营好比一场没有终点的马拉松比赛，不是看谁现在跑得快，而是看谁能在关键时刻跑到别人的前面。

误区八　成功会带来成功

不要让暂时的成功冲昏了头脑，一次成功只是另一次成功的起点。

误区九　企业要进行资本运营

误区十　上市后可以松口气了

上市是企业成长的助力，而不是目的。如果不能"吾日三省吾身"，时刻保持警觉性，成功会诱使你失败，很可能是惨重的失败。

附录二
向创业偶像学创业

马云如何缔造蚂蚁雄兵的神话

马云在1995年4月创办了"中国黄页"网站。1997年年底，马云和他的团队在北京开发了外经贸部官方站点、网上中国商品交易市场等一系列国家级站点。1999年初，马云回到杭州以50万元人民币创业，开发阿里巴巴网站。

马云把互联网和商业结合起来，在其间充当了廉价的中间商，让买者和卖者面对面。他创造了电子商务新模式，用电子商务整合传统产业，为中小企业创造了大量机会。

当选"2004 CCTV中国年度经济人物"的马云，在业内被喻为"蚂蚁雄兵的神话缔造者"，是他鼓吹"蚂蚁雄兵可以战胜大象"，并在5年内创立了阿里巴巴独特的商业模式：帮助小企业成功，再取得自身的成功，这一模式已经或多或少地开始影响中国经济界。

2013年5月，马云辞任阿里巴巴集团CEO，继续担任阿里集团董事局主席。同年6月30日，马云当选全球互联网治理联盟理事会联合主席。

2015年10月23日，胡润IT富豪榜发布，51岁的马云及其家族以1 350亿元资产蝉联中国IT业首富，在13年里财富增长540倍。

2015年10月26日，福布斯中国富豪榜发布，马云以218亿美元财富，排名第二。

2015年11月4日，马云名列《福布斯》全球最有权力人物排行榜第22位。

2016年5月，马云出任中国企业家俱乐部主席。

初次互联网创业

1995年4月，马云成立中国黄页互联网企业，7月份上海才正式开通互联网。黄页成为中国最早的互联网企业之一，这个企业专门给企业做主页，一张主页

2 000字，一张彩照，中英文对照，2万元人民币，马云在第三年就赚了500万元利润。1997年在经贸部的邀请下，马云带着自己的创业班子北上建立国家经贸部中国国际电子商务中心的MOFTEC网站。马云称："在这之前，我只是杭州的小商人。为国家工作，我知道了国家未来的发展方向，学会了从宏观上思考问题，我不再是井底之蛙。"在北京马云还参与了网上市场CHINA MARKET的开发。1998年底，马云决定离开经贸部，因为一个巨大的梦想诞生了。

1999年2月，马云被邀请参加在新加坡举行的亚洲电子商务大会。参加大会的人80%是欧美人，谈的也是欧美式的电子商务。马云忍不住站了起来，讲了一个小时，他说："亚洲电子商务步入了一个误区。亚洲是亚洲，美国是美国，现在的电子商务全是美国模式，亚洲应该有自己独特的模式。"

那是什么模式？马云没有说，因为这是他要做的事。和所有的互联网精英不一样，马云从小就没有生活在顶尖的那部分人当中，他生活在平常的普通人当中，所以他决定和目前所有的电子商务不同，他不做那15%大企业的生意，只做85%中小企业的生意。用马云的话说："只抓虾米。"很简单，大企业有自己专门的信息渠道，有巨额广告费，小企业什么都没有，他们才是最需要互联网的人。

"如果把企业也分成富人穷人，那么互联网就是穷人的世界。因为在互联网上，大企业与小企业发布多少PAGE是一个价钱。"马云说，"而我就是要领导穷人，起来闹革命。"马云生长在私营中小企业发达的浙江，从最底层的市场滚打过来，深知中小企业的困境，被压榨，被控制。"例如，市场上一支钢笔订购价是15美元，沃尔玛开出8美元，因为是1 000万美元的订单，供应商不得不做，但如果第二年沃尔玛取消订单，这个供应商就完了。而通过互联网，这个小供应商就可以在全球范围内寻找客户。"

梦想与追求

马云要做的事就是提供这样的世界，将全球中小企业的进出口信息汇集起来。"小小企业好比沙滩上一颗颗石子，但通过互联网可以把一颗颗石子全粘起来，用混凝土粘起来的石子们威力无穷。可以向大石头抗衡。而互联网经济的特色正是以小搏大、以快打慢。"

"我要做数不清的中小企业的解救者。"马云更现实的考虑是，"亚洲是出

235

口导向型经济，是全球最大的出口供应基地，中小型供应商密集，众多的小出口商由于渠道不畅，被大贸易企业控制，而只要这些小企业上了阿里巴巴的网就可以被带到美洲、欧洲。"

"在现在的经济世界，大企业是鲸鱼，大企业靠吃虾米为生。而小虾米又以吃大鲸鱼的剩餐为生，互相依赖。而互联网的世界则是个性化独立的世界，小企业通过互联网组成独立的世界，产品更加丰富多彩，这才是互联网真正革命性所在。"

要做到这个目标，马云心目中的阿里巴巴网站必须是全球性的，否则阿里巴巴只做国内就变成没有买家的卖家。而且阿里巴巴必须迅速覆盖全球，否则失去第一就失去意义。阿里巴巴只有做成中国人的全球性网站。马云没有退路。

马云认为目前所有的电子商务是大企业的电子商务，而亚洲独特的电子商务不是B2B（BUSINESS TO BUSINESS）而应是商人对商人（BUSINESSMAN TO BUSINESSMAN）。这是亚洲人独创的模式。在阿里巴巴就是为中小企业免费登信息，"以后也将永远免费"。马云仿佛又回到小时候的义气状态。

"你这不是商人的做法。"

"是的，我不是商人，我是企业家。"马云说。

马云被自己的梦想所激励，1999年3月10日，阿里巴巴公司在马云家中创业。《亚洲华尔街日报》总编曾在当时去过阿里巴巴，"没日没夜地工作，屋子的地上有一个睡袋，谁累了就钻进去睡一会儿。"他笑称"阿里巴巴是中国电子商务的阿里妈妈"。

选择杭州的理由非常简单，由于远离北京、深圳这些IT中心，人力资源相对便宜。创办初期，一位香港IT高手Tonny，想加盟阿里巴巴，马云说："每月500元。"Tonny说："这个钱我连给加拿大女朋友打电话都不够。"

马云掉头走了。Tonny在和阿里巴巴几个同行聊了聊后说："我还是在这儿干吧。"有趣的是，现任的COO蔡崇信曾是瑞典AB企业的副总裁，耶鲁大学经济与法学博士。在一次业务访问后决定加盟阿里巴巴，AB企业因此决定投资阿里巴巴。真是"赔了夫人又折兵"，倒也不亦乐乎。

在拒绝38家风险投资后。马云接受高盛为首的投资集团500万美元的投资。

一个相助的高人

1999年10月的一天，马云被安排与雅虎最大的股东，被称为网络风向标的软银老总孙正义见面。由于刚融完资，马云没有再融资的计划。

一推门进去，马云原以为是一对一的见面，结果一大屋子人，包括摩根士坦利的人。原定1个小时的讲述，马云刚讲了6分钟自己企业的目标，孙正义就从办公室那一头走过来说："我决定投资你的企业。"

马云说："孙正义是个大智若愚的人，他神色木讷，说的英语很古怪，几乎没有一句多余的话，仿佛武侠中的人物。在这6分钟内我们都明白对方是什么样的人。一、都是迅速决断的人；二、都是想做大事的人；三、都是能做到自己想法的人。"

孙正义的经历非常曲折，小时候曾四处从垃圾箱中寻找垃圾养猪为生，父亲却从小鼓励他"你是个天才"。孙正义从社会最底层滚爬出来，从小有许多狂想却能一一实现。他说过："一个梦想，和毫无根据的自信。一切都是从这儿开始的。"

12月8日，马云又坐到孙正义的对面，这次双方都不带律师，都是单刀赴会。整个过程不到3分钟。马云获得孙正义3 500万美元的投资。

马云后来知道，软银每年接受700家企业的投资申请，只对其中70家企业投资，而孙正义只与其中一家亲自谈判。

几天之后，签约之前。令人吃惊的是——马云反悔了。更令人吃惊的是马云不是嫌钱少而是嫌钱太多。这是让人们大呼傻瓜的事：同样的投资比例，马云不要3 500万美金只要2 000万美金。"钱太多了，我不要。"

马云认为："只需要足够的钱，太多的钱是坏事。"孙正义的助手立刻跳了起来，这是不可思议的事情，孙正义的钱竟然嫌多，"这是不可能谈下去的！"谈判陷入僵局，然而马云仍然坚持自己的主张——"只要2 000万"。

在暴跳如雷的孙正义助手面前，马云给孙正义发了一个电子邮件，他说："……希望与孙正义先生手牵手一同闯荡互联网……如果没有缘分合作，那么还会是很好的朋友。"5分钟后，孙正义回复："谢谢您给了我一个商业机会。我们一定会把阿里巴巴名扬世界，变成雅虎一样的网站。"

为什么到手的钱不要？马云说："是的，我在赌博，但我只赌自己有把握的事。尽管我以前控制的团队不超过60人，掌握的钱最多200万美金，但2 000万美金我管得了，过多的钱就失去了价值，对企业是不利的，所以我不得不反悔。"

所有杰出的企业家都足可以不眨眼地作出十几亿元的投资决定，同时又会节省每一分他认为应该节省的钱。正是对钱的价值的尊重，才会使他的投资实现最大的价值。

阿里巴巴之道

阿里巴巴尽管有上千万的资金，但从不做大的广告推广(据了解，初期阿里巴巴在《中国经营报》和《国际商报》做过20万元广告，此后没有做过，未来可能会有调整)，也从不开国内的新闻发布会。马云认为："广告如果是钱能做到的事，钱能做到的事还要做企业的人干吗？"阿里巴巴只靠口碑传播不做广告，"做得好让客户去说，而不是自己去说。"阿里巴巴每一页打印纸都是正反两面用的。

阿里巴巴对员工薪酬从不按市场价格定价。几乎所有进来的员工与管理者都比原企业收入减少一大半，从8 000元、9 000元降到3 000元是常事。雅虎搜索引擎发明人吴炯到了阿里巴巴不仅工资降了一半。还失去了每年7位数的雅虎股权收入。为什么这么做？一是因为资金来自风险投资，必须节约。二是阿里巴巴不希望用唾手可得的利益吸引人才，而是用自己的企业文化。马云自称："从不主动挖别的网络企业墙角。"

阿里巴巴不仅从未用高薪吸引人，而且马云还对员工说股权那是骗人的，企业失败一分钱不值，而企业成功全在你们手上。

马云的钱全投在客户、人才、员工身上。巨额资金用于客户服务，往往一项就达500万元，还有员工培训，员工好了，客户才能好。马云一有钱就会去找人。虽然拿不出高薪，但马云用的是虔诚和热情。马云认为优秀的团队才能吸引来优秀的人，这种速度才是要比拼的。直到2016年4月底，阿里巴巴才花完第一轮投资，第二轮投资仍然一分钱没动。"我已经竭尽全力去花钱了。"马云说，"从小穷惯了，也就习惯把钱花在刀刃上。"和许多人认为互联网是泡沫相反，马云认为互联网是一场长跑，美国在第一轮100米领先，并不意味着胜利，亚洲机会在后面。既然是长跑，必须屏住每一口气，节省每一笔钱。阿里巴巴要做50年的打算。必须同时有兔子般的速度和乌龟般的耐心。

2014年9月19日，阿里巴巴集团在纽约证券交易所正式挂牌上市。2015年全年，阿里巴巴总营业收入943.84亿元人民币，净利润688.44亿元人民币。2016年4月6日，阿里巴巴正式宣布已经成为全球最大的零售交易平台。

马化腾怎样成为白手起家的 QQ 掌门人

马化腾于1971年10月29日生于广东省汕头市潮南区，曾在深圳大学主修计算机及应用专业，于1993年取得理科学士学位。1998年，马化腾和好友张志东注册成立深圳市腾讯计算机系统有限公司。2009年，腾讯入选《财富》"全球最受尊敬50家公司"。在2014年中国家族财富榜中，马化腾以财富1 007亿元荣登榜首，相比于2013年，财富增长了540亿元。2015年2月13日，马化腾入选"2014中国互联网年度人物"获奖名单。2015年10月26日，福布斯中国富豪榜发布，马化腾以176亿美元位居第三。

第一代"网虫"

马化腾年轻得有点令人意外，极像个脸庞清秀涉世不深的大学生，处事低调，即使现在大红大紫，也看不出多少"少年得志"的自负，只有超越年龄的平静和淡然。马化腾只有谈到计算机和网络，才会不时露出开心的笑容和得意，他是个完全沉浸于IT世界的人。

少年时代的马化腾曾经极爱天文，但那毕竟有些遥远，当计算机出现在他面前的时候，他的生活出现了新的主宰。他考入深圳大学后顺理成章地选择了计算机专业，当时马化腾的PC水准已到了令老师和同学刮目相看的地步。他既可以成为各种病毒的克星，为学校PC维护提供不错的解决方案，同时又经常干些将硬盘锁住的恶作剧，让学校机房管理员哭笑不得。

虽然年纪不大，马化腾的网龄却非一般人能比。很少有人知道在真正的Internet普及之前，有许多网迷已在慧多网上早早体会到网络的乐趣。而马化腾就是其中之一，初上慧多网他就乐此不疲，半年后自告奋勇地投了5万元在家里搞了4条电话线和8台电脑，承担起慧多网深圳站站长的角色，每天忙得不可开交。久而久之，深圳"马站长"在慧多网上声名鹊起，但很少有人知道马站长其实只是个20岁出头的年轻人。回忆起那段生活，马化腾有些自豪："在网上我才会获得完全的兴奋。"

1993年从深圳大在学毕业后，他进入润迅企业，开始做软件工程师，专注于寻呼机软件的开发，并一直做到开发部主管的位置，这段经历使马化腾明确了开发软件的意义就在于实用，而不是写作者的自娱自乐。"许多软件技术人员往往对自己的智力非常自信，搞软件只是互相攀比的一种方式，而我则希望自己搞出的东西被更多的人应用，也愿意扮演一个将技术推向市场的小角色。"

实用软件概念不仅培养了马化腾敏锐的软件市场感觉，也使他从中盈利不菲。"要相信自己写的东西可以卖钱。"马化腾是风靡一时的股霸卡的作者之一，他和朋友合作开发的股霸卡在赛格电子市场一直卖得不错。马化腾还不断为朋友的企业解决软件问题。这使他不仅在圈内小有名气，而且也有了相当的原始积累。但他真正意义上的第一桶金是来自股市。1994年入市的马化腾平静而有耐心的个性使其在股市上如鱼得水，手头很快就有了百万元资金。他最精彩的一单是将10万元炒到70万元。这为马化腾独立创业打下了基础。

创业只是为了将兴趣和职业结合

马化腾最初的创业想法其实并不复杂，和许多成功人士的最初想法一样——"探索、提升自己的价值"。当时，马化腾手中已经有了百万元的原始积累，已经不再需要为生计而奔波，可以使自己把精力和爱好更有目的地转移到自己更热爱的行业上。

马化腾热爱互联网，但当时润迅开发部主管的职位却与自己对于互联网的兴趣发生了冲突。

作为开发主管，因为市场的需求，企业要求马化腾的大部分精力和时间必须放在寻呼业务上，而对于马化腾提出关于互联网方面的相关开发，由于当时寻呼业的火爆形势，使得润迅并没有重视。

由于职业不能与自己的兴趣互联网相关联，作为中国最早的一批网民，已经深刻认识到互联网价值的马化腾开始有了离开润迅自主创业的想法，但唯一让马化腾感到担心的就是做互联网软件是否有前途。

"丁磊后来的成功为我带来了启发，只要去做，在互联网上没有什么事情是不可能的。"1998年2月，由于资金紧张，在丁磊将耗时7个月写出的网易免费邮箱系统及163.net域名以119万元的价格卖给了位于广州的飞华网之后，对于摇摆不定的马化腾而言，中国互联网未来的走向无疑开始变得清晰起来：网络必然会成为今后的一种潮流。从现在看来，马化腾当时的决定尽管有着一定的风险性，但无疑是明智的——随着手机的兴起，寻呼业务迅速走向衰落。

1998年底，27岁的马化腾与大学同学张志东一同创办了腾讯，开始研发无线网络寻呼系统。这套系统最主要的功能是让用户可以不必拨打长途电话，而直接通过互联网将信息发送到寻呼机上。实际上，在创建腾讯之初，马化腾对企业未来的发展方向并不是非常明晰，"只是感觉可以在寻呼与网络两大资源中找到空间"，所有的判断是来自自己5年来的网龄和职业经验。

随后3个月，他推出了QQ的前身OICQ，即使从当时来看，OICQ也不是什么划时代的创新，完完全全是马化腾以往热衷使用的ICQ的一个翻版。

塑造"Q文化"

许多网络界朋友的新变化令马化腾开始重新打量自己。IT的机会太多了，我为什么不可以抓住？

于是，1998年，腾讯诞生了。这个名字带有很强的企业的定位含义，就是做有关互联网与通讯方面的业务。"腾"表示"信息跳跃的一种方式"。整个发展过程，马化腾认为很简单、平常。但是"作为一家没有风险资金介入就成立的软件企业"，初期的每一笔支出都让马化腾和他的同伴"心惊"。

在决定做OICQ的时候，当时国内已经有了两家企业先做，产品比腾讯更有市场名气。马化腾没有想得更多，除了因为这个产品可以和企业的主项发展业务移动局、寻呼台、无线寻呼方案和项目相互促进外，也因为当时"飞华、China.com等许多企业有意向做即时通讯项目，市场显得很有发展前景"。

做不了还不能撤呀？这是当时马化腾打好的如意算盘。

可是事情并没这么好做，回忆起当初，马化腾说有很多东西值得回味。"一开始，我们的服务器都无处托管，创建一家企业可比搞软件复杂多了。"马化腾曾经把QQ作为项目给China.com看，但后者说要到3万用户才买。当时马化腾心想：3万用户要做多久呀。

现在说起来，马化腾还庆幸当初没有贸然行事。现在他经常这样告诫同行："要在互联网上掘金就不能只看到眼前利益。许多很有才华的网络人才往往没有注意这一点而失去了长远机会。"

因为不到两年，OICQ注册用户数量超过3 000万。

马化腾是个崇尚共享、自由精神的人，与其他创业者不同的是他绝不会单纯强调"我"的价值，他从心底里知道团队的意义。腾讯的几个创始人都曾在深圳电信、网络界有多年的从业经验，几乎是深圳第一批搞互联网的人，这无疑可以在技术和业务层面为腾讯提供很多帮助。

短短4年，马化腾的QQ世界里有令人咋舌的1亿用户，对于全世界的任何一个网络服务商来说，都有些不可思议，可腾讯做到了；无疑，QQ已经成为一个王国。不过在马化腾眼里，用户过亿和日均39万的增长量已经不再具有多少吸引力。他更注重的是用品牌塑造文化。

"抄袭"的目的是创新

"马化腾是业内有名的抄袭大王，而且他是明目张胆地、公开地抄……"王志东对此毫不忌讳。

"现在腾讯拍拍网最大的问题就是没有创新，所有的东西都是抄来的。"对于淘宝网"招财进宝"的流产，马云毫不掩饰对马化腾和腾讯的指责。

在百度的搜索栏中敲入"腾讯"和"抄袭"两个关键字，搜索结果是220 000项，这从一个侧面证明了业界对马化腾的看法，但这种看法未必正确。

为此马化腾不是没有品尝过苦涩，稍微有些网龄的网民都记得腾讯早期曾经做过邮箱业务，但推出没多久就被停掉了，甚至连马化腾自己都承认"不愿用第二次"。当时马化腾认为这个项目简单，不需要花费什么精力，"搭起架子就推出去了"。尽管注册使用的人很多，但由于当时邮箱竞争太激烈，烧钱多，却没有盈利模式，导致最后根本无法支撑邮箱系统的正常运营。

有了这次深刻的教训，马化腾又一次意识到自己的"老办法"无疑还是正确的——"谋定而后动"，前提是不能一味地模仿，更重要的是在模仿的基础上创新。正如狄恩·卡曼所言，客户买的不是发明或技术，而是能解决问题的创新。"所以我不盲目创新，最聪明的方法肯定是学习最佳案例，然后再超越。"实际上，QQ早期的崛起，就是马化腾"抄袭"理论最好的实践版本。

"辛苦做出来的新业务，腾讯其实就在后面等着，他们庞大的用户群，要来占市场也是事半功倍的事情。"正如后来TOM的王雷雷略带嫉妒的言论，"那么大的活跃用户群，插根扁担都开花。"确实如此，拥有庞大用户群的平台并不少，像许多游戏、邮箱、门户都拥有大量的用户，但为什么成功复制其他业务的却几乎没有？

自此以后，马化腾形成一个"后发"的惯例——在决定某项新业务在何时推出的时候，他考虑的是如何将企业自身的学习周期与该产业的生命周期进行协调，形成一个比较稳妥的扩张节奏，保证企业始终在当前业务与未来扩展之间建立一种平衡。例如，最近与淘宝网"招财进宝"流产牵缠在一起的腾讯的电子商务业务，事实上，早在2003年当阿里巴巴闭门研发C2C的时候，腾讯也在同步研发，甚至一度提出与阿里巴巴合作，但终因马云出让的股份太少而作罢。电子商务计划一直搁置，直到2005年淘宝大功告成，腾讯才在当年9月拿出了自己的电子商务业务。

♟ 李彦宏如何创造百度奇迹

百度，2000年初创立，开始为国内各网站提供搜索技术服务；2001年推出新的商业模式——搜索引擎排名（针对企业收费，使其在可能的搜索页面上优先排序，从而提高赢得新客户的可能性），企业开始逐步盈利；根据最近的美国调查机构Alexa统计，百度已成为全球第二大独立搜索引擎商，在中文搜索引擎中位居第一。

2015年8月12日下午4点，细雨蒙蒙，李彦宏刚刚从高尔夫球场回到办公室——他被一家时尚类杂志拉到外景地拍照去了。

这当然不是第一次了。如果我们以"李彦宏+百度"为关键词，通过门户网站新浪新闻可以得到199条搜索结果，如果用百度的话，可以得到15 900条。即使是粗略的印象，年初以来，从严肃的新闻财经媒体到时髦的生活杂志，李彦宏和他的百度，都可以说"构成了一道风景"：

讲坛上手持话筒眉头蹙起的李彦宏、颁奖典礼上开怀大笑的李彦宏、竖起风衣领口夕阳剪影里的李彦宏、蝴蝶兰边片刻凝神的李彦宏……在亮丽的跨页彩照旁边，有严峻的IT商情流言——百度被Google收购？百度面临门户网站围剿！李彦宏开始第三次革命……；有妩媚的时尚传说——"他"的故事：布法罗（留学所在地）的雪；一见钟情的恋爱，小学时给女同学塞小纸条；与太太散步手挽手看云卷云舒，怀旧爱家的新好男人；仿佛冥想的飞上天的鱼……

多么神秘的紧迫，多么肉麻的甜蜜。但是这样的形容，与眼前这位李彦宏，看上去，边儿也不沾。眼前的李彦宏，平静、平常、平淡——即使是他那被广为夸赞的英俊，也是鼻直口方的规矩、浓眉大眼的正宗。

外形上反神话，言谈上能解构。对热度未消的流言，李彦宏的澄清简单直白。

收购并不存在，6月百度新一轮融资，Google成为百度的新股东，百度还是独立运作的企业。至于既合作又竞争的关系，"世界潮流即如此"：合作，互相需要；竞争，共同的需要，促使双方提供更好更快的技术和服务，教育市场，比如让更多的中小企业主了解利用搜索推广自己的产品。至于"反围剿"，"百度的策略从不针对竞争对手，而是着力开拓并培养更成熟的市场。"

对日益频繁的曝光，李彦宏的态度坦然，不避嫌，"百度直接面对终端客户，用的人多了，自然会对你有兴趣，然后媒体就来了——这是工作的需要。"

转向带来飞跃

开门立户前悄悄地考察从1996年就开始了，利用每年回国的机会，在各地转悠，看高科技企业在做什么，大学里在研究什么，老百姓的电脑在干什么。直到1999年国庆节，大家的名片上开始印e-mail地址了，街上有人穿印着.com的T恤了，李彦宏断定：互联网在中国成熟了，大环境可以了；而李彦宏个人呢，存折上的钱也差不多了——就算是两三年一分钱挣不到，也可以保证全家过正常的生活。所以，辞职创业的时机到了。

接着是回美国找钱。本来不爱开车的李彦宏整天开车在旧金山沙山路

（Sandhill风险投资集中地）走门串户。拿到钱的那一刻，却也没什么好激动的了：有生以来拿到的数额最大的一张支票，120万美金！激动不已得更像是投资人动听的故事——"中国市场+李彦宏雄厚的技术背景+李彦宏愿意放弃优厚待遇创业的决心"，让本来只要求100万美金的李彦宏多得了20万。

立即买机票，圣诞节之日降落在北京

然后的开张，也没有红绸子没有红气球，甚至牌子什么时候挂的都模糊不清了——2000年1月1日清晨，李彦宏把1个财会、5个技术员叫到自己和合作伙伴徐勇合住的北大资源宾馆房间，说："我们这就开始了，办公室两条纪律，一是不准吸烟，二是不准带宠物。"

说开始就开始了，就在这个三星级宾馆1414、1417两个号码并不大被看好的房间。白天办公晚上睡觉一个院儿，早上一起床就进办公室，晚上办公室出来回屋就睡觉。

再然后就是网络泡沫破灭的创业的第一个春天，李彦宏开始找第二笔钱。有压力，但不怕断炊——当初按6个月拿到的钱，李彦宏留着心眼儿，按12个月来花的。说服投资人比年前要难，但也没多难——诚实地讲现状，更诚实地预期前景——9月1 000万美金顺利到位。

钱不用愁了，客户与日俱增——几乎所有的门户网站都在使用百度搜索的服务。但李彦宏却开始了"不相干"的忧虑：市场份额已占到80%，还不能挣钱，商业模式肯定不对头。参照一直关注的美国同业OVERTURE的经验，李彦宏提出转移用力方向，做自己的网站引入竞价排名。

再接下来是2001年8月，李彦宏"固执己见说服董事会"。董事会电话会议，因为李彦宏一改平素的温和、民主、安静，忽然变得激烈、决绝、大嗓门——深圳总经理办公室外，百度的员工们只听见，一个人，一直一直，在说——董事们终于有保留地投降了：李彦宏，并不是你的道理让我们信服了，而是你的态度——既然你这么坚决这么有信心，我们只能让你去试了！

然后百度转向。转向后的百度，就又开始了顺理成章的进步。"没有反复、没有动荡"，直到2003年年底，李彦宏在北大开讲座，不必再以"在座的谁用过百度"为开场白，在中场，总会有人不断站起来，或者表达钟爱，或者探讨具体的搜索技术。"这时候，我意识到，百度算是基本上成了。"

差不多了，这就是百度成立至今的故事。这个"逐渐的过程"，按日历的年份，李彦宏的总结和预期是：2002，技术年，百度搜索技术真正成熟了；2003，流量年，流量比上一年涨了7倍（2002年和主流门户搜索流量平起平坐）；2004年是品牌年，百度受到广泛的认可——"2005年，才是收入年"。至于再往前，李彦宏说自己"看不了那么远"。

有知识的人如何发财致富

如果我们从百度创业向前，追溯李彦宏本人的成长往事，我们看到的，同样是"一步一个脚印"的渐进：实用的理想主义或者理想的实用主义，缜密的自我设计里有对环境的敏感和参照，亦步亦趋里不忘自信自我；而且，在每个阶段，都有充分自觉的目的性，"有播种有收获"。

1987年，山西小城阳朔19岁的李彦宏填报高考志愿，高中时参加全国青少年程序设计大赛的他，喜爱计算机，但是第一志愿却不是北京大学计算机系，而是信息管理系，因为他考虑到：将来，计算机肯定应用广泛，单纯地学计算机恐怕不如把计算机和某项应用结合起来有前途。

李彦宏读北京大学，学会独立思考。面临毕业，正是沉闷的1991年，决定"走出去看世界"的李彦宏如期接到布法罗纽约州立大学的入学通知。

留学读研期间，偶然间，导师一句"搜索引擎技术是互联网一项最基本的功能，应当有未来"影响了他。这时候，1992年，互联网在美国还没开始普及，但李彦宏已经开始行动——从专攻计算机转回来钻研信息检索技术，并从此认准了搜索。

然后，李彦宏在松下研究所实习，工业界的鲜活让他决定放弃攻读博士学位，进入华尔街，开始做金融信息检索技术。他的老板是从耶鲁大学毕业的博士，从贝尔实验室出来办了企业，再把企业卖给道琼斯。从这里，李彦宏看到"一个有知识的人如何利用知识发财致富，在泡时间读硕士、博士，当教授之外，另有一条明亮的成功途径"。

接下来，李彦宏意识到华尔街最有前途的是金融家而不是计算机天才，而自己，热爱和长处只在计算机，于是，他来到硅谷当时最成功的搜索技术企业

Infoseek。在Infoseek，李彦宏见识了一个每天支持上千万流量的大型工业界信息系统是怎样工作的，并写成了第二代搜索引擎程序。

此外他还善于倾听，详细地了解Infoseek成立两年就红火上市背面的艰辛，成功之前必须历练的谨慎和勤俭——这，先是被李彦宏写成畅销书《硅谷商战》，然后这个意识又让百度初期的他"心满意足地"不租嘉里中心，不坐商务仓，也不住五星酒店。

摆正自己的位置

回忆艰难时期争取投资的技巧，李彦宏认为关键是摆正位置，有自知之明。譬如，IDG投资百度，投资人最后下决心不是因为李彦宏让他们认识到"搜索在中国巨大的前途"，而是，他们发现这个30来岁的年轻人，一直在滔滔不绝的不是自己怎么厉害，而是怎么去找"比自己强"的技术人员管理人员，怎么组建最好的团队。

这个被上面看好的"创业者难得的心态"，延续到"对下"企业的管理上，李彦宏认为自己的核心概念还是"摆正位置"，"管理者不过是给大家提供一个好的工作环境、氛围，让有才能的人愉快充分地发挥潜力创造。"这种低姿态，具体到企业日常管理，有细小温暖的体贴。比如，2000年企业开业，百度的办公室就开始提供免费早餐，虽然不过是白粥煮鸡蛋，但让早上起床就上班的年轻人不至于一个上午饿肚子；今年年初搬入理想国际大厦，不准做饭了，百度在大厅里摆上了咖啡机，开始提供免费咖啡。

对他人，是平实和体谅；对自己、对心中的梦想，李彦宏的态度就是那两个不大新鲜的词儿：专注、坚持——"认准了，就去做，不跟风，不动摇"。

认准了搜索引擎，认准了竞价排名，认准了自己的兴趣所在，认准了前途利益所在。接下来的执行，哪有徘徊迷茫的工夫，"我是个心理素质不错的人，自我调整能力很强，能比较快地走出低潮"。

至于童年、恋爱、孩子和业余生活，李彦宏对外界的表述，也完全没有噱头可抓，稳当、平淡，没有多愁善感可供同情，没有自恋自怜可资观赏。

李彦宏的童年快乐、没压力、没太多束缚地自由成长——却又没什么越轨。他同现在的妻子相识6个月就结婚，"至今，总体来说很美满"。对于孩子，李彦宏只希望他做个正直的人。至于李彦宏的业余生活，就是陪夫人逛店、带女儿爬山、游泳。

最后，李彦宏对自由、幸福、有价值的人生的定义，"啊，啊，真是没认真想过，都是非常美好的词，值得追求——不过，我每天认认真真地忙忙碌碌，很快乐，很充实。"

李彦宏与百度

李彦宏，1991年毕业于北京大学信息管理专业，随后赴美国布法罗纽约州立大学完成计算机科学硕士学位。毕业后，李彦宏先后担任道琼斯企业高级顾问、《华尔街日报》网络版实时金融信息系统设计者、Infoseek资深工程师。1996年因发明全球第二代搜索引擎核心技术"超链分析"，在美国获得专利；1998年根据硅谷工作及生活经验，出版了《硅谷商战》一书。2000年初，携风险投资回国与好友徐勇共同创建百度网络技术有限企业。2001年被评选为"中国十大创业新锐"之一；2002年荣获首届"IT十大风云人物"称号；2003年再次荣获"IT十大风云人物"称号；2004年1月15日，当选第二届"京城十三新锐"；2004年4月，当选第二届"中国软件十大杰出青年"。

♟ 潘石屹怎样成为地产红人

在中国，谈论房地产几乎不可能不谈到SOHO中国的潘石屹，他开发的楼盘占据了北京CBD地区将近一半的销售额，他永远不变的招牌形象不间断地出现在各种论坛、媒体、户外广告上。2014年9月1日，是潘石屹创办SOHO中国10周年的日子，他向记者来了一次"忆苦思甜"，谈起"走红"之前的那段艰辛淘金路。

坐在SOHO现代城18层宽敞的办公室内，SOHO中国董事长兼联席总裁潘石屹像说书一样，描述着多年以前的那段落魄淘金史。

1991年下半年，海南的经济正遭受着第一次低潮。和许许多多淘金者一样，潘石屹和冯仑几个人成天混迹于海口的街边排档、沙滩浴场，"无聊的时候骑着自行车绕岛一周，回来时已经满脸胡子。"有一段时间，一位女士和他们几个人走得比较近,大家自认为意气相投,常常一块喝酒聊天。直到有一天,这位女士来到潘冯注册的"万通企业"办公室参观了一番,从此不辞而别。多年以后,当潘偶然再次遇到这位女士时,不忘对此问个究竟。女士坦言,"你们唯一的一张办公桌上都是厚厚一层尘土,和这样的人交往,实在怕惹是非。

在成立海南万通之前,潘石屹、冯仑等人的计划是承包一家叫作"大地企业"的国有小企业,双方约定,潘石屹和冯仑每年向原来的厂长缴纳数千元管理费,大地企业由冯潘经营。合同签订,他们接手了大地企业的印章,正准备开展业务,不料第二天,老厂长便骑车赶了过来,要回了印章,撕毁了合同。

原来,经过一夜反思,想到潘石屹和冯仑的境况,稳重的老厂长还是觉得不妥,"不能因为几千块钱惹了大麻烦!"这也才有了后来重新注册的"万通"。多年以后,这位老厂长特地跑到已经发迹的潘石屹的办公室里叙旧,"早知道,当年就让你们干了,现在大地也成大企业了",双方相视大笑。

听着潘石屹说书,大家的笑声不时在数百平方米的办公区内回荡。窗外的马路上、工地上,到处都是紧张忙碌的身影。谁又能知道,这其中的哪一位,在多年以后,同样也会在某一个奢华的地方,谈笑风生地讲述自己"当年的落魄故事"!

在清水:小潘拉粮等人帮忙

1963年,潘石屹生于甘肃天水农村,小时候父亲是"右派",母亲常年卧病在床。命运的第一次转变出现在1977年,这年秋天,父亲平反了,一家人从农村户口变成城镇户口,搬往清水县城。

回城之前,潘家必须将家里所有的粮食拉到县城粮站交公,换成甘肃省粮票,这个任务落到了长子潘石屹的肩上。200多斤粮食,一辆平板车,20多里土路,成年之后的"老潘"身高也只有一米六几,对当年14岁的"小潘"来说,这趟送粮路的艰辛不言而喻,"两个坡道怎么拉也上不去,只好在路边等人帮忙。"

不久,潘石屹转学到县城高中,这是他人生的第一次漂泊,"从农村到县城,感觉到生活很有希望!"潘石屹认为,这是他人生的开始。一年后,潘石屹接到来自省城兰州一所中专学校的录取通知书。

在兰州：自我介绍引来哄堂大笑

由于通讯落后，潘石屹很晚才拿到录取通知书，当他一个人跟跟跄跄来到兰州的时候，学校已经开学一个多月了。站在教学楼前，一身行囊的潘石屹不知道应该找谁报到。

"赶了十多个小时的火车，太累了，坐在楼梯口一会儿就睡着了，"潘石屹回忆说，中午时分，迷迷糊糊的他才被人推醒过来。"你是我们班的，跟我来吧。"叫醒潘石屹的是他的班主任金老师。

金老师将这个迟到的学生带到了教室，介绍给同学们认识。"我忘记当时自己说了一句什么话，印象很深的是我刚一开口，全班便哄堂大笑。"潘石屹猜测，那可能和自己的口音有关，直到今天，他的西北乡音依然无改。

"那时候，整天都是低头走路的，从来不看天，到毕业了也不知道学校教学楼究竟有多高，不像现在，每到一个地方一定要先看看它的高楼。"潘石屹说，那是一段埋头读书的日子。

两年后，在全年级600个学生中，潘石屹以第二名的成绩考进位于河北的石油管道学院。三年大专毕业之后，他被分配到了廊坊石油部管道局经济改革研究室。

在深圳：花50块搞"偷渡"

1987年年底，潘石屹第一次南下广州、深圳。"从冰天雪地的北方来到鸟语花香的广州，突然觉得这真是天堂，尤其是深圳，每个人都过得那么开心。"

春节一过，潘石屹便变卖家当，辞职南下深圳，到达南头关时，身上剩下80多块钱，这便是多年后外界描述的潘石屹的"创业资本"。由于没有边境通行证，这笔"创业资本"首先是花了50元请人带路，从铁丝网下面的一个洞偷爬进了深圳特区。现实中的深圳并不像走马观花时看到的那么美好温馨。潘石屹为三餐而奔波，不久进了一家咨询企业，"其实就是皮包企业，电脑培训、给香港人当跑腿的、接待内地厂长经理旅游，什么能挣钱就干什么。

由于语言不通，饮食不适应，深圳的生活始终让潘石屹感到非常压抑。两年后的1989年，企业正好要到刚刚建省的海南设立分号，认为"不能错过历史机会"的潘主动请缨南下海南，迎来了他自认为最多姿多彩的人生阶段。

在海南：炒房炒出了胆量

"初到海南，感觉就是热闹。街道上谈恋爱的、作诗的、弹吉他的，什么都有，每个人都有梦想，就是没钱。"回忆这段历史，潘石屹眼睛发亮。

不久，企业在海南中部接收了一个砖厂，潘石屹出任厂长。这个厂高峰时期有400多名工人，少的时候也有100多号人，地处山区，管理起来并不容易。

"小偷经常光顾，夜里提供照明的小发电机一个月内被偷过三次，"潘石屹像讲电影故事一样，"人刚刚躺下，电灯突然灭了，那肯定是发电机被偷了，于是便狂追，直到小偷抬不动了，弃机而逃。"更麻烦的是民工情绪问题，有一天，潘石屹正在自己的卧室——一个废弃的水塔里休息，突然一块砖头破窗而入，水塔下面，聚集了上百位谈工资的民工。"想跑都跑不了，只能硬着头皮下去跟他们谈。

半年后砖厂停产，潘石屹重回海口。随着经济低潮的来临，大部分淘金者都撤了，潘石屹决定留下来碰碰运气。"理个发两块钱还要砍价砍成一块。晚上睡在沙滩上，还要把衣服埋在沙堆里，生怕被人偷了。在别人房间看春节联欢晚会看了一半，便被人家赶走了。"

1991年8月，潘石屹与人合伙注册成立万通企业，高息借贷1 000多万元炒房，随着海南经济第二波热潮的到来，在短短半年多时间里，万通积累下超过千万元的资金。"虽然后来又赔掉了，但让自己找到了胆量。"1992年8月，预感到海南房产泡沫不能持久的潘石屹撤离海南，北上北京。

在北京：汇报工作时汗珠如豆

一次偶然的机会，在怀柔县政府食堂吃饭的潘石屹，无意中听旁桌的人讲，北京市给了怀柔几个定向募集资金的股份制企业指标，但没人愿意做。潘石屹抓住了这个机会。很快，北京万通实业股份有限企业开始进入设立程序。正在潘石屹暗自欢喜的时候，却接到了有关部门的一个电话："你们捅娄子了，几个部委领导要联合听你们汇报工作。

潘石屹来到国家体改委。"一进门，几十位'大人物'排成一排，我在前面讲，一边念一边豆大的汗珠不停地滴在材料上。"

一位领导提醒潘石屹："小伙子别太紧张，我们只是来听听新政策的实践情况的。"最后，一位司长拿着潘石屹带过来的"股权证"样本称赞道，北京人做事就是规范，一张股权证都这么正规，外地企业有的就拿收据代替。这算是对北京万通的一点正面表扬。这一次，北京万通挖到数亿元的利润，潘石屹开始崭露头角。

1994年4月，潘石屹认识了在华尔街高盛银行工作的张欣，同年10月，两人结婚。1995年9月，潘石屹离开万通，与妻子创办红石实业，随后开创出SOHO中国的大局面。

潘石屹休息半年走出观望

2005年8月底，建设部宣布不取消商品房预售制度，同时宣布近期不会出台新的调控政策，消息一经传出，让提心吊胆、不敢轻举妄动达半年之久的开发商们长长地松了一口气，这其中，也包括正在筹划SOHO中国企业成立十周年庆典的潘石屹。面对记者的采访，潘石屹兴奋地说："歇了半年后，终于开始干活了！"2005年9月10日将要正式开盘的建外SOHO第七期，是潘石屹休息半年后的第一个动作。

2005年3月底，国务院办公厅下发了《关于切实稳定住房价格的通知》，被地产界简称为"国八条"，开始了房地产业长达半年的冬天。

至今，潘石屹对看到"新旧国八条"后的感觉依然记忆犹新，"中央政府开始动真格的了"。紧接着，上市以来销售一直良好的SOHO尚都销售额急剧下滑，让潘石屹真正品味到这次宏观调控的苦头，"最惨的时候，销售额只有3月份的70%"。

这个曾经熬过了1993年快刀斩乱麻似的房地产宏观调控的地产先锋，面对这新一轮扎扎实实的宏观调控，也有些摸不着头脑，那就观望吧！销售不好，也不能解雇销售员、不能解雇员工，这些都是企业日后发展的本钱，精明的潘石屹认准了这次调控只是暂时的。没人买楼，没项目可做，那就放假，趁着难得的机会，让一直劳累的销售员和员工们放大假，彻底休息休息；而潘石屹自己也开始了长达半年的休闲生活，"出国度假，看电视剧，70集70集地看，在家做饭……很放松"。

"现在好了，市场平稳了，政府的观察期也结束了，宣布最近不出台新的政策，开发商也不观望了，市场要走出观望期了。憋了半年的开发商该做点事情了。"

为此，潘石屹为销售人员开了内部动员会，希望9月的销售能够一扫前几个月因受大势影响而带来的颓势，并把这个计划的代号秘密定为"9月突围"。2005年9月3日，建外SOHO七期推出的首座17号楼开始接受客户签约认购，当天17号楼共签约36套，成交金额1.1亿元。建外SOHO七期的"9月突围"迈出了第一步。

"这个行业不管别人说好说坏，始终是被关注的，一部分有能力的人总是想买房子。如果市场平稳了，持币观望也会结束。"

重归主业

继2005年7月8日潘石屹与凯宾斯基正式签约"长城脚下的公社"后，8月26日，潘石屹的博鳌蓝色海岸又再次携手凯宾斯基，他把名下两大酒店都交给凯宾斯基这个精于酒店管理的"管家"了。

"长城脚下的公社"，2002年度威尼斯建筑双年展"建筑艺术推动大奖"的获得者，2005年"全球101家最好酒店"称号的拥有者，开业3年就开始全面盈利，成为北京的时尚发布中心。

不少人为潘石屹竟然把这两个经营效益如此好的酒店"托管"出去感到可惜，自己经营利润不是更大吗？

对此，潘石屹很淡然，他说："今年7月，我们把'长城脚下的公社'交给凯宾斯基去管理，他们派出了优秀的管理团队，比我们的管理要专业得多，也好得多，所以经过两个月的洽谈，最近我们又把博鳌蓝色海岸交给凯宾斯基去管理，我们希望这两个项目能够成为中国最有特点的酒店。从SOHO中国来说，也会非常专业、非常聚焦地做房地产开发，发挥自己的长项，避开自己的短处。"

走出CBD

SOHO中国是在CBD发家的，"长城脚下的公社"、博鳌蓝色海岸都只能算潘石屹的"开小差作品"，真正让他扬名立万的，还是位于北京CBD的SOHO群们。正是这些风格独特的建筑，让潘石屹在短短的10年内就成为中国知名的开发商，前后获得"地产年度十大风云人物""十大地产领袖"，名列美国《财富》杂志推出的"全球最具影响力的商界领袖榜"，其旗下的企业——SOHO中国在取得了辉煌的销售业绩的同时，一年取得了缴纳3.03亿元税金的纪录，成为纳税额第一的中国房地产企业。

♟ 王传福怎样成就创业神话

他原是一文不名的农家子弟，26岁时便成为高级工程师、副教授；在短短7年时间里，将镍镉电池产销量做到全球第一，镍氢电池排名第二，锂电池排名第三，37岁便成为饮誉全球的"电池大王"，坐拥3.38亿美元的财富；2003年，他出巨资高歌猛进汽车行业，誓要成为汽车大王……他就是比亚迪股份有限企业董事局主席兼总裁王传福。是什么成就了他青年创业的神话，成为商界奇才的呢？很多人认为答案是智慧、精练和汗水，而他自己则认为，"最关键的是要有冒险精神"。

最年轻的处长搞单干

1966年2月15日，王传福出生在安徽无为县一户再寻常不过的农民家庭，在父母的关爱下度过了无忧无虑的童年。然而，在他读初中时家里发生的变故，让他经受了心灵的创伤并从此沉默寡言。为了忘掉痛苦，年纪尚小的王传福便两耳不闻窗外事，一心苦读，形成了坚强忍耐的性格。他相信，没有比脚更高的山，没有比脚更远的路；他坚信，只要灵魂不屈，自己一定会走出一条康庄大道。

1987年7月，21岁的王传福从中南工业大学冶金物理化学系毕业进入北京有色金属研究院。在研究生期间，他更加刻苦，把全部精力投入到电池研究中去。人们常说，有志者，事竟成。仅仅过了5年的时间，26岁的王传福被破格委以研究院301室副主任的重任，成为当时全国最年轻的处长。而更让他意想不到的是，一个促使他从专家向企业家转变的机遇从天而降。1993年，研究院在深圳成立比格电池有限企业，由于和王传福的研究领域密切相关，王传福顺理成章成为企业总经理。

在有了一定的企业经营和电池生产的实际经验后，王传福发现，在自己研究领域之一的电池行业里，要花2万~3万元才能买到一部大哥大，国内电池产业随着移动电话的"井喷"方兴未艾。作为研究方面的专家，眼光敏锐独到的王传福心动眼热，他坚信，技术不是什么问题，只要能够上规模，就能干出大事业。于是，他作出了一个大胆的决定——脱离比格电池有限公司单干。脱离具有强大背景的比格电池有限公司，辞去已有的总经理职务，这在一般人看来太冒险。但王传福相信一点：最灿烂的风景总在悬崖峭壁，富贵总在险境中突显。1995年2月，深圳乍暖还寒，王传福向做投资管理的表哥吕向阳借了250万元钱，注册成立了比亚迪科技有限公司，领着20多个人在深圳莲塘的旧车间里扬帆起航了。

冲破牢笼"蚍蜉"撼动了大树

　　成立一个企业并不难，生产一个产品也不难，难的是如何将尽可能小的投入演变为尽可能大的产出。这就需要眼光，需要冒险。很多人创业失败不在于缺乏资金，而在于缺乏眼光和冒险精神。王传福拥有的最大的资本，就是战略眼光和冒险精神。

　　回想起当时的情形，王传福都有些不敢相信自己哪来这么大的勇气。在当时，日本充电电池一统天下，国内的厂家多是买来电芯搞组装，利润少，几乎没有竞争力。如何打开局面？经过认真思考，王传福决定依靠自身技术研究优势，从一开始就把目光投向技术含量最高、利润最丰厚的充电电池核心部件——电芯的生产。事实证明，王传福这一招可说是后发制人、一招致命的关键所在。

　　更让人们津津乐道的是，正在寻求快速发展之道的王传福在国际电池行业动态中发现，日本宣布本土将不再生产镍镉电池，而这势必会引发镍镉电池生产基地的国际大转移，王传福立即意识到这将为中国电池企业创造前所未有的黄金时机，于是决定马上涉足镍镉电池生产。

　　那时，日本的一条镍镉电池生产线需要几千万元投资，再加上日本禁止出口，王传福买不起也根本买不到这样的生产线。但世上无难事，只怕有心人。王传福是一个知道如何控制成本的"抠门"老板。根据企业的特点，他利用中国人力资源成本低的优势，决定自己动手建造一些关键设备，然后把生产线分解成一个个可以人工完成的工序，结果只花了100多万元人民币，就建成了一条日产

4 000个镍镉电池的生产线。

利用成本上的优势，通过一些代理商，比亚迪公司逐步打开了低端市场，经过努力，比亚迪的总体成本比日本对手低了40%。为进驻高端市场，争取到大的行业用户和大额订单。王传福不断优化生产工艺、引进人才，并购进大批先进设备，集中精力搞研发，使电池品质稳步提升。王传福还经常出国参加国际电池展示会，直接与能下大订单的摩托罗拉等大客户接触。获得了客户的认可后，企业的订单源源不断。

1996年，比亚迪公司取代三洋成为台湾无绳电话制造商大霸的电池供应商。大霸是电信巨头朗讯的OEM，比亚迪公司因此成为朗讯的间接供应商。1997年，比亚迪公司镍镉电池销售量达到1.5亿块，排名上升到世界第四位。

在镍镉电池领域站稳脚跟后，不甘寂寞的王传福又开始了镍氢电池的研发，并从1997年开始大批量生产镍氢电池。但此时恰逢东南亚金融风暴，半数以上产品出口的比亚迪公司遇到了困难。此时，王传福的表哥吕向阳通过其所有的广州融捷投资管理集团向王投资1 660万元，使比亚迪公司注册资金从450万元扩大到3 000万元。这一年，比亚迪公司镍氢电池销售量达到1 900万块，一举进入世界前7名。

此后，王传福把目光放到了欧美和日本市场，1998年至2000年，比亚迪欧洲分公司、美国分公司先后成立，日本厂商后院起火。1999年至2000年，比亚迪公司在这些市场势如破竹，大客户名单上出现了松下、索尼、GE、AT&T和业界老大TTI等。

2000年，王传福投入大量资金开始了锂电池的研发，很快拥有了自己的核心技术，并成为摩托罗拉的第一个中国锂电池供应商。2001年，比亚迪公司锂电池市场份额上升到世界第四位，而镍镉和镍氢电池上升到了第二和第三位，实现了13.65亿元的销售额，纯利润高达2.56亿元。

目前，比亚迪以近15%的全球市场占有率成为中国最大的手机电池生产企业，在国际市场上正与日本三洋一决雌雄。在镍镉电池领域，比亚迪全球排名第一，镍氢电池排名第二，锂电池排名第三。

电池大王造汽车

如果说单干创业对于王传福是第一次冒险，那么决定制造汽车无疑是他冒险的疯狂之举。2003年1月23日，比亚迪宣布，以2.7亿元的价格收购西安秦川汽车有限责任公司77%的股份。比亚迪成为继吉利之后国内第二家民营轿车生产企业。

2003年8月，在陕西广东经贸合作推介会上，王传福再爆惊人之举，比亚迪与西安高新技术产业开发区、陕西省投资集团签订合资组建比亚迪电动汽车生产线合同，项目投资达20亿元人民币。

王传福的思路是，通过电池生产领域的核心技术优势，打造中国乃至世界电动汽车第一品牌，"电池大王"将造汽车与自己的长项相结合。王传福的自信来源于比亚迪在电池生产领域的成功。他要复制这样的成功，他看准了庞大的汽车市场，王传福为比亚迪做汽车寻找了充足的理由。首先，3年之后，比亚迪的电池制造将达到顶峰，需要寻找其他行业进行拓展。其次，相对于国企来说，比亚迪拥有制度优势。而国内私车市场每年增长60%以上的巨大空间更充满诱惑。

"我下半辈子就干汽车了。"王传福说。

2004年1月，深圳市有200辆比亚迪制造的锂离子纯电动汽车投入出租运营，成为全国第一家电动车示范区，真正实现尾气零排放。这种电动汽车一次充电后可行驶350公里，成本价在10万元到12万元之间，零售价在14万元左右。在做完必要的改进后，将全面进入北京市场，并且在上海、广州、西安等城市陆续上市。

2006年，比亚迪电动车要正式开始商业运营。而且在王传福的"盘子里"也已经作好了这样的规划：比亚迪控股秦川的主要目的是通过收购小型车企业，开发电动车电池，欲以此入股国内一家电动车制造厂，并配合该企业开发电动车二次充电电池。

据悉，比亚迪汽车公司研发部门正倾力设计规划1.3排量到3.0排量的八大系列的轿车开发计划。筹建中的比亚迪汽车主体厂房位于西安市高新技术开发区，辅以对现有的轿车生产线进行改造。同时，比亚迪在上海成立"比亚迪汽车研发中心"。

尽管王传福的规划看上去环环相扣，但是很多人士认为，充电汽车的产业化难度远非现有技术条件可以想象，王传福的造车之梦无疑是一次疯狂冒险之举。这一点，具有工学硕士背景的王传福心里应该有谱。

打造致富团队

敢于冒险、敢想敢干及当断则断的作风，为王传福的成功致富带来了传奇色彩。当初，企业在香港上市时，作为比亚迪的核心创始人，王传福本人在比亚迪股份的持股比例仅为28％，2003年王传福以资产3.28亿美元登上《福布斯》杂志"中国大陆百富榜"，位列第13位。

然而，财富并没有给王传福带来生活上的任何变化，他同妻子和孩子依然住在深圳龙岗区葵涌镇上一套两室一厅的房子里。座驾是一辆开了很久的"凌志"。王传福身上唯一值钱的东西是一块"阿迪达斯"运动表，因为它能够显示很多地方的时间，通过它可以确切地知道分散在全球的分支机构是在白天还是夜晚。

在王传福看来，名誉和财富对于他已经无所谓了。相应地，随着个人财富和企业财富的增加，给王传福带来更多的是责任和压力的增长，他现在要对近3万名员工的生活负责，有很强的社会责任约束。

"我们面对的有两万多员工，又是上市企业，买股票的是美国基金，他们要看你的增长，对我们来说是一种责任，他们之所以买你的股票是希望你增长，因此我们有增长的义务，我们有义务把这个企业变成每年增长的企业。"王传福这样说，从电池行业进入自己并不熟悉的、全新的汽车行业，这本身就是极大的挑战。因为有了这种挑战，也因为背负的社会责任，作为企业的带头人在要求企业所有员工加强学习迎接挑战的同时，更要带领大家打造一支敢于冒险的团队。"因为发展企业与人生成长都像攀登一座山一样，而找山寻路却是一种学习的过程，我们应当在这个过程中，学习笃定、冷静，学习如何从慌乱中找到生机。冒险精神给比亚迪的初期发展带来了举世瞩目的成就，而比亚迪要成为汽车大王，同样需要冒险精神，更需要一支敢于冒险的企业团队。

♟ 陈丽娟如何用爱缔造"美丽"事业

16岁时，她借来3 000元开始创业；20多年后，她的企业收购了法国知名化妆品牌。

24年前，深圳东门的一个美容小专柜旁。16岁的陈丽娟在等待她的第一个客户。她并不知道，从母亲那里借来的3 000元能支撑多久；她并不知道，自己选择的美容行业是否适合国情；她并不知道，还有多少荆棘路在前方等着她……她只知道，她有一颗年轻的心，她有一双勤劳的手，她有永远支持她的亲人……

赚到第一桶金

当时，国人对化妆品的概念还停留在雪花膏、花露水上，爱美的女性涂口红、抹指甲油还会被人视为异端，年轻的陈丽娟已把深圳第一支进口口红摆进了友谊商店的柜台。

陈丽娟说，她最初的创业灵感纯粹源于女孩子爱美的天性，当时她比其他女孩子都爱"扮靓"，住在香港的亲戚帮陈丽娟带回的一些高档化妆品，常常让她爱不释手。她朦胧地意识到，高档化妆品这一市场空白，潜藏巨大商机。

1983年，陈丽娟从母亲那里借来3 000元，成立了"丽兴百货"。陈丽娟眼光犀利地瞄准了当时深圳最高档的消费场所——友谊商场——这是最早一批富裕起来的深圳人和出入境客人最常光顾的地方。陈丽娟在那里开设了深圳市的第一个进口化妆品专柜。

"当时的友谊商场还只允许用外汇券购买商品，但这一管制很快被放开，我的小小专柜很快吸引了更为庞大的客户群。"陈丽娟回忆起创业最初的岁月，认为当时供小于求、竞争小的环境使自己的事业得到快速起步。很快，陈丽娟的"丽兴百货"变成"深圳丽兴化妆品贸易公司"，专门经销来自瑞士、意大利、美国、日本等国的化妆品。当年，陈丽娟的企业便赚到了一百万，成功掘到第一桶金。

一度举步维艰

20世纪90年代，护肤美容对于普通人而言已不再是禁区，其产品经销渠道也日渐丰富起来，陈丽娟也将企业的化妆品贸易逐步从经销制转变为代理制，并在全国建立起100多个销售网点。当时陈丽娟的代理囊括了韩国、德国、法国等国的多个高端化妆品品牌。其中由于韩国化妆品价格大众化，受到了全国消费者的欢迎。

就在一切顺风顺水的时候，意外的情况发生了。一个占企业销售额50％的韩国某品牌化妆品见仅仅由陈丽娟代理3年便实现销售的快速扩张，遂提出要将代理销售逐年翻番的要求。

尽管当时市场情况良好，但翻番的要求仍然太过艰难。"当时那个品牌实际上是有自己另起炉灶的想法，对我们则是采取'逼宫'的做法。"在陈丽娟拒绝苛刻的代理条件后，代理权被强制收回。

"那段日子是我最难熬的时光，由于这个品牌是主打代理产品，我们在全国的100多个专柜很快便唱起了'空城计'，而仅在广州友谊商场的柜台一个月的租金就是4万，100多个专柜光租金就可以把我压垮了，何况还有人员工资、企业运营等其他方面的开销。"

"在代理经营中，网络是最有价值的。"陈丽娟的销售网络全部是自筹资金、自设专柜、自聘人员，虽然这一网络在代理品牌的封锁下一时举步维艰，但仍然是让陈丽娟最有底气的资本，在困难时候，她不计成本地保住了自己的网络。陈丽娟说，吸取了这次教训后，她在后来的经营过程中，深刻意识到自主经营及选择可靠合作伙伴的重要性。

并购国外企业

惨痛教训使陈丽娟开始更深入地思考企业今后的走向。由于当时企业和法国的化妆品商会一直保持着良好的关系，同时也在代理几个法国较有名气的化妆品品牌，她开始考虑进行单品牌运作。

陈丽娟先后四次去法国考察，经过多方论证，最终决定代理法国知名品牌依贝佳。陈丽娟是从三个方面考虑的：该品牌有一套完整的在中国的发展策略，并有专为亚洲人设计的产品研发中心；该品牌重视中国市场，并具有很好的品牌延续性；其有着强大的经济实力，不急于中国的利润回报，而是在中国做长线投资。

"对方是长线投资，我们也相应要长远经营。"陈丽娟成功代理该产品后，礼聘该企业经营人员和化装导师，从市场网络的建立到专业技术人员的培训对企业实力重新打造。"拥有悠久历史的法国品牌和优良素质的法国技师的引入让我们这些在国内打拼多年的从业者大开眼界，原来化妆品可以这样使用，美的追求可以这样没有止境。"陈丽娟回忆那段磨合期：企业员工争相学习，企业的经营跃上一个新台阶。

在独家品牌代理的道路上，陈丽娟越走越有信心。1997年，经与法国依贝佳品牌经营者协商，陈丽娟收购了法国依贝佳95％的股份，迈出化妆品代理商跨国并购代理品牌的第一步。

2001年，随着知名度逐渐在全国打响，针对消费群体仍然集中在高端市场的现象，陈丽娟萌生了从法国引进技术，在深圳建立生产线，减少进口化妆品的关税等经营成本，攻打中档市场的念头。由此入手，位于深圳平湖，占地4 000多平方米的"颖莱"国际现代化化妆品生产线正式投产。

"作为拥有悠久历史和专业技能的法国知名化妆品牌，其产品销售还只是很小一部分，'产品＋服务'才是其经营的最高境界。"陈丽娟看到了化妆品经营新的利润增长点。她开始先后在国内开设了大型会所式专业美容护理中心和一站式专卖店，其独特的法式美容手法及专业的美容服务也令产品的知名度不断扩大。

从2002年开始，陈丽娟把主要精力放在特许经营店方面，通过品牌输出，吸纳社会资金。陈丽娟认为，美容服务行业尤其适合希望兼顾家庭和事业的女性创业者。但在培养特许经营合作者方面，陈丽娟认为绝对不能降低资金要求和经营理念的门槛，所以她拒绝了很多不够成熟的投资者。而她的企业却并未因此减小规模，反而越做越大。

"化妆品是美丽的事业，一定要用爱心去打造，要爱你的客户，爱你的员工，更要爱你的社会。"陈丽娟的笑容如鲜花般绽放，看上去是那么美丽。

🏁 被炒穷小子如何创业成大亨

"炒鱿鱼"炒出潮派企业大亨

15岁上班第一天就被老板炒掉时，没有人预想到年仅15岁的穷小子会成为香港佳宁娜集团董事局主席、香港的牛仔裤大王，进军深圳作为内地大本营，生意做大到全球各地。

1949年，7岁的马介璋随父母从广东潮阳来到香港。全家人挤住在香港贫民区的一间小木屋，睡梦中曾从小阁楼上踩空摔下来，下巴至今还有伤痕。15岁初中毕业，马介璋到母亲打工的一家毛衣厂当学徒，为毛衣"抓毛"。第一天上班，什么都不懂的他，到母亲的工作间询问应该怎么做，被老板碰上，认为他贪玩无心工作，当即炒他"鱿鱼"。马介璋安慰母亲时是这样说的："终有一天我要开比他大十倍的工厂！"

第二份工作是当牛仔裤裁缝的学徒。机敏的马介璋很快成了熟练工，白天在车间缝牛仔裤，晚上还做缝纫，一天工作18个小时，每个月能挣300多元。干了两年，除去交父母补家用的部分，自己也攒下1 500元。一心要改变自己打工命运的他，迫不及待地开创自己的事业。他用这笔钱租下一间地铺，买了两台旧的制衣机，然后与大厂接洽收原料，先把牛仔布料外发给家庭主妇加工，再收回来自己做"上裤头"等工序。这样的家庭式加工一干就是三年，他从中赚取差价，做得十分顺利，铺位规模逐年扩大，竟盈利10多万元，雇工达到250人。

接着马介璋通过经纪人介绍直接为外商加工，减少中间环节，利润又大幅增长。于是他买地造房，建起1万平方米的达成制衣工厂，步入香港制衣商的行列。后来他依托内地，在美国、加拿大、荷兰、法国、泰国与港澳等国家和地区都设有企业，组成以生产牛仔裤为主兼营布匹、拉链、纽扣等辅料的香港达成集团。

马介璋的誓言没有落空，他的工厂比当初炒他的老板的工厂大了几十倍，还获得"牛仔裤大王"的美称。

进入餐饮让家乡菜遍布全国

潮州菜以鲜美清淡的口味享誉全球华人世界，可谁能想到，第一个把潮州菜作成品牌推向全国的正是马介璋。

1988年，马介璋在深圳晶都酒店开办全国第一家大型外资潮州菜酒楼佳宁娜。其实，马介璋在深圳开办潮州菜酒楼要追溯到20世纪80年代初，也就是现在春风路的金碧酒店。金碧酒店的人员至今还记得当时的红火景象。吃饭时间，酒店前车水马龙，不但有本地人，更有全国各地的人。

在深圳设店之后，佳宁娜相继在广州、温哥华、泰国、海南、昆明、成都、上海等地开设分店，遍布世界各地，成为第一家中餐跨国饮食集团。

"佳宁娜"在潮州话中是"老乡"的叫法。佳宁娜潮州菜的成功得益于其多方面的独到，而潮州商人对潮州菜的感情和推动，也是带动潮州菜遍布全球的重要动力。也就是说，马介璋创造了一个潮州菜的品牌，让遍布全球的潮州人成了潮州菜的推销员。

遍布全国各地的潮州菜酒楼，成为佳宁娜稳定的利润来源，直到今天在各地扩张的势头不减。

深圳是投资内地的大本营

在香港做牛仔裤起家以后，马介璋大部分投资集中在深圳，从潮州菜馆，到佳宁娜广场，再到华南工业原料城，带领企业成功转型的轨迹，可谓一步一层天，他说："深圳是我投资内地的大本营。"

马介璋是第一批投资深圳的港商。1985年，他开始调整策略，把投资由香港转向深圳。这一招使他的事业有了全新飞跃。从1985年开始，马介障在深圳投资500万元设服装厂，第二年就增资到3 000万元，继而他又参与了制鞋、旅馆、娱乐业等投资，在宝安县发展面积达30万平方米的工业村等。在他的带动下，大批港商跨过罗湖桥来到深圳"掘金"。

1991年，马介璋投资10亿多元建造佳宁娜友谊广场，位置靠近深圳火车站。项目总建筑面积近14万平方米，整个大厦由四座塔楼组成，集商业、办公、住宅、休闲、娱乐于一身，在当时的罗湖建筑群中鹤立鸡群。有人认为火车站人流集中，但脏乱差，低档宾馆酒店或许可以生存，开发高档项目恐怕不合时宜。很多人不明白，在那么多可供挑选的好地段中，马介璋为什么独独看中这个地块。直到后来，地铁开通，火车站广场和人民南路的改造，佳宁娜友谊广场的价值得到尽情释放，他们才初步领略到马介璋当年投资的胆识。

投资华南城堪称大手笔

总投资26亿元的华南工业原料城，是马介璋在深圳投资的另一个大项目，也是一个出人意料的项目。不少人心里有两大疑惑：一是凭马介璋在深圳的实力和关系，怎么会弄这么一块偏僻的地皮？二是做房地产，短平快的项目多的是，他为什么要搞什么工业原料城？

但马介璋还是说服了好友郑松兴、孙启烈、马伟武、梁满林等5位港商一起投资。马介璋在制造业浸淫多年，对华南地区的产业结构相当稔熟，对各种工业原料的供应渠道及在制造业中的价值非常了解，因此能够洞悉其中的商机。他的观点与制造业的几位港商朋友一拍即合。目前一期工程50万平方米投入使用，纺织服装、皮革皮具、五金化工塑料、纸品包装印刷和电子元件及电脑配件等5大工业原材料市场招商火爆。这再一次证明了马介璋的眼光和神奇。

诚实守信是成功的秘诀

早年创业，与一个德国商人谈成一笔生意，那人要求第二天早晨看合同。达成意见时，企业秘书已经下班。由于那时候秘书没有手机，家里也没有电话。马介璋只好自己摆弄起了打字机。整整一个晚上，艰难地敲出一份合同书。第二天早晨，他把这份合同按时送到客人住的酒店，那个德国商人看了这份歪歪扭扭的合同乐了。马介璋老实相告，这份合同是自己一宿没睡打出来的。德国人说，合同表面不规则，但内容简洁，数字没有错。就在上面签了字。就是因为这份歪歪扭扭的合同，几十年来，这个德国人都是马介璋的生意伙伴，并且成了好朋友。

由于良好的信誉和为人之道，马介璋获得了商界颇多支持。20世纪70年代初，美国政府对香港服装实施限额制，但他却一下子获得港府10万条牛仔裤的配额，占了全港配额的相当一部分。就算后来在房地产上吃亏，出走南非重新创业，由于信誉不跌，名誉不倒，他获得了美国客户大批订单，迅速从房地产业失利的阴影中摆脱出来，恢复了元气。